汪全胜 ◎ 著

法案公开征求意见制度研究

知识产权出版社
全国百佳图书出版单位
—北京—

图书在版编目（CIP）数据

法案公开征求意见制度研究 / 汪全胜著 . —北京：知识产权出版社，2021.10
ISBN 978－7－5130－7272－4

Ⅰ.①法… Ⅱ.①汪… Ⅲ.①立法法—研究—中国 Ⅳ.①D921.114

中国版本图书馆 CIP 数据核字（2021）第 181608 号

责任编辑：李学军　　　　　　　　　责任校对：谷　洋
封面设计：刘　伟　　　　　　　　　责任印制：孙婷婷

法案公开征求意见制度研究
汪全胜　著

出版发行：	知识产权出版社有限责任公司	网　　址：	http://www.ipph.cn
社　　址：	北京市海淀区气象路 50 号院	邮　　编：	100081
责编电话：	010－82000860 转 8559	责编邮箱：	752606025@qq.com
发行电话：	010－82000860 转 8101/8102	发行传真：	010－82000893/82005070/82000270
印　　刷：	北京虎彩文化传播有限公司	经　　销：	各大网上书店、新华书店及相关专业书店
开　　本：	720mm×1000mm　1/16	印　　张：	15.25
版　　次：	2021 年 10 月第 1 版	印　　次：	2021 年 10 月第 1 次印刷
字　　数：	252 千字	定　　价：	92.00 元
ISBN 978－7－5130－7272－4			

出版权专有　侵权必究
如有印装质量问题，本社负责调换。

序　言

我国1954年《宪法》在国家机构中规定了全国人民代表大会的产生、职权以及其常设机构全国人民代表大会常务委员会的职权。当时规定全国人民代表大会的职权包括"修改宪法；制定法律"，全国人民代表大会常务委员会的职权是"解释法律；制定法律；撤销国务院的同宪法、法律和法令相抵触的决议和命令；改变或者撤销省、自治区、直辖市国家权力机关的不适当的决议"，也提到了宪法与法律表决通过的制度。这种制度在现行宪法（1982年《宪法》）中基本上继承下来。但现行宪法关于立法制度的规定，则要进步与全面得多，后又经过五次修改，立法权的行使主体与行使程序都较为全面与完善。我国第一部专门规定立法权力、立法程序的法律，则是2000年3月15日第九届全国人民代表大会第三次会议通过的《立法法》，该法于2015年3月15日迎来了第一次修正，其最大的变化是立法权的行使主体范围扩大到设区的市，关于立法程序的规定更为精细化，如重要条款单独表决制度、法案公开征求意见制度等。关于法案公开征求意见制度，修改后的《立法法》第36条在完全继承2000年《立法法》第34条规定的基础上，还对全国人大常委会的论证会、听证会的召开进行了规范："法律案有关问题专业性较强，需要进行可行性评价的，应当召开论证会，听取有关专家、部门和全国人民代表大会代表等方面的意见。论证情况应当向常务委员会报告。法律案有关问题存在重大意见分歧或者涉及利益关系重大调整，需要进行听证的，应当召开听证会，听取有关基层和群体代表、部门、人民团体、专家、全国人民代表大会代表和社会有关方面的意见。听证情况应当向常务委员会报告。"关于国务院行政法规制定过程中公开征求意见制度，修正后的《立法法》第67条完全承袭了2000年《立法法》第58条的规定，同时明确了"行政法规草案应当向社会公布,征求意见,但是经国务院决定不公布的除外"。

2000年《立法法》第34条、第58条以及修正后的《立法法》第36条、第67条是我国法律法规草案公开征求意见制度的基本依据。法案公开征求意见制度,在我国应该是实践早于制度。1953年底,毛泽东坐专列到杭州,花了两个多月的时间起草了1954年《宪法》草案,每完成一遍草案,就发回北京征求意见,后又在《人民日报》发起向全国人民征求意见,据记载,当时参加新中国成立后第一部宪法讨论的占当时人口的1/4,达到1.5亿人。而在当时,我国尚没有法案公开征求意见的制度规定。

尽管我国修正的《立法法》将立法主体扩展到设区的市,但从人大及其常委会立法来看,仍然是代议制民主的立法。如何在立法中扩大"人民性",实现公民的直接立法,需尽可能地设计公民参与立法的制度,最好的方式就是法案公开征求意见制度。

根据我国现行的制度及立法实践,法案公开征求意见发生在两个阶段:一是法案起草阶段,法案起草主体为了获得高质量的法案,在起草阶段向社会公开征求意见;二是法案审议阶段,一般是在进入正式立法程序的审议过程中,立法机关将审议的法案向社会公开征求意见。很多国家都在使用这种制度,但名称有所不同,如美国立法特别是行政立法的公众评议、日本立法过程中的意见公开募集程序、加拿大以及英国的公众咨询制度等,这种制度既是追求立法的民主性,也是追求立法的科学性使然,我国《立法法》在总则中明确了立法的民主性与科学化原则,实施法案公开征求意见制度则是贯彻实施《立法法》所确立的原则的具体路径与方式。

法案公开征求意见有特定的结构要素,法案公开征求意见的主体是法案的起草主体以及立法机关;法案公开征求意见的客体是法律草案,也有可能是法案中的某一或某些条款,如《个人所得税法》修订过程中关于个人所得税起征点的征求意见等;法案公开征求意见的相对方即法案公开征求意见的受众,一般是不特定的公民或公民团体,但有一些公开征求意见的方式如论证会、听证会、讨论会等可能针对的是一些特定的专家或特定的社会团体等;法案公开征求意见的程序,即法案向社会公开征求意见的行为步骤,不仅是法案起草主体或立法机关征求意见的行为过程或步骤，也是社会公众得以参与的行为步骤与程序等；法案公开征求意见的方式，各个国家有所不同，但也可以互相借鉴与创新，具体方式的选择可能要考虑一定的环境、条件、效果等。

自2000年《立法法》第34条、第58条原则性地规定法律法规公开征求意见制度，一些相关的具体实施制度也相应出台，如甘肃省人大常委会制定的《甘肃省公众参与制定地方性法规办法》、宿迁市人大常委会制定的《宿迁市公众参与地方性法规办法》、国家生态环境部制定的《环境影响评价公众参与办法》、广州市人民政府制定的《广州市规章规定公众参与办法》、玉林市人民政府制定的《玉林市人民政府立法工作社会公众参与制度》、中国证券监督管理委员会制定的《证券期货规章草案公开征求意见试行规则》、延边朝鲜族自治州人大常委会制定的《关于法规草案公开征求意见和公众意见采纳情况反馈的工作规范》、桂林市人民政府制定的《桂林市政府立法听证办法》《桂林市政府立法征求意见工作程序规定》《桂林市政府立法论证工作程序规定》等，这些制度在推进法案公开征求意见的制度化、法治化，促进依法立法水平的提高方面发挥了重要作用。

然而根据对法案公开征求意见制度实施状况的考察，这项制度仍然存在有待完善的地方，如法案公开的程度不够、公开征求意见的方式选择不够科学、公开征求意见的程序不够精细、反馈机制不足、公众的参与动力不够等。党的十八届四中全会提出法治中国建设即法治国家、法治政府以及法治社会的三位一体建设，提出新的16字方针，"科学立法"是"严格执法、公正司法、全民守法"之前提与基础；2019年10月底召开的党的十九届四中全会又提出"推进治理体系和治理能力现代化"，法治治理方式会是我国最重要的治理方式，完善法案公开征求意见制度是促进我国依法治理乃至法治中国建设中最基础的环节，任重而道远。

目录 Contents

第一章 法案公开征求意见制度的基础理论 … 1

第一节 法案公开征求意见制度的概念界定 … 1
一、法案的内涵 … 1
二、法案公开征求意见的界定 … 2
三、法案公开征求意见的结构要素 … 3

第二节 法案公开征求意见制度的法理基础 … 8
一、正当法律程序原则 … 9
二、人民主权理论 … 10
三、参与民主理论 … 11
四、立法科学化理论 … 12

第三节 我国法案公开征求意见制度的价值 … 13
一、有利于增强立法的合理性 … 14
二、有利于立法预期目标的实现 … 15
三、有利于从形式上完善我国法律制度 … 16
四、有利于从源头上保障民主法治 … 17
五、有利于建设法治政府 … 20

第二章 域外法案公开征求意见制度考察 … 22

第一节 美国行政立法的公众评议制度 … 22
一、美国行政立法公众评议制度的源起与发展 … 22
二、美国行政立法公众评议制度的设立目的与价值 … 25

  三、美国行政立法公众评议制度适用的程序范围……………… 27
  四、美国行政立法公众评议制度适用的规章及事项范围………… 30
  五、美国行政立法公众评议制度的司法保障………………… 32
第二节 英国立法的公众咨询制度……………………………… 34
  一、英国立法公众咨询制度的兴起过程………………………… 35
  二、英国立法公众咨询的基本标准……………………………… 38
  三、英国立法公众咨询的基本程序……………………………… 40
  四、英国立法公众咨询的基本方法……………………………… 44
  五、英国立法公众咨询制度的简要评价与启示………………… 47
第三节 加拿大立法过程中的公众咨询制度…………………… 49
  一、加拿大立法过程中公众咨询制度的探索过程……………… 49
  二、加拿大立法过程中公众咨询的基本程序…………………… 51
  三、加拿大立法过程中公众咨询的多元方式…………………… 54
  四、加拿大立法过程中公众咨询制度的价值及面临的挑战…… 56
  五、加拿大立法过程中公众咨询制度的发展趋势……………… 59
第四节 日本行政立法过程中的意见公募程序………………… 61
  一、日本行政立法过程中的意见公募程序的确立……………… 62
  二、日本行政立法过程中的意见公募程序的适用……………… 65
  三、日本行政立法过程中的意见公募程序适用的例外………… 67
  四、日本行政立法过程中的意见公募程序实施效果评价
    及启示……………………………………………………… 69

第三章 法案公开征求意见的程序运作机制 73

第一节 我国法案公开征求意见的程序建构………………… 73
  一、现行法案公开征求意见的程序制度缺失…………………… 73
  二、立法实践中的法案公开征求意见程序的探索……………… 75
  三、域外法案公开征求意见程序的经验及借鉴………………… 78
  四、法案公开征求意见程序设计应确立的基本理念…………… 81

五、我国现行法案公开征求意见程序存在的不足及其根源……84
　　　六、我国法案公开征求意见程序完善的对策与措施……89
第二节　行政立法公开征求意见程序适用的范围……91
　　　一、问题的提出……91
　　　二、行政立法公开征求意见程序适用范围的逻辑基础……94
　　　三、我国关于行政立法公开征求意见程序适用范围的探索……96
　　　四、美国、日本行政立法公开征求意见程序适用范围……98
　　　五、我国行政立法公开征求意见程序适用范围的构想……101
第三节　建立我国法案公开征求意见的回应机制……103
　　　一、我国法案公开征求意见回应机制的缺失……103
　　　二、建立法案公开征求意见回应机制的必要性与价值……106
　　　三、法案公开征求意见回应机制的模式结构……108
　　　四、关于建立健全我国法案公开征求意见回应机制的构想……111

第四章　法案公开征求意见的方式选择　　114

第一节　法案公开征求意见方式的兴起……114
第二节　我国法案公开征求意见方式的探索实践……117
　　　一、我国现行法律文本中的法案公开征求意见方式……117
　　　二、现行法案公开征求意见方式的比较……119
　　　三、我国法案公开征求意见方式的发展趋势……126
第三节　域外法案公开征求意见的方式简要考察……127
　　　一、美国的法案公开征求意见方式……127
　　　二、加拿大法案公开征求意见方式……131
　　　三、英国法案公开征求意见方式……132
第四节　我国现行法案公开征求意见方式的不足与完善……134
　　　一、法案公开征求意见方式设计的功能……134
　　　二、现行法案公开征求意见方式的不足……138
　　　三、我国法案公开征求意见方式的完善……140

第五章 法案公开征求意见制度的实施效果评估及其完善　150

第一节 法案公开征求意见的制度建设及其实施效果 …………… 150
  一、我国法案公开征求意见的制度建设 ………………… 150
  二、我国现行法案公开征求意见制度的实施效果状况 ………… 155
  三、我国法案公开征求意见制度实施过程中存在的问题 ……… 161
  四、改进我国法案公开征求意见制度实施效果的措施 ………… 165

第二节 建立我国法案公开征求意见的"利益相关者"模式 ……… 175
  一、问题的提出 …………………………………………… 175
  二、法案公开征求意见"利益相关者"模式的确立 ………… 177
  三、法案公开征求意见"利益相关者"模式的价值及意义 …… 180
  四、法案公开征求意见"利益相关者"范围的确定 ………… 183
  五、法案公开征求意见"利益相关者"模式的操作规程 ……… 187

结　语 ……………………………………………………………… 192

附　录　194

  一、甘肃省公众参与制定地方性法规办法 ………………… 194
  二、宿迁市公众参与制定地方性法规办法 ………………… 197
  三、环境影响评价公众参与办法 …………………………… 202
  四、广州市规章制定公众参与办法 ………………………… 208
  五、玉林市人民政府立法工作社会公众参与制度 ………… 215
  六、证券期货规章草案公开征求意见试行规则 …………… 219
  七、关于法规草案公开征求意见和公众意见采纳情况反馈的
　　工作规范 ……………………………………………… 220
  八、桂林市政府立法听证办法 ……………………………… 222
  九、桂林市政府立法征求意见工作程序规定 ……………… 226
  十、桂林市政府立法论证工作程序规定 …………………… 228

后　记　230

第一章

法案公开征求意见制度的基础理论

第一节　法案公开征求意见制度的概念界定

一、法案的内涵

法案，"指有提案权的主体，就有关事项，以一定形式，依一定程序，提交有关主体审议的，关于制定、认可、修改、补充或废止规范性法文件的提议和议事原型"[①]。法案又称立法案、法律案、法规案，与立法议案是同一概念的不同表达方式，法案是立法议案的简称。为简便明晰，本书统一采用法案这一称谓。在英国，法案称bill，主要是指提交立法机关通过审议制定后成为法律的议案。bill经由立法机关审议通过后成为法律，即act或statute。而在美国，往往称法案为proposal，含义与英国大体一致，经由立法机关审议通过后便成为法令（称为act），而立法机关的法令（act）须经由行政长官核定并完成法定程序后才可成为法律（law）。

法案必须由有立法提案权的主体起草，一个没有法案提案权的机关、组织和个人所提出的关于立法的主张，不能成为法案。不是向有权受案的主体提出的关于立法的主张，也不能成为法案。例如，我国《立法法》规定只有全国人民代表大会主席团，或者是全国人民代表大会常务委员会、国务院、中央军事委员会、最高人民法院、最高人民检察院、全国人民代表大会各专门委员会，以及一个代表团或者30名以上的代表联名可以向全国人民代表大

[①] 周旺生：《立法学》，法律出版社2004年版，第316页。

会提出法律案,由主席团决定是否列入会议议程。[①] 法案与议案不同,法案是议案的一种。议案,是各种议事提案、议事原型的总称。它的范围颇广,包括法案、立法案、立法议案、法律案、法律草案、法规草案、法的草案等,是议案的具体表现形式。

但是由于各个国家国情的差异、体制的不同,法案的范围也不尽相同。例如,美国、日本等国家在法案公开征求意见中关于"法案"的范围,一般仅限于在行政法中采用,而且在统一的行政程序法中对这种制度做详细的规定。从目前的立法实践来看,我国并没有对法案公开征求意见之"法案"的范围作出明确的区分,民法、刑法、行政法在实践中都进行过意见的公开征求。

综合我国的实践,本书所研究的法案是指我国不同国家机关依据职权制定的具有不同的法律效力等级的各种类别的规范性法律文件。具体来说,主要包括以下规范性文件:法律、行政法规、地方性法规、规章、自治条例和单行条例等权力机关和行政机关的立法。

二、法案公开征求意见的界定

所谓"公开"即将事情的内容暴露于大众、完全不隐瞒。我国国务院法制办公室于2012年4月28日发布的《法律法规草案公开征求意见暂行办法》第2条规定:"本办法所称法律法规草案公开征求意见,是指将法律草案、行政法规草案全文或者部分内容在中央主要媒体、中国政府法制信息网上公布,向社会公开征求意见和建议。"严格来说,这是对法案公开征求意见的狭义解释,因为在实践中,除了在媒体、网络上公布以外,还会有立法机关召开座谈会、论证会、问卷调查等多种法案公开征求意见的形式。综上,法案公开征求意见即为了获取最新的立法信息、实现立法的公开透明,通过邀请利害关系人、专家学者、广大公民及其他社会各界代表发表意见的方式,为修改法律法规草案提供依据和参考的一种立法制度。它是立法机关主导的公众参与立法的一项重要表现形式,这种形式被很多国家的立法机关尤其是行政

[①] 《立法法》第14条、第15条。

方面的立法所采纳，如美国行政立法的公众评议制度，加拿大、英国的公众咨询制度，欧盟国家行政立法的公众磋商制度，等等。

三、法案公开征求意见的结构要素

（一）法案公开征求意见的主体

在美国，法律规范的制定程序分为非正式的程序和正式程序，非正式程序主要规定在《行政程序法》第553条，即"通告和评议程序"，该程序主要涉及"通告—评议—法规的公布"若干步骤，美国大多数法律法规的制定是按这一程序进行的。通告和评议是最主要的。除非存在法律规定的特殊情况，否则行政机关必须将其所建议制定的法规草案或者其相关的立法依据公布在联邦登记上，方便民众了解相关的立法信息，这一程序的缺失或者缺陷（如通告的内容不包括建议中法规的主要内容，且又没有补充通告的）都将导致法案彻底不能生效的严重后果。正式程序一般以审判型口头听证的形式举行，民众一般以口头辩论或者提问的方式表达自己的立法意见或者建议，其他方面与非正式程序基本相同。

由此可见，在美国，在法律规范的制定过程中，无论是正式程序还是非正式程序，把法律草案公之于众，向公众公开征求意见都是必不可少的一个重要环节。在我国，法案公开征求意见制度也在日渐得到重视和规范。就我国当前的立法实践而言，对于法案公开征求意见的主体采用广义的立法主体概念显得更为恰当，概括来说，是指拥有立法权或者通过被授权而享有立法权限的各级立法机关，它们可以制定法律，也有权对其进行修改甚至废止。"立法机关在民主社会当中，通常是政治机关担任的。"[①] 我国以出台的规范性法律文件的等级和种类为依据，主要可以分成如表1-1所示的几种形式。

[①] 蔡定剑：《国外公众参与立法》，法律出版社2005年版，第79页。

表1-1 我国各类立法机关及其法律规范性文件形式

类型	立法机关名称	制定规范性法律规范的种类
狭义	全国人民代表大会	法律
	全国人民代表大会常务委员会	
广义（除狭义概念外还包括）	国务院	行政法规
	省、直辖市的人民代表大会及其常务委员会	地方性法规
	民族自治地方的人民代表大会	自治法规
	国务院各部委	部门规章
	省、自治区、直辖市人民政府	地方政府规章
	省、自治区、直辖市人民政府所在地的市人民政府	
	经济特区所在地的市人民政府	
	国务院批准的较大市政府人民政府	

在以上几类主体当中，传统的立法权主体的立法权往往直接来源于宪法，而其他立法主体（主要是指享有立法权的行政主体）的立法权通常是由传统意义上的立法机关授予，其立法权的实施应当在上级机关授予的立法权限范围内，而不能超越，否则将有可能直接导致所立规范性法律文件无效。

（二）法案公开征求意见的客体

法案公开征求意见制度的客体即"法案"。各国根据其不同国情而赋予了"法案"一词不尽相同的内涵。部分国家在法案公开征求意见制度中所涉及的法案一般仅包含行政立法方面的草案，而从我国的立法实践以及法案公开征求意见的历史来看，早在新中国成立初期的1954年《宪法》制定时，立法机关就对该宪法草案进行了全民范围内的公开征求意见活动，后来的《物权法》也进行了有效的法案公开征求意见活动。从这一系列立法实践可以看出，我国法案公开征求意见制度的范围相当广泛，无论行政法、民法还是刑法,甚至宪法草案,都进行过相应的公开征求意见活动。所以,我们在此所提到的法案,范围应当更广一些,不应只包括行政立法草案,而是指在我国由各个国家机关依据其职权所制定出台的,在立法效力的等级上有所区别的各个规范性法律文件的草案,即广义上的法案。具体而言,包括自治条例和单行条例、地方性政府规章、国务院各个部门的规章、地方性法规、行政法规、法律、宪法等权力机关以及行政机关的立法草案。

(三) 法案公开征求意见的相对方

法案公开征求意见的相对方,又被称为"受众",是指法案公开征求意见的对象,即法案向哪些人、哪些群体公开和征求意见以及向他们履行反馈义务。在我国,根据其知识水平不同,主要可以分为两类——普通公众以及具有专业知识的专家。此处所指"公众"不仅包括自然人,还涵盖组织——法人和非法人的。"公民"与"公众"这两个概念是紧密相连的。"公民"是在法律层面上而言的,是指拥有某国的国籍,受该国法律保护以及限制,享有该国法律和宪法所赋予的权利义务的自然人。"公众"这一概念也可以在法律中使用,然而,"公民"只限于自然人,"公众"还包含自然人以外的某些团体,例如法人以及非法人性质的组织,[1] 如联合国于1991年《跨国界背景下环境影响评价公约》中的定义就印证了这一说法:"公众指的是一个及以上的自然人抑或法人。""公众"一般是有着一同注意的社会问题的,或者是有着相似兴趣及利益根基的某一类社会群体。在丹麦奥斯海勒兹自治市于1998年举行的欧洲经济部长会议上,签署了《公众在环境类事务中知情权、参加决策和获得司法救济国际公约》,该公约在第2条第4款中将公众的概念界定为:一个及以上的法人或自然人,还通常包括他们的团体、协会、组织等。[2]

(四) 法案公开征求意见方式

我国目前常见的法案公开征求意见的方式见于立法法的相关规定,主

---

[1] 汪全胜:《立法后评估研究》,人民出版社2012年版,第97页。
[2] 李艳芳:《公众参与环境影响评价制度研究》,中国人民大学出版社2004年版,第2-3页。

要规定了座谈会、论证会、听证会、调查会等方式。在这四种法定方式中，听证会是最常见的，主要是指行政机关对与公共利益相关或与人民关系密切的规范性法律文件的草案进行听证，具有法定性、程序性、民主性和公开性。① 座谈会也是比较常见的，与听证会相类似但又有所区别，主要运用在法案的立项、起草、审议过程中，由与所讨论法案有关的机关、社会团体等利益相关方以及相关的专家、教授，对草案中比较重要的内容进行有重点的讨论的一种方式，与听证会相比较，更为简便。在涉及比较专业和技术性问题的法案或者有重大疑难点和较大争议的法案时，常常也会采用论证会的方式，即由立法机关提供一个讨论平台，邀请有关专家、学者，对相关的问题提出各方面的意见并进行论证，因此。论证会又常常被称为专家论证会。论证会一般不公开进行。调查会方式在法案公开征求意见过程中主要是指由立法机关召集符合一定要求的一定数量的公民或团体、机关作为调查对象举行会议，会议一般也由立法机关主持，通过会议的方式，来收集所需的材料、以研究分析法案所涉及的特定问题的一种公开征求意见的方法。② 论证会由于其自身特点，在符合一定条件时也常被立法机关采用。

当然，随着社会的发展，法案公开征求意见的方式也与时俱进，同时各国制度不同，法案公开征求意见方式也有很大差异，但一些法案公开征求意见方式可以互相借鉴与吸收。

（五）法案公开征求意见的程序

法案公开征求意见是我国立法程序中的重要环节。立法程序植根于不同社会的存在和发展中，因此，不同时期、不同国家的学者对立法程序的理解并不一致，③ 周旺生认为，"立法程序是有权的国家机关，在制定、认可、修

---

① 杨雪冬、陈家刚主编：《立法听证与地方治理改革》，中央编译出版社2004年版，第137页。

② 会议调查法，载百度文库，http：//wenku.baidu.com/link？url＝IPm6dVzCr1LidhuxFEDsMVVnenIiVx3GRRkwn52Jce6JbEZ7jI0LPNQmeF5_nlC07yF9h9680eBq7xty8qH7Z7R6YnMVaymA-SwGexQRpqW，最后访问日期：2014年2月20日。

③ 关于国外学者对立法程序的不同见解，详情参见吴大英、任允正：《比较立法学》，法律出版社1985年版，第158页。

改、补充和废止法的活动中，所必须遵循的法定的步骤和方法"[1]；有的学者则主张"立法程序就是立法主体按照一定的步骤、时序和方式，创制和完善法的行为过程"[2]。可见，立法程序是立法主体在立法活动中所必须遵守的步骤、时序、方法方面的规则，具有法定性（严肃性）、主体及适用空间特定、次序的强制性等特征。要正确理解界定立法程序，应当全面把握立法程序步骤、时序、方法三要素，注意对立法的主体、内涵和外延、立法程序法定性的准确把握。首先，立法主体不仅限于立法机关，其他有关机关在立法机关授权下也可以行使部分立法权。其次，立法的内涵和外延不只是制定法律、法规、规章和其他规范性法文件，修改、废止、认可、补充法律、法规、规章及其他规范性法文件也属于立法的范畴。最后，应当把握立法程序与立法过程的差异。立法程序贯穿于整个立法过程中，与立法过程联系紧密，两者极易混淆，认为立法程序即是立法过程是不科学的，实际上，并非所有立法过程中的环节均是立法程序。判断立法过程中的某项工作是否属于立法程序有两个标准：其一，是否为法规定为立法过程中必须遵守；其二是否为法规定为仅为特定机关或个人进行。

然而程序性却是法律区别于其他社会规范的显著特征，哈罗德·伯尔曼等曾明确主张"程序是法律的'心脏'，离开程序，法律就根本不可能存在"。[3] 立法程序的意义在于约束立法主体的立法行为，实现公众参与管理的权利，优化立法决策，实现立法价值。《立法法》《人民代表大会组织法》《人民代表大会议事规则》对立法程序作出了相关规定。据此，我国立法程序的核心阶段包括提出法案、审议法案、表决和通过法案、公布法律四个阶段。法案公开征求意见作为提出法案、审议法案程序的重要组成部分，是深入贯彻国家政策、落实立法法精神和尊重立法实践客观要求的必然之举。法案公开征求意见程序是在法案公开征求意见过程中所应当遵循的工作步骤和方式。其主要特征包括：第一，公开的主体，既包括全国人大及其常委会和

---

[1] 周旺生：《立法学》，法律出版社2004年版，第149页。
[2] 苗连营：《立法程序论》，中国检察出版社2001年版，第3页。
[3] Harold. J. Berman & William R. Greiner, The Nature and Functions of Law, (1980), The Foundation Press, p. 27.

有立法权的地方各级人大及其常委会，也包括拥有立法权的各级行政机关；第二，公开的对象，是指立法机关公开的法的草案，包括法律草案、法规草案及其他规范性法文件草案；第三，公开的客体，是指立法机关以外的普通公众，包括专家学者及社会组织；第四，征求公众意见的途径，可以采用电话、传真、信件、网上征求意见系统等方式发表意见。无论从理论研究需要还是从立法实践迫切要求来讲，深入研究法案公开征求意见程序，分析问题并逐步完善该程序都是非常必要迫切的。

第二节　法案公开征求意见制度的法理基础

2000年颁布实施的《立法法》和2001年公布的《行政法规制定程序条例》都有立法过程中向公众公开征求意见的规范化规定。其中，《立法法》第34条第1款明确规定："列入常务委员会会议议程的法律案，法律委员会、有关的专门委员会和常务委员会工作机构应当听取各方面的意见。听取意见可以采取座谈会、论证会、听证会等多种形式。"第58条规定："行政法规在起草过程中，应当广泛听取有关机关、组织和公民的意见。听取意见可以采取座谈会、论证会、听证会等多种形式。"同时，《行政法规制定程序条例》第12条规定："起草行政法规，应当深入调查研究，总结实践经验，广泛听取有关机关、组织和公民的意见。听取意见可以采取召开座谈会、论证会、听证会等多种形式。"2015年修改后的《立法法》仍然保留了法案公开征求意见制度，法律条文分别修改为第36条和第67条。这些规定均为法案公开征求意见的实施完善提供了法律依据。

事实上，无论是法律规定、国家政策还是立法实践都体现出法案公开征求意见程序对推动立法科学化、民主化发展具有重要作用，因此，法案公开征求意见程序制度化、常态化有其现实基础，而正当法律程序原则、人民主权理论、参与民主理论和立法科学理论也为法案公开征求意见提供了坚实的理论基础，促进了法案公开征求意见程序的进步。

第一章 ‖ 法案公开征求意见制度的基础理论

一、正当法律程序原则

作为立法程序的重要环节，法案公开征求意见程序的法理基础可追溯至正当法律程序原则。正当法律程序原则源于普通法的"自然公正"原则，早期该原则仅适用于司法审判。丹宁勋爵曾对此原则的适用范围有如下阐释："我所说的经'法律的正当程序'系指法律为了保持日常司法工作的纯洁性而认可的各种方法：促使审判和调查公正的进行，逮捕和搜查适当的采用，法律援助顺利地取得，以及消除不必要的延误等等。"[1] 通常意义上，自然公正原则的内涵被确定为：一是任何人都不得担任自己案件的法官；二是当事人确保有陈述和被倾听的权利。

正当法律程序原则含义不断扩展，除了包括程序性的正当法律程序，实质性的正当法律程序也被纳入其范畴。在此基础之上，正当法律程序原则的适用范围不断扩大，并不局限于司法活动，还适用于具体行政行为、行政立法活动，且有进一步扩大适用的趋势。学界惯例，可将正当程序区分为程序性正当程序和实质性正当程序，这是根据保障方式的差异划分的。前者与法律的程序有关，主要限制行政部门和司法部门；而后者则与法律的内容有关，主要限制立法部门。[2] 立法行为与司法行为、行政行为虽有差异，但都追求共同的价值目标——通过公正的程序设计实现实体的公正，立法行为也追求最低限度的公正，因此，正当法律程序原则也适用于立法活动，并为法案公开征求意见程序的完善提供了理论基础。

科学设计法案公开征求意见程序规则，扩大立法群众基础，实现立法目的，是正当法律程序原则在实践中起作用的典范。无论程序性正当程序还是实质性正当程序都要求保障最低目标——程序公平公正的实现，相应的，正当立法程序的实质就是通过保障立法程序的公平公正来实现立法结果的公正：首先，正当法律程序的宗旨就是权利人有权获知对其权利处分的理由并有权为自己辩护，它强调的是赋予公众权利。通过向公众公开征求意见程序赋予

---

[1] [英] 丹宁：《法律的正当程序》，李克强译，法律出版社1999年版，中译本前言第1—2页。
[2] [美] 詹姆斯·M. 伯恩斯等：《民治政府》，陆震纶等译，中国社会科学出版社1996年版，第211—212页。

公众表达自己意愿、维护自己利益的权利，以保障公众有效参与立法，实现立法程序的公平公正。其次，法案公开征求意见程序作为正当立法法律程序的重要组成部分，调整的是处于强势地位的有权立法机关与相对弱势的公众之间的利益关系，其主要目的是保护公众权益免受相关立法的非法侵害，以正当程序来消弭相关立法机关与公众之间力量的不均衡。法案公开征求意见程序中的法案公开和意见反馈机制，体现了对有权立法机关与公众之间信息不对称的纠正与平衡，使得处于相对弱势的公众能够了解规范性法文件将对其利益产生何种影响，并能够通过提出自己的意见进行博弈，从而保证立法程序实质上的公平公正。

二、人民主权理论

人民主权理论为法案公开征求意见提供了理论支撑。让·布丹首次提出了主权学说，但是，布丹是国家主权理论的倡导者。

卢梭在《社会契约论》中明确阐述了人民主权理论，他认为人们在建立国家时通过社会契约的形式将人民主权确定为至高无上，神圣不可侵犯，必须由人民直接行使，不能被分割，不能被代表。作为主权执行者的政府，应当代表人民的意志。由此，"立法权作为国家的心脏"[①] 也应当是属于人民的，以此为基础，卢梭提出"公意"主张，"公意"绝不是某个人的意志，而是通过全民讨论形成人民共同意志的体现，它排斥任何凌驾于法律之上的个人行为，以法律面前人人平等为原则，以追求社会公众的最大幸福为目标。卢梭还提出，即便要以服从国家权力为前提，由于国家权力是以公意为基础，对此服从，也就是服从了公民自己的意志。所以，主权是公意的运用与表现，对公意的行使就是人民主权。同时，我国在1982年《宪法》中将人民主权原则在宪法上予以确认。而法案向公众公开征求意见便是人民主权原则在立法领域的延伸，是保障立法合法性的重要条件。

我国作为社会主义国家，以马克思主义为指导思想，坚定不移地奉行人民主权理论，实现人民当家作主，代表人民意愿。因此，在立法过程中向公

---

① [法]卢梭：《社会契约论》，何兆武译，商务印书馆1982年版，第117页。

众公开征求意见是新时期人民主权理论的具体实践,有着坚实的理论基础。

三、参与民主理论

法案公开征求意见作为一种民主的实现方式,其理论渊源可追溯至古希腊城邦民主时代,近年来随着参与式民主理论的复兴,法案公开征求意见工作蓬勃发展。

阿尔诺德·考夫曼(Arnold Kaufman)1960年率先将"参与民主"以术语的方式提出,但参与民主研究的起步却是在20世纪70年代前后,1970年卡罗尔·佩特曼《参与和民主理论》出版,自此参与民主政治理论问世。参与式民主理论主张,只有通过自我管理过程中公众自发的、直接的参与形式才能有效实现民主。这一理论突破了自由主义民主,影响了当代民主发展的新趋势。但是参与并不等同于直接民主,参与只是扩大了控制自己生活的一种方式,其价值在于对少数群体的保护,并使社会存在相互竞争的权力中心。因此,参与式民主的实施必须以法治为前提,以达到遏制政治权利滥用,实现公众个人合法权利的目的。

"协商民主"理论的兴起是参与民主理论在20世纪后期的重要发展。简单地讲,协商民主就是指公民通过平等自由的对话、讨论、审议等方式,参与公共决策和政治生活。这有利于保障受到某项决策影响的利害关系人有权参与决策的制定过程。"参与式民主"中的复决权就是公众对立法机关的法案进行投票,决定其是否能成为法律,使公民成为真正的立法者。而创制权则是法定数量的公民可以通过提出法案或修正案的方式来参与法律的制定或修改。复决权与创制权的确立,能够将直接民主与代议制民主各自的优势相结合,更适合现代社会的新民主制度。由上述立法民主理论可知,一切影响公民权利义务的法律均应当通过合理标准的立法程序征得公民的同意,而向公众征求意见,便是公众表达意愿的有效方式,公开征求意见的实践也证明了这一点。因此,我国立法的发展也有必要采用公开征求意见的方式来摆脱现实立法中民主性不足的困境。

四、立法科学化理论

立法科学化理论为法案公开征求意见切实有效地实施提供了理论支撑，并为其描绘了广阔前景。法治的实现需要多方因素共同推动，但至少应具备两个条件，即制定"良法"并得到普遍服从。现代社会的治理应当是"良法之治"。只有严格按照立法程序，合理运用立法技术，制定出条文严谨、结构合理、可操作性强的法律，才是"良法"。立法者不应是发明家，仅凭自己的思维想象肆意造法，而应当成为法律的传达者，将法律规则科学地表述出来。立法是表述规则的过程。是否达到合规律、合利益的效果是立法科学的关键。即是否与社会发展规律、自然规律、立法工作本身规律相符合决定了立法决策结果是否科学。根据立法科学化理论的主张，无论立法决策、立法内容和结构还是立法程序，都要以正确把握立法规律，运用立法规律为前提。从实际出发，实事求是，合理利用立法技术，减少人为因素的影响，克服立法过程中的主观随意性和盲目性，有针对性地解决实际问题，以便实现对社会的依法全面治理，实现法的基本价值。

"立法内容的合理性主要表现为合规律性和合利益性。"[1] 立法实践当中存在地方保护主义和部门本位主义，而"法律的功能在于调节、调和与调解各种错综复杂和冲突的利益。法律或法律秩序的任务或作用，在于承认、确定、实现和保障利益"[2]。立法科学化的目的就是要最大程度上消除立法过程中的地方保护主义、部门本位主义的倾向，立法应当实现立法结果能对接各类利益群体的利益期许，既可保证立法决策代表多数公众的利益期许，又能使少数人的意见和利益要求得到充分尊重，增强法的可接受能力和认同感，提高法律的权威性，在相当程度上消除因立法不善所造成的社会不稳定隐患。向公众公开征求意见是实现立法科学化的重要手段和途径。在立法过程中发扬民主，让公众采取多种方式参与立法，向公众公开征求意见，公众的表达权得以实现，参与权得以保障，建立了公众与立法机关良性互动机制，实现

---

[1] 周世中：《法的合理性研究》，山东人民出版社2004年版，第318页。
[2] ［美］罗斯科·庞德：《法理学》（第三卷），美国西方出版公司1959年版，第16页。转引自沈宗灵：《现代西方法理学》，北京大学出版社1992年版，第291页。

了立法程序的公开、透明，以行之有效的监督机制避免立法决策只代表部分群众期许的异常现象的存在。此外，还应尊重顺应自然社会规律，使立法更符合客观实际，增强其适用性，进而实现立法的科学化，实现"良法之治"。

第三节　我国法案公开征求意见制度的价值

佩特曼（Petman）认为："当代精英主义的民主理论实际上并不是充分的民主，而仅仅描述了现实政治制度的运作逻辑。民主理论并不完全是经验的，它也应该是规范的，有着特定的规范要求和取向。""真正的民主应当是所有公民的直接的、充分参与公共事务的决策的民主，从政策议程的设定到政策的执行，都应该有公民的参与。""只有在大众普遍参与的氛围中，才有可能实践民主所欲实现的基本价值如负责、妥协、个体的自由发展、人类的平等等。"[1]而法案公开征求意见的方式为普通公民参与立法提供了合法的途径。法案公开征求意见的目的是实现科学立法、民主立法，提高立法质量，具体的法案公开征求意见方式是其实现形式、渠道，也就是手段，法案公开征求意见的目的和效果要通过各种不同的方式才能发挥作用。

建立我国的法案公开征求意见制度具有多重价值。我国有权立法机关自身的组织特征及局限性决定了其必须依赖外部资源才能实现科学立法，法案公开征求意见程序作为公众参与提出法案、审议法案的重要方式，实现了有权立法机关与公众的交流互动，整合了其各自的信息与知识优势，从而提升了立法内容的合理性；立法资源的有限性决定了必须建立科学的立法程序合理配置资源，避免立法资源的浪费，法案公开征求意见程序能够减少立法中因地方保护主义和部门主义引起的立法协调工作量，重视专家学者意见以避免法理和立法技术失误，提高立法效率；民主立法所具有的表达汇集作用功能、沟通协调博弈妥协功能以及导向宣传功能将会提高公众对法文件的接受能力和认可度，有利于法的实施。

---

[1] ［美］卡罗尔·佩特曼：《参与民主理论》，陈尧译，上海人民出版社2006年版，第8页。

一、有利于增强立法的合理性

"公正的程序比不公正的立法程序能够产生更加公正的结果。"① 某种意义上，这说明了公正立法程序对公众立法结果的作用力。单纯依靠正当立法程序并不能产生公正的立法结果，但公正的立法程序却对立法结果的合理性公正性起关键作用。公正的程序可以保障选择的合理性：首先，更具专业精神、丰富经验的立法者及参与者可以保障立法行为的合理化；其次，程序公开将立法活动置于公众监督下，纠错更容易，且纠错成本更低；再次，立法程序中立法者及参与者平等讨论，各方利益主体观点均被充分考虑，优化选择；最后，公正的立法程序有利于调动参与者积极性，实现结果的合理化选择。② 因此，要保障立法结果的公正合理，相当程度上依赖于公正合理的程序，完善我国法案公开征求意见程序，建立公正合理的公开征求意见程序十分必要。

我国存在多种立法权，其中，国家立法权具有最高性、根本性。以国家立法权为例，法律明确规定，行使国家立法权的主体是全国人民代表大会和全国人民代表大会常务委员会。根据我国宪法及相关法律规定，全国人大每年举行一次会议，会议于每年第一季度举行。地方各级人大会议每年至少举行一次，通常在全国人大会议前举行。但是都未规定会议召集的具体时间，也未对会期持续时间进行规定。实际上全国人大会期通常为半个月，包括休会时间在内。会议期内，通常有十几项议案需要审议，另外听取报告及其他活动还要消耗大量时间，审议、讨论时间少之又少，更严重的是，部分代表在未能充分了解草案时就要投票表决，审议、提出意见建议更是无从谈起，立法质量难以保障。加之我国人大代表实行兼职制，而立法活动的复杂化、专业化程度要求却越来越高，法律性、专业性、技术性越来越强，考量立法

---

① G. M. Pops and T. J. Pavlak, The Case for Justice, 1991 by Jossery-Bass Publishers, p. 85. 虽然不公正的程序有时也会产生公正的结果，但这只存在于个别情况，不具有制度价值和普遍意义；此种情况下公正往往取决于立法者个人良好的业务素质、政治法律水平、道德修养等不确定因素，具有较大的偶然性和侥幸性。

② 季卫东：《法律程序的意义——对中国法制建设的另一种思考》，《中国社会科学》1993 年第 1 期。

者素质的标准也相应提高了。因此，对于我国人大代表而言，高度契合立法工作所需要求绝非易事。我国有权立法机关自身的组织特点及局限性决定了其必须依赖外部资源才能科学立法，法案公开征求意见程序作为公众参与提出法案、审议法案的重要方式，实现了有权立法机关与公众的交流互动，整合了各自的信息与知识优势，从而提升了立法内容的合理性。掌握决策信息的多寡和信息传输的广度对立法合理化意义重大。公众向立法机关提供丰富有用的信息，改善信息的质量和利用率，以便立法机关作出更有利于人民的决策，人民也更容易接受相关法律规范。实际上，来自公众的一手信息资料通常是决策者实现理性决策的重要依据或基础。而建立健全法案公开征求意见程序，确保民主立法，可以有效解决上述问题，确保立法科学化、合理化的有效途径。向公众征求意见，广泛听取利益相关方的意见，听取专家学者的专业意见，可以了解第一手的立法背景资料，掌握实际立法需求，才能全面占有并科学分析各种立法信息资料，进而正确高效作出立法决策，使立法更加合理化，立法与其所调整的社会关系更加贴切，规制手段更加科学合理。除了能够增强立法行为的合法性、合理性之外，还能充分平衡各相关方利益、补足立法机关决策信息和专业知识，从而使制定出的相关法律规范更具可接受性，更有意义，能更有效地实现公共治理。

二、有利于立法预期目标的实现

要想实现良法之治，法律被信仰是前提。法律权威是其被信仰的基础。某种程度上，法律的权威取决于立法程序的合理公正，因此立法应尽可能地保障公正，扩大其群众基础。在立法过程中，公正的程序可以保障利害关系人参与立法、影响立法权利的实现，并通过博弈对立法结果产生实质性的影响。这样公众更乐于对立法结果予以确认信服，即便是反对立法决策的公众也会因立法程序中合法参与权、表达权得以保障而接受认可这一结果。广泛的群众基础使法律权威得到保证，对法治的信仰、对法律的尊重得以产生。法是社会的法，而非个人的法，法得到公众的理解认可是法得以实施的前提，是实现立法目标的保障。因此，公开征求公众意见，有助于实现立法实效性的提高，法的实施和法治的进步发展。利用网络、报纸、广播电视等新闻媒体公开征求意见，是一种普通的立法参与途径，但在公众参与立法的制度尚待完善的情况下，却不失为一种简单有效的方法。

首先，法案公开征求意见的本质目的在于保障和实现人民民主，让公众充分表达出自己的意愿和利益诉求，并在立法中由民意分量汇集为制度力量，经过立法程序形成法律规范，以法律的形式固化为国家意志。法案向公众征求意见，即是公众以正当渠道阐释自己利益诉求的过程，立法决策易获得公众认同，从而降低了推进法实施进程的难度。其次，现代社会利益多元化、民众需求差异化、公众认识多样化，民主立法面对复杂的立法环境，必须让公众充分表达各自观点理由，不断与立法涉及的各方利益主体进行对话，针对争议焦点协商并最终达成共识。公开征求意见有力保障了所有公众表达权的实现，在此基础上沟通、协商，遇到矛盾时既有博弈也有妥协，努力在多种利益博弈中找到平衡点，达成共识，寻求合理的立法安排。只有这样经过充分的讨论、博弈和妥协，才会在执法司法过程中做到执法必严，司法公正。最后，民主立法具有导向和宣传功能。法律作为强制性的社会规范，对社会具有强烈的导向作用。公开征求意见将立法者的立法意图传达给公众，使公众行为更具参考标准，合理预见自己行为的法律后果。公众通过此项程序增强法律意识，利于遵守法律，维护社会秩序，实现立法预期目标。总之，立法者应当重视征求意见的各项功能，充分发挥各项功能的作用，让公众在参与立法、充分表达利益诉求的同时，对立法现状及困境有正确的认识，对立法有正确的心理认知和合理的价值期待，从而为未来法的实施创造条件，顺利实现立法的预期目标。

三、有利于从形式上完善我国法律制度

立法程序是制定规范性法律文件时必须遵循的方法以及步骤，在某部特定的规范性法律文件的制定过程中，立法程序分为多个环节，贯穿于立法的整体过程当中，保障立法程序具有民主性、公开性、法定性、可操作性，才能真正保障"主权在民"，从形式上保证制定出的规范性法律文件的科学及民主，保证其立法的质量。在立法程序所涉及的众多具体环节当中，从法案

到正式的规范性法律文件这一过程是至关重要的。

我国当前的法治背景和长久以来的法律文化背景之下，规范性法律文件的权威性，在一定程度上体现为其具有严格的制定和修改程序。对于民众而言，只有遵循了科学、严格的程序制定出的法律，才会有可能使得一般民众从心理上接受并遵循。国家实行法案公开征求意见制度，可以从最基础的形式上保障利害关系人对于与其利益相关的规范性法律文件制定的参与权和知情权，有利于立法监督。

当前我国主要是采用代议制，由于代议机关本身各方面的局限，单纯由代议机关制定出的法律已经越来越不能适应当前迅猛发展的科技、经济环境以及越来越复杂的社会关系。行政机关的公务员由于直接从事社会管理，并且具有较好的业务素质，代议机关比较大幅度地采用了"立法权力下放"的方式，对一些对专业要求比较高的立法任务，授权行政机关进行立法，以解决社会法律"供不应求"的局面。然而，这种授权立法的方式，在解决法律供需平衡的同时也带来了违反权力"分离制约"原则的矛盾，这一矛盾极有可能产生侵权和腐败。理论上，由于授权立法本身不能调和这种矛盾，这就需要一种外部力量来进行制约，而法案公开征求意见制度就是一种非常有效的监督手段，在形式上确保普通公民切实参与规范性法律文件的制定，可以有效地调节人民和政府之间的矛盾，以及"民主制"和"官僚制度"的矛盾。

我国建立完善的法案公开征求意见制度，有利于通过多种形式吸收公众意见和智慧，最大程度地保障公众对于立法过程的有效参与，能够最直接地同时解决立法供给问题和行政"公共性危机"，也能使普通民众更好地接受法律并且遵守法律。

四、有利于从源头上保障民主法治

约翰·弥尔顿[①]首先提起了"人民主权"的理论，他认为"所有权力都

---

① [英]约翰·弥尔顿（John Milton，1608—1674）：英国思想家、诗人、政论家，民主斗士，英国文学史上最伟大的六大诗人之一。

是源于人民的",人民有权选择统治自己的政府和官吏并有权对他们进行监督,同时还享有立法权和司法权。法国启蒙思想家卢梭以"公意"和"社会契约"作为其理论基石,对于"人民主权"进行了详尽的论述。他的观点是:"主权或公意在于全体人民,是绝对不能转让的";① 主权表现的是公意,是不容侵犯、至高无上的和绝对的,谁都不得动摇主权的地位,因为它对政治体而言,是灵魂,② 自由依赖于主权的存在而存在,主权是对个体的自由避免被侵犯的保障,即使是对主权或者说是公意的强迫服从也同样是对这一点的体现。③

为了防止出现所谓的"优越性的价值"压制其他的价值,就必须采用民主的程序来实现。④ 在民主社会中,每个人的预有价值带入了政治竞争当中,之后由社会通过民主的形式,来确定什么目标和价值是需要被促进的,只有被政治竞争当中的人民所接受,才是民主过程自身所产生的用以确定选择何种规范的仅有的最高的标杆。⑤

从表现形式上看,民主有直接的和间接的,各有利弊。卢梭支持的是直接民主,他认为,从本质而言,公意构成了主权,立法权表征了主权,而代表并非公意的表达途径,因此,真正的民主必须是由公民直接统治的。也正因此,立法过程应当毫无保留地公开,保证是每个人都参加的。这一论说被认为是立法公开的直接理论基石。

直接民主在实践中的弊端和局限性表现在:(1) 直接民主只能在人数较少的小国家才有可能得到实现。(2) 直接民主本身并非真理的代表,泰纳(法国思想家)曾说:"一万个人的无知相加不等同于一点点有知。"且参与的人数与个体发挥的作用程度成反比。(3) 直接民主在实施过程中容易产生极端化的立场和情绪,不利于社会和谐,且有着不可避免的社会风险,是一

---

① [法]卢梭:《社会契约论》,何兆武译,商务印书馆1980年版,第35页。
② [法]卢梭:《社会契约论》,何兆武译,商务印书馆1980年版,第38—41页。
③ [法]卢梭:《社会契约论》,何兆武译,商务印书馆1980年版,第39页。
④ John Dewey, Freedom and Culture, Southern Illinois University Press, p.75.
⑤ [美]斯蒂芬·M.菲尔德曼:《从前现代主义到后现代主义的美国法律思想》,李国庆译,中国政法大学出版社2005年版,第216页。

种"零和博弈"①。(4)直接民主的实施成本非常高,而且效率相对来说比较低。可以说,在直接民主中,由于其并不容纳中间层次以及程序,对于信息也缺乏筛选和修正机制,这就会产生牺牲公众利益或者个人自由的风险。②由于这些局限性,现代绝大多数国家都更青睐间接民主制度,实践证明,后者有效解决了在维护个人利益同时又需成功防止少数人暴政的现代政治难题,且实施成本相对较低。然而间接民主本身也无法避免自身的弊端:(1)实行间接民主的国家大多由该社会的"精英"层统治,对于一般的民众通常采取了不信任的态度。立法权掌握在少数精英阶层,几乎彻底排斥了普通公众参与立法,这与民主的本质是相悖的。在美国的1787年制宪会议上,与会者詹姆斯·威尔逊明确地指出:"世界存在着各种形式的专制,有时表现为军队的专制,难道就没有立法的专制?不管是理论上还是实践上,都存在着立法专制的可能性。如果立法权可以为所欲为,那么社会中既不会有自由,也不会有稳定。"③(2)立法者往往不能代表人民的真正意志。卢梭曾说过"意志是不能代表的",在实践中也的确暴露出了立法者无法体现人民意志甚至与人民的意志背道而驰的情况。

从制度的本质上来说,法案公开征求意见制度属于"前馈"控制模式。即是在立法过程中由公众直接介入实施监督控制,而不是在规范性法律文件制定之后在实施过程中采取监督矫正的"事后反馈"或者"事后监督""事后处理"模式。

法案公开征求意见制度为民主立法提供了一个切合实际的,能够让更多的立法参与者充分、真实地表达自己的立法意愿的制度化渠道或者说平台。

---

① 零和博弈:又称零和游戏,与非零和博弈相对,是博弈论的一个概念,属非合作博弈。指参与博弈的各方,在严格竞争下,一方的收益必然意味着另一方的损失,博弈各方的收益和损失相加总和永远为"零",双方不存在合作的可能。零和游戏的原理如下:两人对弈,总会有一个赢,一个输,如果我们把获胜计算为得1分,而输棋为-1分。则若A获胜次数为N,B的失败次数必然也为N。若A失败的次数为M,则B获胜的次数必然为M。这样,A的总分为(N-M),B的总分为(M-N),显然(N-M)+(M-N)=0,这就是零和游戏的数学表达式。载百度百科,http://baike.baidu.com/link?url = SPvWbg42an2yMS3HxEGVuVluDE26IV0 - ZoCSUjEzj1kjwRYG4j0AWSfzSKzs36IT,最后访问日期:2017年7月19日。

② 刘军宁:《直接民主与间接民主》,生活·读书·新知三联书店1998年版,第42-46页。

③ 姚建宗:《法理学》,科学出版社2010版,第385页。

使法律在制定过程中随时公布于公众，由公众讨论并提出意见，为间接民主局限性的解决打开了很好的突破口，在保留间接民主基本框架的前提下，进行适当的直接民主行为，使得立法活动公开透明，接受人民的意见、建议以及监督，有效防止精英垄断，从而成为依靠公共法律进行社会统治的正当性基础，有效保障了公民参与保障法律的"公意性"，也有效地从源头上保障了民主法治。

五、有利于建设法治政府

罗伯特·达尔说，"所谓民主政治，就是全体公众广泛分享参与决策的机会，就是所有公众都有同等的资格参与政策制定过程"。[1] 因此，建设法治政府需要制度力量的支持，其中立法作用不容忽视。科学立法，实现公众与个人的均衡协调，坚持权责统一，以优化决策，减少决策推进过程中的阻力。

2010年10月发布的《关于加强法治政府建设的意见》第9条规定："未经公开征求意见、合法性审查、集体讨论的，不得发布实施"；第11条规定："要把公众参与、专家论证、风险评估、合法性审查和集体讨论决定作为重大决策的必经程序"。法案公开征求意见是解决公众参与立法不平衡的重要途径。公开立法信息，提供无差异化的信息，向公众征求意见，避免了公众因享有立法信息的多寡、差异而造成立法不公正、不民主。同时，法案公开相较其他方式更具便捷、高效、低成本的优势，公众可以通过电话、互联网、信函、电子邮件等多种方式将自己的意见建议传达给立法机关。这就为公众尤其是弱势群体表达利益诉求提供了有效的途径和机制。

当前，公众参与意识觉醒，参与热情高涨，政府态度积极，政府的行政管理模式逐渐由"替民作主"转向"让民作主"，以实现"以人为本""人民利益至上"的原则。向公众公开征求意见是"让民作主"，是坚持民主立法的具体实践，对于保障公民知情权、参与权、表达权、监督权的实现具有重要意义。对于政府而言，公开征求意见是建设法治政府的必然选择。公开征求意见能够让公众了解立法中的争议焦点和难度，进而提出建设性的意见

---

[1] ［美］罗伯特·达尔：《论民主》，李柏光、林猛译，商务印书馆1999年版，第43页。

和建议，为立法决策提供大量信息，如此，立法协调机制充分发挥作用，立法者可对社会各阶层、各方面利益和力量进行平衡及协调，进一步完善所立之法，使得立法结果能够真正体现民意，从而促进社会和谐和法治进步。另外，公开征求意见起到了法制宣传和提高公众法治意识的作用，公众对法治的理解更深刻理性，法治政府建设之路更顺畅。这便是征求意见的目的和功能所在。

第二章

域外法案公开征求意见制度考察

第一节 美国行政立法的公众评议制度

行政立法公开征求意见的行为就是行政立法主体在制定行政法规、规章时接受公众评议、咨询等的行为，是公众参与行政立法的一项重要表现形式，这种形式被很多国家的政府机关在制定行政规章时采纳，如英国、加拿大的公众咨询制度，欧盟国家行政立法的公众磋商制度。我国行政立法公开征求意见作为规范性的制度活动，还处于探索过程中，需要吸收与借鉴其他国家已有的制度与实践。这里我们以美国行政立法的公众评议制度作为考察对象，以对我国正在兴起的行政立法公开征求意见制度的完善有所裨益。

一、美国行政立法公众评议制度的源起与发展

根据现有的资料，美国行政立法的公众评议制度与美国行政立法的兴起并不是一致的。美国行政立法在宪法中并没有得到确认，行政机关的立法权源自美国国会的授权。"美国最早的授权是美国第一届国会的第一次会议，它通过的一个法律规定，应按照美国总统制定的规章给残疾人提供养老金。"这是国会第一次明确授予制定规章权。"美国州际商业委员会的设立使这种授权得到了更广泛的认可，它是第一个拥有广泛的制定规章权的联邦委员会。"[1] 后来国会又授予其他联邦委员会以及联邦各部门制定规章的权力。在现代美国，行政立法主体主要是指美国总统、联邦和州的行政部门、独立管

---

[1] 曾繁正等编译：《西方主要国家行政法行政诉讼法》，红旗出版社1998年版，第52页。

理机构等。

在20世纪以前，美国行政立法公众参与式的评议并没有得到重视，"1941年，与行政程序相关的首席检察官委员会注意到，直到20世纪初期，国会事实上从未关注过执行机构的官员们如何操作规则制定。立法活动中的公众参与事实上被忽略了。"[①] 20世纪初，一些法案在条文中规定了公众参与的问题，如1902年制定的一个拨款法中规定，"提供资金使农业部长能够与官方农业化学家协会以及他认为必需的该方面的其他专家合作，为食品纯度设立标准。"[②] 该法的规定表明国会开始关注政府机构制定规章时的公众参与问题。20世纪30年代开始，公众的口头与书面的沟通与咨询在政府规章制定中就大量出现，"联邦通信委员会发现通过与其管制的企业进行协商可以解决规则制定中大部分的问题"[③]。美国联邦储备金监察小组开创协商会的模式，就是让受规章制定影响的群体参与到规章的协商过程中来，甚至到后来，美国联邦储备金监察小组已完全依赖于协商会作为使受影响团体参与规章制定过程的手段，"美国联邦储备金监察小组主持协商会直接与公众或通过美国银行家协会进行接触"[④]。后来，在美国政府规章制定过程中，常会邀请由社会公众、利益团体等组成的顾问委员会参与规章的制定，如海洋调查与航运局使用了一个"包括了来自受影响企业的顾问的顾问委员会，这些顾问持续不断地与局官员会面并且参与了受理船舶建造的特殊的系列规章的起草"[⑤]。

如果从广义上理解行政立法公众参与模式的公众评议，立法听证会无疑是获取公众评议意见的一种有效方式。作为参与的形式，听证会有正式听证

---

① [美] 科尼利厄斯·M. 克温：《规则制定——政府部门如何制定法规与政策》，刘璟、张辉、丁洁译，竺乾威校，复旦大学出版社2007年版，第177–178页。

② Attorney General's Committee on Administrative Procedure, Administrative Procedure in Government Agencies, S. Doc. 8, 77th Cong, 1st sess, 1941, p. 103.

③ Attorney General's Committee on Administrative Procedure, Administrative Procedure in Government Agencies, S. Doc. 8, 77th Cong, 1st sess, 1941, p. 114.

④ Attorney General's Committee on Administrative Procedure, Administrative Procedure in Government Agencies, S. Doc. 8, 77th Cong, 1st sess, 1941, p. 114.

⑤ Attorney General's Committee on Administrative Procedure, Administrative Procedure in Government Agencies, S. Doc. 8, 77th Cong, 1st sess, 1941, p. 115.

会与非正式听证会的区分。正式听证会程序在美国又称为"审判式听证程序",其一个显著的特点在于"准司法化",即行政机关仿照法院的审判程序,进行提交证据和反询问证人的听证程序。"非正式听证程序,又可称之为评议程序,它是社会公众或利害关系人对已经公布在《联邦登记》上的拟定的规章草案表达自己意见的活动程序。"①

正式听证是一种对抗性的行为,它基于法庭进行民事审判的模式。"首席检察官委员会在调查中发现,这种类型的听证为某些规章或规章制定的情形(通常是在对与重要事实相关的材料存在争议时)所需要。公平劳动标准法、生煤法、食品药品与化妆品法全部采用了正式听证会的程序规定要求。许多其他机构在制定个别规章时自发地采用了这种类型的程序。"② 立法听证会既可以是强制性的,也可以是自发的。"首席检察官委员会发现,强制性听证一般常见于交通法规以及处理诸如工资、贸易与关税、价格和营销等问题的机构。自发听证被许多与商业相关的规章制定机构所采用,包括联邦能源委员会、联邦通讯委员会和农业部等。"③

在1946年联邦行政程序法制定之前,"共有五种基本的参与形式被广泛地使用:口头或书面的沟通和咨询、调查研究、临时召集的协商会、顾问委员会以及听证"④。

1946年,美国国会通过了《联邦行政程序法》,在该法中,联邦国会并没有对现有实践中的公众参与行政立法的形式全盘吸收,而是选择性地采用了极少一部分方式,体现在该法的第553条,通常称之为规章制定的"公告与评议"程序,也就是狭义理解的"公众评议"方式或非正式程序。第553节为规章的制定强制性地规定了三个基本步骤:(1)公告行政机关建议制定的规章或者行政机关制定规章所涉及的主题;(2)给公众提供评论

---

① 汪全胜:《立法听证研究》,北京大学出版社2003年版,第74页。
② Attorney General's Committee on Administrative Procedure, Administrative Procedure in Government Agencies, S. Doc. 8, 77th Cong, 1st sess, 1941, pp. 108–111.
③ Attorney General's Committee on Administrative Procedure, Administrative Procedure in Government Agencies, S. Doc. 8, 77th Cong, 1st sess, 1941, pp. 105–108.
④ [美]科尼利厄斯·M. 克温:《规则制定——政府部门如何制定法规与政策》,刘璟、张辉、丁洁译,复旦大学出版社2007年版,第178页。

行政机关所提建议的机会;(3)公布制定出来的规章,而且行政机关必须简单概括地说明制定规章的依据和目的,为自己制定出来的规章加以辩护。另外《联邦行政程序法》还规定了规章制定的正式程序,即审判型立法听证程序。但行政机关在制定行政规章时运用得最多的、常见的程序还是行政立法的非正式程序。

在《联邦行政程序法》出台之后,联邦国会还通过一系列的单行法律对规章制定的"公众评议"程序作出了规定,如1970年的《国家环境政策法》规定,联邦政府部门在采取影响环境的重大措施前,应就其《环境影响报告》公开征求公众的评论意见。1980年的《灵活规制法》要求,政府部门应当就规章对小企业的影响准备一份特别分析报告,并征求公众的评论意见。[①] 1990年美国国会通过了《协商立法法案》(Negotiated Rulemaking Act)确立了行政机关制定规章的第三种程序,即"协商式规章制定程序"。该法案同意各机构允许会受到某项新规则影响的各方参与规则的制定过程,任何对新规章感兴趣的组织或个人都可以对其发表意见。

二、美国行政立法公众评议制度的设立目的与价值

多数情况下,美国行政机关在制定规章时须采用非正式程序,即公众评议程序。那么,行政机关为什么要采取公众评议制度呢,是来自外在的压力即国会法律强制性的要求,还是自愿寻求这种制度?我们在前文考察行政立法公众评议制度的源起时,谈到行政立法的公众参与或评议最早是来自联邦国会法律的要求。但是,我们知道,起初联邦国会并不是对所有行政机关制定规章都有这样的统一要求,只不过针对某一项法案在制定具体的执行规章时有公众参与或评议的要求。但有美国学者认为,公众参与或评议制度最早是来自有关联邦法律的要求,"影响规章制定的行政程序法和其他的一些法要求公共机构在过程的进展中接受来自利益相关的公民的建议和意见,要求在过程的每一个阶段为受影响的利益集团留有对公共机构的活动作出反应的

---

① 吴浩主编:《国外行政立法的公众参与制度》,中国法制出版社2008年版,第240页。

时间"。①

美国学者科尼利厄斯·M. 克温认为，行政立法的公众参与或评议是为了避免代议制民主状态下行政机关制定规章而对基本民主原则的背离，"作为立法程序必不可少的代替物，规章制定有一个根本的缺陷，即违反了基本的民主原则。那些起草由规章体现的法律的人并非选举产生，他们只能通过间接的方式为美国人民尽义务"。"公众直接参与规章制定是解决问题的答案之一"。②

作为规则分析主义者的哈特则将规章制定的合法性、合理性与公众参与或评议结合起来，他认为，"就规章制定具有政治合法性而言，它源于受到影响的利益在设计用以确保政府机构决策和理性的程序下，向政府机构提出事实与论据的权利"。同样，公众参与行政规章的制定可以提升规章的权威性，"一项规则为将要受其规制或享有其给予的利益的人共有，规则的可信性与持续性严重依赖于它所赖以形成的信息的精确性和完备性。政府机构设定规则所需的许多信息依靠公众获取"。③

美国学者约翰·克莱顿·托马斯认为公众参与可以促进公共管理工作的有效性和决策的有效性："1. 由于公民或公民团体的参与为决策带来了更多的有效信息，这使得决策质量有望提高。2. 伴随着公民参与决策过程，公民对决策的接受程度大大提高，从而促进了决策的成功执行。3. 如果公民能够辅助公共服务的提供，那么，公共部门提供的服务就会更有效率和效益。4. 公众参与将会增强公民对于政府行为的理解，从而减轻人们对政府机构的批评，改善官僚遭到围攻的困境。"④

如果说从公众参与行政立法的开始，政府机构只是被动地实施的话，那

---

① Matin Shapiro, "APA: Past, Present and Future", Virginia Law Review 72 (1986), pp. 447 - 492.
② [美] 科尼利厄斯·M. 克温：《规则制定——政府部门如何制定法规与政策》，刘璟、张辉、丁洁译，竺乾威校，复旦大学出版社2007年版，第175页。
③ Phillip Harter, "Negotiating Regulations: A Cure for the Malaise," Georgetown Law Journal 71 (1982): 17 - 31.
④ [美] 约翰·克莱顿·托马斯：《公共决策中的公民参与：公共管理者的新技能与新策略》，中国人民大学出版社2005年版，第153页。

么后来，政府机构便乐意接受，他们已经认识到，政府机构从公众的参与中能够获得有效的信息，以弥补自己的缺陷，"政府机构不是无所不知的，并且他们也未得到足够的资助去从事所有他们想要起草的规则所必需的研究，来自公众的意见提醒政府机构知道自身知识的缺乏，并向它们提供它们试图改善或管理的私人部门的相关情况。当政府机构与过去从未接触的一部分人打交道或进行不熟悉的活动时，这种意见尤其有用"。公众参与或评议行政立法，不仅能够提供有效的信息，而且能够保障规章的有效实行或实现。"公众表达的内容和语气可以帮助规则制定机构规划规则起草过程中所要面对环境，接下来开始的工作是规则的执行。""如果我们记得规则制定并非其自身的结束，而是在法律所明白表示的目标与计划实施所展示的现实之间承担重要的桥梁作用的话，我们就能够更好地把握参与的特殊意义。"①

另外，在行政机关制定规章时能够有效地实现公众参与或评议的话，则"来自公众的观点还可以帮助政府机构估量规章执行前受到诉讼挑战的可能性"。"有助于防止日后在法庭上围绕规章的内涵、适用性和法律后果展开争斗"。②

三、美国行政立法公众评议制度适用的程序范围

从前文考察得知，1946年的《联邦行政程序法》规定了行政立法的两种程序：审判型听证的正式程序以及非正式程序。1990年的《协商立法法案》又规定了协商式制定程序，但协商式规章制定程序不是一个独立的立法程序，它是混合程序的补充。

从广义的公众参与或公众评议理解，《联邦行政程序法》第554条规定的审判型听证程序也属于公众参与或评议的范围。这个程序与非正式程序以及协商程序重大的区别在于，正式程序制定规章必须以听证记录为依据。不

---

① [美]科尼利厄斯·M.克温：《规则制定——政府部门如何制定法规与政策》，刘璟、张辉、丁洁译，复旦大学出版社2007年版，第176页。
② [美]施密特、谢利、巴迪斯：《美国政府与政治》，梅然译，北京大学出版社2005年版，第312页。

过该程序所确定的"公众范围"比较狭小，只是法案所涉及的利害关系人。而非正式程序以及协商程序则是针对社会不特定公众展开的征求意见或评论，因此，通常行政法学界将非正式程序以及协商程序中的"通知—评议"称为狭义的公众评议。这里以非正式程序以及协商程序为例考察行政立法的公众评议制度。

根据《联邦行政程序法》第553条的规定，非正式程序包括通知、评论、最终规章的公布和生效日期几个环节。《联邦行政程序法》所规定的公众评论环节多是规章草案的公众评议。实际上，公众评议早在行政机关制定规章规划或计划时就已经开始了。政府机关如果决定制定规章，机构和利益相关者首先形成初步提议，并将提议通告所有利益相关者。值得注意的是，实体法和行政命令一般都要求行政机构在公布通告之前就进行公众评议。1980年的《调控灵活性法案》规定：每个机构都必须在《联邦法规记录》公布其调控计划。该记录每半年公布各机构所设想制定的规则。因此，许多规则早在正式通告之前就已经在公众面前亮相。据统计，大约3/4的社会组织在正式通告之前就和有关机构保持接触。《联邦行政程序法》规定的公众评议制度包括以下几个环节。

（一）公众评议前的通知

通知的载体是联邦登记或州登记。通告的内容主要有以下三点：（1）有关此公共规章制定活动的时间、地点和性质的说明；（2）制定该规章的法律依据；（3）拟定的规章条款或内容，或者所涉及的主题和问题的说明。为了帮助公众了解和评论，制定规章的行政机关往往自动附带一个解释性的序言。这里需要强调的是，通知的内容，虽然不必公布规章草案的全部建议的条款，但如果不包括规章建议中的主要内容时，必须补充通告，否则，这个通告将被法院判作无效，由此而制定的规章也无效。

（二）公众评议的方式

评议是非正式程序中公众或利害关系人对已经公布的规章建议表示意见的正式渠道，是公众参与制定规章的法定权利。公众提供评论意见的方式由行政机关决定,主要有提交书面意见、书面资料,接受公众口头提供的意见等。在非正式程序中,公众评论不需要采取听证会方式,即"如果法律要求此种规章必须在机关听证会之后根据记录制定"则不属于非正式程序要求制定的规章范围。在实践中,书面评论(书面公众评议)是非正式程序中公众参与制定规章的主要方式。公众参与提供意见的程度也由行政机关决定。行政机关在制定规章时,虽然必须考虑公众所提意见,但是完全不受公众所提意见的限制,行政机关仍然可以自由地根据档案材料,以及自己的立法和管理的经验、知识和现实需要制定规章。

(三)公众评论的期限

《联邦行政程序法》第553条第4款规定,实体规章在生效之前必须有不少于30天的公众评论期。《加州行政部门规章制定》规定公众对初始规章草案的评议期不得少于45天,在进行初步评议以后,行政机关如果需要对规章进行重大(实质性的、充分的)修改,行政程序法规定规章制定部门在对规章草案决定进行重大改变之前要给公众至少15天的时间;另外,部门规章依赖的材料有所变化,或根据一种新的材料对规章进行修正,而在政府部门初始公布的通知中没有出现这种材料或在公众评议日期到期之前让公众知道,政府部门必须将这一部分材料再经公众评议15天。"要做到这些,部门必须就新材料部分向呈递过书面评议的人,或在听证会提出质证的人,或要求获得修改草案的人,寄出评议通知,明确所依赖的新材料。这个部门必须把通知公布在网上,并考虑相应的公众的评议。"① 另外,联邦国会的立法或州立法甚至各州行政程序法规定了不同的公众评议期间,一般不少于30天,也有60天的规定。

(四)公众评议的总结或回复

规章制定的政府机关必须适当、及时总结和回复公众对规章草案所进行的公众评议。"总结和回复的目的是表明规章制定部门在制定、修改或撤销规章前已经了解并考虑了所有相关的材料。"② 政府部门可以采用两种方式反

---

① 吴浩主编:《国外行政立法的公众参与制度》,中国法制出版社2008年版,第319页。
② 吴浩主编:《国外行政立法的公众参与制度》,中国法制出版社2008年版,第319页。

馈:"(1)共同性意见,行政机关采纳了多少,未采纳多少,采纳和未采纳的理由,一次性在联邦或者州登记上公布;(2)个别意见,采纳和未采纳的理由单独向意见提供者反馈。"① 政府机关必须解释根据评议修改了规章草案或没有对规章草案进行修改。总结和回复评议将成为制定规章的最终的理由陈述的一部分。

1990年《协商立法法案》规定的协商程序不是一个独立的行政立法程序,它是在《联邦行政程序法》规定的非正式程序的公众"通告—评议"程序之前设立的一项利害关系人参加的协商与合意程序。"概而言之,行政机关在公布拟议规章之前,设立一个由相关企业、商业行会、公民团体及其他受影响的组织的代表和行政机关公务员组成的协商委员会;委员会举行公开会议为形成一个拟议规章进行协商;如果委员会能达成合意,行政机关则采纳合意的规章作为拟议规章,然后进入公告—评议程序。该程序的意义在于能够尽量减少以后可能产生的诉讼。"② 关于协商式规章制定程序中的公众评议的操作规程与《联邦行政程序法》规定的非正式程序中的公众评议环节是一致的。

四、美国行政立法公众评议制度适用的规章及事项范围

美国行政立法的表现形式是规章,根据1946年制定的美国《联邦行政程序法》第551条第4款的规定:"规章是指机关为执行、解释、说明法律或政策,或者规定机关的组织、程序或实务要求,包括批准或规定未来的收费标准、薪金标准、法人体制或财经体制及其改组、价格、设施、器具、评价的服务费或津贴费、成本、会计,以及与上述各项有关的实务而发布的、普遍适用或专项适用并将生效的陈述性文件的全部或一部。"这种表述强调了规章规范行为的未来性,并以此区别于行政机关的裁决行为。

并非所有的事项都可以由政府机关制定规章,《联邦行政程序法》第553条第1款规定了规章制定的例外事项,即政府机关不能就下列事项制定规章:

---

① 高存山:《美国规章制定程序对我省地方政府立法的启示》,《〈WTO法与中国论坛〉文集——中国法学会世界贸易组织法年会论文集(二)》。

② 沈岿:《关于美国协商制定规章程序的分析》,《法商研究》1999年第2期。

"（一）合众国的军事或外交职能。（二）有关机关内部管理或人事，或者有关公共财产、贷款、拨款、福利或合同等的事务。"政府机关不能就这些事项制定规章，也就无法适用立法的公众评议制度。

但美国学者根据《联邦行政程序法》的规定，将规章分为三种类型：（1）程序性规章，指规范行政机关工作程序的规章。"制定程序性规章是行政机关的固有权力，不论有无明确的法律授权，行政机关都有权制定规范他们自己工作程序的规章。"①（2）实体性规章，即行政机关创制实体权利与义务的规章。（3）解释性规章，即对现存的法规进行说明和解释而不作实质性修改的规章。"解释性规章只表明行政机关对一部法律或一部规章的看法，只是用来告诉公众，行政机关对所执行的法律所作的理解。"②

根据《联邦行政程序法》的规定，行政立法的公众评议制度仅适用于实体规章的制定，其程序性规章与解释性规章被排除在公众评议制度之外，它规定："除非法律要求发出通知或举行听证，否则本款不适用于：1.解释性规章、一般政策说明，或者有关机关的组织、程序或实务的规章。"然而并非所有的实体规章的规定都需要采用公众评议制度，《联邦行政程序法》规定，如果出现以下两种情况，公众评议制度也可以免除："（一）它是批准或承认对某种限制的取消或免除的实体性规章；（二）该机关有正当理由作出另外的规定，而且此理由应附在该规章中。"

除了政府机关制定的实体规章需要进行公众评议外，《联邦行政程序法》还赋予政府机关一定的自由裁量权，由政府机关自己决定是否启动公众评议，即"当机关有正当理由认为（并将此认为及其简要理由载入所发布的规章）通知和公众程序不切实际、没有必要或违背公众利益的情况"。这个规定并不是说行政机关无须经过公众评议，是由自己自由决定的，它也必须遵循一定的标准。有学者提出，如果规则的修改是"次要的日常澄清，并不会对公众或社会带来显著影响"，那么只要具有"良好理由"，机构不需要经过通告与评议程序。"良好理由"有三类：第一，通告和评议是"不现实"的，因

---

① 曾繁正等编译：《西方主要国家行政法行政诉讼法》，红旗出版社1998年版，第53－54页。
② 曾繁正等编译：《西方主要国家行政法行政诉讼法》，红旗出版社1998年版，第54页。

为它所带来的延误可能会阻碍行政职能的正当与及时行使，譬如安全调查显示新的安全规则必须马上启用；第二，正常程序是"不必要"的，因为有关行政规则是在性质和影响上微不足道的日常决定，不会对社会和工业产生任何后果，因而公众也不会对其变动感兴趣；第三，"公共利益"要求避免通告和评议程序，否则规则的目的就不可能实现，譬如规则的公布将允许金融机构实现规则所要防止的市场操纵。

然而在实践中，关于实体规章与解释规章、程序规章的区分并不是非常清晰，实体规章的例外标准也不太容易把握，政府机关对决定免除公众评议的"良好理由"的解释并不能令公众信服等，都会导致政府机关在决定是否实施"通告—评议"程序面前作出不正确的选择，从而因违背正当程序引起司法审查或者撤销政府机关制定的规章。

五、美国行政立法公众评议制度的司法保障

美国《联邦行政程序法》不仅规定了行政立法的基本程序，也规定了司法审查的内容，包括司法审查权的性质、审查范围、临时救济和有关审查官的规定。该法第702条规定："因机关行为而使其法定权利受到侵害的人，或者受到有关法律规定范围之内的机关行为的不利影响而损害的人，均有权要求司法审查。"虽然该法规定了行政立法与行政裁决，但司法审查不仅针对司法裁决造成当事人利益的损害的行为，而且针对行政机关制定的规章对当事人造成的损害或不利影响的行为。

《联邦行政程序法》第706条规定了司法审查的范围，除非其他法律另有规定，联邦法院在进行司法审查时，"对当事人所提出的主张，在判决所必要的范围内，法院应决定全部有关的法律问题，解释宪法和法律条义的规定，并且决定行政行为表示的意义或适用"，法院应当强迫执行不合法拒绝的或不合理迟延的行政行为。

《联邦行政程序法》第706条第2款规定了法院应认定为违法并予以撤销的情形，包括法律问题和事实问题两部分。关于法律问题的规定有：行政机关违反宪法的权利、权力、特权或特免；超越法定的管辖权、权力或限制，或者没有法定的权利以及没有遵守法律要求的程序。审查事实问题的规定有：

所审查的案件没有实质性的证据支持；或者案件没有事实的根据，达到事实必须由法院重新审理的程度。还有一项包括事实和法律问题在内的规定，即行政机关专横、任性、滥用自由裁量权。

司法审查涉及司法机关对行政机关制定规章的监督，有美国学者评价："司法监督涉及范围广泛，它涵盖规则制定的每个重要方面。法院可自主决定政府机构是否拥有制定规章的权力，行使所拥有的权力的速度是否迅速，行使行政权力时是否遵循相应的规则，以及其结果是否符合合理的法律和公共政策。"①

在规章制定的程序中，公众评议可能构成宪法规定的正当程序，法院必要时对规章制定的程序进行审查，当然如果政府机关制定规章遵守《联邦行政程序法》的规定，法院也只能基于政府机关的制定规章程序作出判断，不对政府机关在制定规章时是否以公众评议为基础作出判断。在1978年的判例中②，联邦通信委员会在经过通告和评议阶段之后制定规章，禁止在同一社区把广播或电视许可转移给报纸的拥有者。对于同时拥有某地区唯一的报纸和唯一电台或电视的16个现有合并公司，联邦通信委员会裁定交出其执照，其他的所有权合并仍受到维持。在制规通告中，联邦通信委员会建议在5年内取消所有合并，但其最后规则并没有采纳这一条。上诉法院认为对取消合并的这一限制构成了"任意"，因而要求最后规则取消全部合并。最高法院注意到规章通告产生了大量反应。将近200个当事人提交了评论，其中包括司法部的反垄断处、广播和报纸利益集团、公共利益团体以及学术界。1974年，联邦通信委员会再次对合并所有权的核心问题征求意见，当事人又提交了将近50项评论。然后，联邦通信委员会还举行了3天的听证会，所有利益受到影响的当事人都被允许发言。既然规章制定程序不存在问题，最高法院判决上诉法院不适当地审查了联邦通信委员会基于这些信息作出的政策判断。

前文说过，政府机关基于"良好理由"可以排除行政规章制定的"公众

---

① [美]科尼利厄斯·M. 克温：《规则制定——政府部门如何制定法规与政策》，刘璟、张辉、丁洁译，复旦大学出版社2007年版，第269页。

② FCC v. National Citizen Committee for Broadcasting, 436 U. S. 775 (1978). 转引自张千帆：《美国简易立法程序的司法控制》，《行政法学研究》2006年第4期。

评议",但这种"良好理由"得经受法院的司法审查。在2000年的案例中①,美国国家环境保护局根据《有毒物质控制法》(TSCA)要求清除一种致癌物质(PCB),但1988年在修改规则后发现新规则包含了一个技术性错误。美国国家环境保护局想利用第553(b)条的例外,不通过通告与评议就直接修改规则。此举受到挑战,并被法院宣布无效,因为这项规则的修改对于健康和安全有举足轻重的影响,因而通告和评议程序既不是"不必要",也不是"不现实"或不符合公共利益。

政府机关在制定规章时没有遵守公众评议的法定期限也会受到法院的审查。1948年联邦内政部长在通知登载于联邦登记6天以后就签署了一个规章,并且得到了法院的认可。这个案例受到舆论界的批评,认为这样短的时间,对公众提供意见而言毫无价值,实际上内政部长完全是根据内部材料制定这个规章。"自从上述1948年的案件以后,没有再出现类似情况,可以认为以后也不会出现类似情况。"政府机关一般在规章发布通知以后,经过至少30天的合理期间才能制定正式规章。"1981年修订的州示范行政程序法第3条规定,通知公布以后,至少30天后才能制定正式规章。"②

除了以上判决确定的基本规则外,司法机关还对实体规章的"重大修改",实体规章与程序规章、解释规章的界限,公众评议是否适用,公众评议是否合理适用等表达自己的观点,从而实现对政府机关规章制定过程的司法监督,保障了公众评议制度的实施与有效。

第二节　英国立法的公众咨询制度

我国2000年《立法法》第34条规定:"列入常务委员会会议议程的法律案,法律委员会、有关的专门委员会和常务委员会工作机构应当听取各方面的意见。听取意见的方式可以采取座谈会、论证会、听证会等多种形式。"

---

① Utility Solid Waste Activity Group V. EPA, 236F. 3d. 749 (D. C. Cir.).
② 曾繁正等编译:《美国行政法》,红旗出版社1998年版,第26页。

第58条规定了行政法规草案公开征求意见的制度。国务院通过的《行政法规制定程序条例》和《规章制定程序条例》以及各地方出台的立法条例及立法程序规定等都规定了法规、规章草案公开征求意见的内容。全国人大常委会办公厅于2005年7月8日发布《关于公布〈中华人民共和国物权法（草案）〉征求意见的通知》，这是我国第一次法律草案公开征求意见，其后全国人大常委会陆续公布了《劳动合同法》《就业促进法》等草案向社会公开征求意见。国务院于2003年第一次将《物业管理条例（草案）》全文公布，公开向社会征求意见，截至2019年，国务院已将224部行政法规草案向社会公布、公开征求意见。地方有关立法机关在更早一些时候就开始了地方性法规、规章公开征求意见，如云南省于1998年在制定《云南省个体工商户和私营企业权益保护条例》时，首次在《云南日报》以公告形式，刊登了该条例草案公开征求意见，各立法主体将法的草案公开征求意见的活动在我国蓬勃开展，可以说将法的草案公开向社会征求意见越来越成为我国立法过程中不可缺少的一项程序性制度。

法规、规章草案向社会公开征求意见在一些国家有比较成熟的经验与制度，英国就建立了比较完善的立法的公众咨询（即公开征求意见）制度。本章就对英国立法的公众咨询制度作一系统的考察，以对我国法规、规章草案公开征求意见制度的完善有所裨益。

一、英国立法公众咨询制度的兴起过程

"咨询（consultation）是主动向利益团体和受影响的团体征求意见的过程，是一种双向的交流，可以发生在从问题确认到对现行法规进行评估的整个规制过程的任何阶段。"[1] 英国立法公众咨询制度的建立最早源自英国的规制改革，为改变英国的官僚体制以及改善英国当时的财政危机，英国开始建立"规制影响分析（RIA）"，实施放松规制政策。

规制影响评估的"规制（regulate, regulation, regulatory）"一词有多种翻译与不同的界定，我们认为，《布莱克法律词典》的解释较为准确，它的

---

[1] 吴浩主编：《国外行政立法的公众参与制度》，中国法制出版社2008年版，第4页。

解释是"行政机关或地方政府发布的具有法律效力的规则或者命令"①。英国的规制从英国的立法体制来看，主要是指英国政府各部门及其附属机构制定的政府规章，即主要是指英国的行政立法。

规制影响评估（RIA）在20世纪70年代的美国最先建立，美国白宫的管理和预算办公室中设立信息和规制事务办公室的主要任务，就是集中审核规制机构的规章草案和评估规制的成本和收益。根据规定，联邦行政机关在拟定"重要"规制时必须进行规制影响分析，内容包括执行规制可能产生的效益以及谁受益；执行规制可能产生的成本以及谁负担，规制产生的净效益预测以及关于可以达到大体相同目标的替代方案的说明。② 英国贸易工业部1985年通过"放松规制动议"最早引入规制影响评估。1985年的白皮书承诺，规制提案及其对企业可能的成本和影响要由起始的规制部门或机构详细审查，并且结论要由企业和放松规制小组（EDU）检查。规制部门必须为规制提案准备服从成本评价（Compliance Cost Assessment，CCA，这并不是全面的RIA），而EDU特别小组则定期核查并作评论③。1988年8月，英国首相宣称，任何会对商业、慈善事业和志愿组织产生影响的规制建议如果不进行规制影响评估，将不会得到部长们的考虑。但对于没有成本或成本数量微不足道的规制、根据事先确定的公式增加的费用和收费、一些次要的政府规制则被建议无须进行规制影响评估。英国内阁办公室设立了规制影响小组来监管政府规制影响评估的进展，并推进规制影响评估在各政府部门的实行。④ 1996年5月，政府部门开始采用一套新的规制评价系统。这个规制评价系统要求规章制定主体在可能的情况下，对建议的措施的预期收益作出评估，并将其与成本比较，这个成本不只是企业成本，也包括消费者和政府的成本。与此同时，政府开始设立由商界人士组成的顾问团，"减少国家干预工作组"转移到内阁机关，成立了着眼于特定部门规制的七个商业工作组。1997年，政府将"减少国家干预工作组"更名为"良好规制工作组"，由首相指派了

---

① Black's Law Dictionary (7th Edition)，West Group，1999.
② 张会恒：《英国的规制影响评估及对中国的启示》，《经济理论与经济管理》2005年第1期。
③ HMSO. Lifting the Burden，London，1985.
④ 张会恒：《英国的规制影响评估及对中国的启示》，《经济理论与经济管理》2005年第1期。

新的成员，其工作重点从减少政府规制转向良好规制，并且更加关注政府规制对中小企业成本的影响。英国的良好规制工作组在1998年制定并于2000年修改了"良好规制原则"，即政府部门和独立规制机构在考虑新提出的规章和评估现存的规章时，要考虑以下原则：第一，均衡性；第二，可问责性；第三，一致性；第四，透明性；第五，针对性。其目的是告知各部门部长、议会成员、企业和其他利益相关人可能产生的成本，以便在决定是否进行规制前获得必要的信息，并确定哪些是不必要的负担。为此，它要求，这种评估必须有公众咨询的内容，即"列出进行了何类咨询，包括以企业的咨询，允许回复的时间长度等等"。例如，"根据法律规定，对建筑管理咨询委员会包括小企业的代表进行了咨询"，"根据初步的咨询，约100个组织，包括代表建筑产业的组织和残疾人组织都对规制建议进行了评议"。[1]

为完善立法中的公众咨询制度，2000年11月1日英国首相签署了《咨询实务准则》，2004年1月布莱尔首相又签署了修订后的《咨询实务准则》，该准则不仅明确了公众咨询的六项标准，而且在附件中明确了咨询规划、咨询文件的格式、咨询方式及其评价以及如何确定利害关系人等内容。2007年，英国政府为完善《咨询实务准则》开展了广泛的咨询并对公众意见作出了回应，尽管并未正式地提出修改意见。

虽然《咨询实务准则》没有法律效力，但通常认为对英国政府的所有部门及其附属机构均有约束力，除非有关政府部门认为，由于情况特殊需要排除适用进行公众咨询的要求。通常情况下，如果可能对商业、公共行业、慈善行业、志愿部门或特定阶层产生重要影响，要在全国范围内开展广泛的咨询。如果涉及的问题非常专业或者利益受到直接影响的人数有限，政府部门的部长可以自由裁量是否进行公众咨询。然而即使不举行正式的公众咨询，政府部门还是应确保公众了解新政策以及该政府部门作出该决定的理由。[2]

经过多年的酝酿与发展，英国的规制影响评估以及公众咨询制度成为经济合作与发展组织成员方中最有经验的国家之一，相对于大多数经济合作与

---

[1] 吴浩、李向东编写：《国外规制影响分析制度》，中国法制出版社2010年版，第39页。
[2] 吴浩主编：《国外行政立法的公众参与制度》，中国法制出版社2008年版，第131页。

发展组织成员方，英国在机构、程序以及其他规制与咨询工具方面形成了一个有效的、透明的规制影响评价体系和公众咨询制度。

二、英国立法公众咨询的基本标准

英国 2004 年修正的《咨询实务准则》[①] 实际上对立法中的公众咨询确立了六大标准，并且对这六大标准的实际操作提供了明确的方案。

（一）在整个过程中进行广泛咨询

在政策制定过程中，至少应有一次为期不少于 12 个星期的书面咨询。

这就是说，公众咨询应当贯穿于政府规章制定的全部过程，采用的咨询方式可以多种多样，但必须包含一次为期不少于 12 个星期的书面咨询，针对的对象应当是有关的利害关系人以及可能受政府规章影响的人。如果政府部门决定某次咨询的时间少于 12 个星期，则必须在立法的公众咨询文件中作出特别说明，应当说明部门作出该决定的理由，并采取措施确保咨询尽可能达到预期效果。

（二）明确说明提案内容、可能受之影响的群体、向公众咨询的问题和作出回应的期限

这个标准实际上是对立法公众咨询程序内容的一些规定和要求。立法的公众咨询首先要求规章制定主体明确该规章的重点内容及其所涉及相关领域，并能够说明该规章的制定可能会产生的一些影响，尽可能地明确方案中所关涉的一些重要问题并让公众知道方案的核心所在，从而能够提出有针对性、有价值的意见。同时，征求意见的主体还应该在咨询文件中明确说明公众作出回复的期限以及参与咨询活动的任何其他方式。

（三）确保咨询明确、简练，确保公众可以广泛获得咨询文件

这是对政府规制方案以及咨询文件的语言以及信息公开化的要求。强调明确，即是说规制方案以及咨询文件要使用简单的语言，避免专业术语，对无法避免的技术术语要加以解释；强调简练，即是说咨询文件应简单化，提

[①] Code of Practice on Consultation, www.butf.gov.uk/taskforce/reports/entry%20pages/principlesenttry.htm，最后访问日期：2014 年 2 月 20 日。

供书面的咨询文件摘要,以利于相对人阅读与理解;所谓易获得就是社会公众能够通过很简单的方式获得咨询文件,如社会公众可以以纸质文件的方式获得,社会公众能够很便利地从互联网上找到和获得咨询文件等。

(四)针对所收到的回应意见和咨询程序对政策的影响情况进行反馈

政府部门将所拟法案征求意见,是希望获得完善法案的一些有效意见,更重要的是,英国立法公众咨询程序的设置,是为了寻求政府规章制定后的有效实施,或者说是为了获得社会公众的认同与服从。另外,政府部门获得了公众咨询的一些意见尤其是书面意见,对公众的这种行为也应作出回应。

该标准要求,政府部门在收集到公众的咨询意见后,应不带有先入为主的观念进行分析,尤其要关注这些意见:可能存在的解决咨询问题的新方法;证明提案可能产生影响的新证据以及特定群体的情绪反应程度。为了让公众对自己的咨询意见的结果有所知晓,英国《咨询实务准则》要求政府部门在发布咨询文件时,"应当说明公布公众回复意见总结报告的日期和网址。在可能的情况下,应当在咨询结束日后三个月内公布。没有条件上网的人可以要求提供该总结报告的纸质文本"。《咨询实务准则》同时要求,咨询意见的反馈应当以易于接受的方式公布。

政府部门不仅对公众的咨询意见进行有效反馈,而且还要对公众咨询的意见可能会对政府规章的制定产生的影响进行反馈,即公众意见对政府规章的决策所产生的影响,并说明作出决定的理由。

《咨询实务准则》还说明了对公众咨询意见的反馈原则上对所有社会公众公开。根据英国《信息自由法》的规定,任何公众意见都应当提供给任何要求提供的人,除非有例外情况,比如信息是作为保密信息提供的,或对其进行披露可能会损害第三方利益。

(五)各部门可以指定一名咨询协调员监督本部门的咨询活动的结果

英国《咨询实务准则》为了保障立法中公众咨询的有效实施,特别是对其是否符合《咨询实务准则》的要求所进行的公众咨询,要求各政府部门在制定规章采取公众咨询程序时应当在本部门指定一名咨询协调员。咨询协调员不仅应确保本部门进行咨询时遵守咨询规则,而且应当担任本部门实施咨询活动的顾问，提供咨询的实施意见。

咨询协调员不仅指导政府部门的公众咨询活动，还要在公众咨询活动结束后，对本部门的整个咨询活动进行评价，对咨询活动的结果进行评估，提供评估与分析报告。这份报告所包括的内容有：分析公众意见的数量和种类，某些咨询方法是否比其他方法更有效；咨询公众意见如何决定政府政策选择和影响最终决定。咨询协调员通过评价总结经验教训，并用于本部门或者其他部门未来的咨询活动。

（六）确保本部门遵循良好规制和最佳实践的准则，包括在适当时进行"规制影响评价"

英国立法的公众咨询制度开始产生于"规制影响评估"中的公众咨询，后来公众咨询制度作为规制的程序制度确立下来，成为政府部门规章制定全过程中的一个相伴产物。但是《咨询实务准则》并不是要求政府部门在立法中采取公众咨询时必需进行"规制影响评估"，只是当有公众在咨询中提出更加具有可行性的方案可以选择，或者在咨询时提出规章制定可能会产生的一些意外后果，以及公众对政府规制简化或废除的怀疑时，政府部门应当在提交的咨询文件中附有"规制影响评估"报告，公众不仅可以对政府规章发表意见，同时对政府提交的规制影响评估报告发表意见。当然，该《咨询实务准则》以及公众咨询制度的最大意义在于确保政府在制定规章时总是遵守"良好规制原则"。

三、英国立法公众咨询的基本程序

作为普通法系的代表国家，英国的程序观念与美国一样非常发达，在亨利·梅纳看来，英国法即是"在程序的缝隙中渗透出来的"[①]。英国比较注重立法过程中公众咨询程序的设计。英国公众咨询贯穿于立法的整个过程，由此，英国立法的公众咨询就分为正式咨询与非正式咨询两种。非正式咨询，包括立法者和利益团体间各种形式的、自由的、临时的接触。这种接触可以

---

① 章剑生：《两大法系行政程序法观念之比较研究——兼论中国行政程序法观念》，《比较法研究》1997年第1期。

采取很多形式，包括电话、信函、非正式会议等，可以在立法过程的任何阶段进行，其主要目的是从利益相关方收集信息。正式咨询则是由英国政府立法机关依据《咨询实务准则》及其为执行该准则而制定的《咨询实务准则指引》所规定的方法与程序所进行的不少于12个星期的书面咨询活动。有学者将正式咨询理解为法定咨询，"在法定咨询中，行政机关必须给予被咨询的人或者组织合理充足的材料和充分的机会以表明其观点"，"未进行咨询通常被视为违反法律而导致该立法无效"。[1] 这里考察的英国立法公众咨询程序是指立法过程中所采取的正式咨询活动。

英国《咨询实务准则指引》对公众咨询的程序作了简要描述，实践中也形成了比较科学的操作规程，归结起来有以下几个步骤。

(一) 决定咨询并确定规章咨询的目标

《咨询实务准则指引》描述程序的起点是"议题"，实际上包含两个内容，一是英国行政机关部长作出规章咨询的决定；二是确立咨询的目标。在英国，虽然《咨询实务准则》并不是具有法律效力的法规，部长有一定的自由裁量权，有权决定是否采纳规章的咨询制度，但如果不采纳一般需要说明理由。实践中，英国行政机关部长不愿意承担不采纳的风险，更重要的是为了规制质量的提高，行政机关制定规章时，部长都会决定采纳规章咨询制度。

英国《咨询实务准则》要求，行政机关在拟定咨询计划前，应明确咨询目标，这些目标一般包括：提出的规章草案要解决什么问题；解释为什么要制定规章（如经济的、社会的或出于安全的需要等）；描述怎样制定该规章（如制定的程序等）；明确规章制定的授权来源等。

(二) 制订咨询计划

正如《欧盟委员会影响评估指南》中所说："成功的公众咨询的核心要素是事前的计划"。一份公众咨询计划应当涵盖整个规章制定过程、决定公众咨询的目的、相关目标团体、合适的咨询手段、咨询时间等。

为了实现公众咨询活动的成功，首先要明确公众咨询的目的，行政机关

---

[1] [英]威廉·韦德：《行政法》，徐炳等译，中国大百科全书出版社1997年版，第604—607页。

实施规章的公众咨询是为了收集有关数据还是为了验证假说等，或者是明确某种做法在公众观念中可能带来的影响。

咨询的内容可以针对不同的问题作出（如问题的性质、目的、政策做法、影响、政策对比等），也可以针对整个提案草案作出。

公众咨询的对象可以是一般大众，也可以是受该规章影响的相关团体或机构。一般来讲，所有可能受该规章影响的个人或组织都应当被包含在内。

咨询方法是解决如何咨询的问题。通常咨询手段与工具的选择依赖于咨询的对象、内容、时间和可用资源等。英国《咨询实务准则指引》专门有咨询方法的具体规定，这些方法都可以由行政机关视情况予以采纳适用。

咨询时间是确定何时咨询的问题。合适的咨询时间必须具体情况具体分析，但公众咨询一般都要求尽可能早地开展，以便扩大它对政府规章制定的影响。而且《咨询实务准则》要求公众咨询在规章制定过程中应该被看作是一个不断重复的工作，而非一次性活动。

（三）进行咨询准备活动

实施公众咨询之前，行政机关还需要做一系列的准备工作，这些准备工作进行的好坏，可能影响到公众咨询的质量。因此《咨询实务准则》要求行政机关在进行规章的公众咨询程序之前要做一些必要的准备工作，通常有编制咨询文件、办理相关手续、印刷与分发咨询文件以及进行有关的宣传。

咨询文件的编制是公众咨询活动中的一项重要工作，在《咨询实务准则》的附件中有专门"咨询文件的格式"的内容。根据这个附件，咨询文件的基本格式包括这样一些内容：咨询题目、目录、序言、摘要、如何回应、咨询的问题、提案、下一步的安排、简要回答、规制影响评价、咨询准则以及被咨询者名单。在《咨询实务准则》的附件中对咨询格式的编写作了详细说明，它成为英国不仅是规章的制定而且是所有决策咨询时编制咨询文件的基本依据。

办理相关手续是英国行政机关实施公众咨询活动所需要履行的批准等活动，如行政机关的决策、部长同意公众咨询的行政命令，涉及其他行政机关而获取其他行政机关的批准，等等。

在咨询文件编制好以后，行政机关就要印刷与分发咨询文件并为了实施咨询活动进行相关的宣传，一般是根据咨询文件中所涉及的相关团体与个人甚至社会公众做规章草案、草案说明、咨询活动实施程序、咨询方法等的宣传活动。咨询的宣传活动相当重要，它有时会成为公众积极参与的激励要素。

（四）实施咨询活动

行政机关在《咨询实务准则指引2》规定的咨询方法中选择一种恰当的方法实施咨询活动。《咨询实务准则》要求行政机关的正式咨询活动必须包括书面咨询活动，而且书面咨询期限不得少于12个星期。另外，准则要求各部门应当考虑利害关系人的具体情况并考虑在特定的时间延长咨询期限，例如在暑假期间。

12个星期的咨询时间并不是没有例外。《咨询实务准则》规定，在下列情况下实施书面咨询活动可以少于12个星期：法律对书面咨询的期限另有规定；欧盟立法或者其他国际条约或者协定另有要求；涉及预算或其他年度财务计划的制约；涉及卫生与安全或社会治安的措施；因紧急需要采取新的措施。如果在已进行的咨询活动基础上修改咨询文件并进行再次咨询，也可以适用较短的时间。

同时准则规定：如果一项咨询活动的期间包括假期或少于12个星期，则应当采用其他咨询方式进行补充书面咨询以确保咨询的效果。另外，如果咨询时间少于12个星期，该情况必须在咨询文件中予以特别说明，应当说明部长作出该决定的理由，并采取措施确保咨询尽可能达到预期效果。

（五）反馈咨询意见

英国行政机关在收到公众书面咨询意见时要进行确认，并对所有的咨询意见进行分析。准则要求行政机关不能带有成见地去处理这些意见，而且对涉及影响到法案制定或修改的意见要给予特别重视。根据欧盟委员会制定的《欧委会向利益相关人进行咨询的一般原则和最低标准》的要求，公众咨询的意见将在互联网上公布，通过其他形式咨询得到的意见也将尽可能地公布在网站上接受公众监督。英国准则还规定：在任何可能的情况下，回复公众意见的总结还应包括接下来就相关政策所采取的步骤，包括作出决定的理由。

（六）评估咨询程序

行政机关实施公众咨询活动结束后，整个咨询程序并没有终结，最后的步骤就是对整个规章的公众咨询程序作最后的评估与总结，《咨询实务准则》这样规定有两个意义：一是总结公众咨询的经验，看是否有值得推广的地方；二是进一步完善公众咨询程序，看公众咨询程序是否有值得改进的地方。

对整个咨询程序的评估包括这样一些内容：所有收到的咨询意见是否都预见到了；选择的咨询方法是否有利于不同的群体和个人；那些接受咨询的人是否认为这种咨询是值得的；咨询手段是否达到了目标；是否使用了多种方法，每一种方法在适用时有何优劣之处；定量的、定性的信息、回复率以及代表性是否都考虑到了；时间表是否合适；使用的信息是否提供给了参加人；程序是否有足够的预算保证；有哪些意见被采纳；等等。

四、英国立法公众咨询的基本方法

英国《咨询实务准则指引2》作为《咨询实务准则》实施的细则，详细描述了公众咨询的不同方法，并提出不同方法的选择理论，不同方法的使用技巧以及不同方法的优劣之处。实际上，在英国立法的公众咨询过程中，通常是多种方法并行采用，"使用多种方法将会增加获得更多、更好的回应的机会，但要做好不同方法带来不同结果的准备"。这里我们并没有必要对每种方法的选择依据、使用技巧及其优劣之处作详细考察，以下只是对英国立法公众咨询常用的一些方法作简单介绍。

（一）"神秘客"

"神秘客"方法是行政机关委托或邀请一些人（可以是社会公众）在某些事先确定的方面对服务进行检验，然后报告检验结果。这将获得社会公众真正的感受。"神秘客"方法可以委托一个研究机构进行，也可以自己组织，它通常适合某些服务或某些服务的特定方面。

（二）变革试点

行政机关在小范围内进行变革试点可以检验某些变革是否适合所有的服

务领域。"在引入新事物时很难预测可能发生的所有问题,你向人们提供的有关计划中的变革将给他们带来的影响的信息可能不够详细,这使他们不能在充分了解情况的基础上对你的议案发表意见,而变革试点可以向他们(还有你)提供赖以思考的真实素材。"

(三)公开/公众会议

公开会议是为公众成员安排的会议,目的在于发现和表达他们对某一具体问题的看法,任何有兴趣的公众成员都可以参加。会议通常选择在方便到达的公开地点举行。会议讨论的主题通常已事先通过招贴、传单、信件和邀请函等方式公布。

(四)利用代表团体

许多组织(主要是自愿性组织)比较了解相关情况,能够告诉你公众如何看待你的服务以及存在的问题。这些代表团体一般是顾问机构、单一利益团体或支援团体,或认为自己可以起到监督作用的组织。这些组织可能是特定领域的专家,行政机关可以会见这些团体,也可以组织论坛邀请这些团体参加,获取他们的咨询意见。"在英国行政立法中较为常见的是设立一个必须向其咨询的咨询委员会或者顾问班子。这种顾问班子通常由各方面利益的代表所组成并且独立于部长不受控制,这种法定的咨询往往意味着,行政机关必须给予被咨询的人或者组织充足的材料和充分的机会以表明其观点。未进行咨询通常将被视为一种违反法律强制性规定的行为而导致该命令无效。"[1]

(五)会见

会见能够告诉行政机关他们的想法和产生这些想法的原因,并使行政机关有机会了解他们的观点、态度、行为或动机。会见可以帮助行政机关确定定量研究的内容或提供对所提议服务的意见,但会见不能提供关于公众意见的准确统计资料。行政机关通常在研究特别敏感问题时通过深入的单独会见方式以获得有用信息。

---

[1] [英]威廉·韦德:《行政法》,徐炳等译,中国大百科全书出版社1997年版,第605页。

（六）专题小组

专题小组是为特定议题准备的一次性讨论成立的小组，通常由8—10人组成，并由一位训练有素的主持人领导。专题小组能够帮助行政机关深入研究问题，而且这种方式有激发人们发表意见的优点。

（七）公众座谈小组

公众座谈小组的形式可以使一组公众有机会和高级管理人员讨论公众关心的问题。与专题小组不同，专题小组通常只开一次座谈会，而公众座谈会可以在一个时期内定期开会。公众座谈小组可以帮助行政机关确立进行改善或发展的思路，也可以通过公众座谈小组对一些新做法进行检验。

（八）公民座谈小组

相对于公众座谈小组，公民座谈小组的规模比较大，人数通常在600—2500人（全国性的座谈小组规模更大），一般是抽取公民样本组成。作为相关人口的代表，公民座谈小组成为检验特定选择方案或议案以及评价当地服务和征求对未来需要和目标的意见的媒介。

（九）公民陪审团

公民陪审团最初出现于德国和美国，这种方式的目的是在民主决策中更注重普通公民的意见和作用。在英国，这种方式目前主要在地方政府和卫生领域中被采纳。公民陪审团通常由12—16名公民组成，通过这种方式，行政机关可以获得公众成员对特定问题的详细的、经过深思熟虑的意见。

（十）问卷调查

这是一种典型的定量研究方式。行政机关通过问卷调查可以了解广大公众的意见，并可以获得统计方面的可靠信息。定量调查可以采用面对面的方式，也可以通过邮件或电话进行。

（十一）商讨性投票

投票表决某一种方案在政府规章制定中也较常用。在商讨性投票中，首先代表性人口样本就某一议题投票表决，然后他们通过了解有关信息、提问题和参与讨论等深入了解有关议题，最后再次进行表决。

（十二）书面咨询活动

书面咨询是正式咨询活动最为常用的一种方式，它是一种邀请人们就政策和议案发表意见的正式手段。这种方法的重点是在最大程度上获得那些最可能受到影响和最可能发表有价值见解的人们的意见。

（十三）信息技术

通过互联网、有线电视和可视电话等，人们更加容易获得信息，同时，信息技术的发展使公众参与规章的咨询活动变得便利与常态化。比如行政机关可以将规章草案、问卷和表格等放到互联网上，并允许人们通过电子邮件发表意见。这种方式对于行政机关来说，获得回应也非常容易。

五、英国立法公众咨询制度的简要评价与启示

从2000年11月1日英国首相布莱尔首相签发《咨询实务准则》将英国立法的公众咨询制度规范化以来，迄今已经有二十多年的时间，当然，这种制度的探索在英国更为早一些。2004年1月，布莱尔首相再次签发修订的《咨询实务准则》，进一步完善了英国立法的公众咨询制度。

英国立法的公众咨询制度有成熟的实践与制度，走在世界各国的前列，甚至可以说，它是世界上立法公众咨询制度最为完善的国家之一。在经济合作与发展组织成员方实施的公众咨询活动，英国提供了范本，为其他经济合作与发展组织成员方所借鉴与吸收。

我国行政立法的公开征求意见是近些年才逐渐发展起来，不论是基本原则还是公开征求意见的程序与方法，都还处于不断探索过程中。通过对英国立法公众咨询制度的系统考察，我们可以获得以下有益启示。

（一）制度化的规则指引

我国从全国人民代表大会常委会制定法律到有地方立法权的政府制定政府规章都在寻求公开征求公众意见，但是各个部门的做法很不统一，没有统一的规范可以遵循，效果也是差别很大。如果国家有关机关制定一个《立法公开征求意见实务准则》，即使是不具有法律效力的文件（如同英国的《咨询实务准则》），也至少可对立法公开征求意见提供规范化的操作指南，立法

机关在制定法规范性文件时不采纳这种指引，必须予以明确说明与解释。因此，我国目前需在立法公开征求意见的规范化上作出努力，条件成熟时可以制定立法公开征求意见的法规范性文件。

（二）咨询程序的正当化设计

正如英国前首相布莱尔在签署2004年《咨询实务准则》中说的，"我们也需要减轻人们参与咨询程序的负担，使人们能够更容易地参与该程序"[①]。这种程序设计的基本准则要考虑程序设计的"人本化""人性化"。即咨询程序的设计不仅要有利于社会公众参与该程序，也要考虑有利于政府机关吸收这些咨询意见以及对这些意见尽可能地采取不同方式进行反馈。

（三）咨询方法的多元化

我国目前开展的立法公开征求意见，多为在政府部门的网站上或报纸上发布公开征求意见的通知，方法单一，效果也不甚理想。虽然不同咨询方法的选择要考虑很多因素，如咨询对象、咨询时间等，且一种方法曾经有效并不保证它总是有效。有关立法主体可以探索多种不同的咨询方法，甚至可以使用更多方法来获取有用信息。英国在《咨询实务准则》指引中介绍了二十多种方法，哪一种方法能够对我国有关主体进行公开咨询有效，我们也可以分析、借鉴与参照。

（四）咨询结果的及时反馈

在当前我国，公众积极参加法规草案意见的征集过程，但其意见对法案到底产生什么样的影响，或者有关机关对其提出的意见持何种态度，公众并不知情。这种现象很不正常，非常不利于公众参与积极性的发挥。实际上，我们可以学习英国实践的做法，采用不同的方式对公众咨询的意见作出回应，如单个答复、集体答复、在网站上公开各种意见及其在规章中采纳的结果等。

---

① www.butf.gov.uk/taskforce/reports/ entry%20pages/principlesenttry.htm，最后访问日期：2014年2月20日。

（五）注重公众咨询活动的评估

英国立法的公众咨询并不是政府对公众咨询的意见作出反馈及回应就结束了，它还有更重要的一个程序，就是有关机关对整个咨询程序活动进行分析与评估，考察这次咨询活动的有效性问题，比如针对咨询方法的评价，包括考察哪些方法有效、哪些方法无效，无效应找出无效的原因，清楚问题所在，并帮助政府机关在以后的工作中避免缺陷，同样，如果某个方法有效，也要尽力了解成功的原因，以便吸取经验。同时对咨询的问题、咨询的时间、咨询的成本、咨询的效果等都要总结、分析与评估。

第三节　加拿大立法过程中的公众咨询制度

根据加拿大1867年《不列颠北美法》（即1867年《加拿大宪法》）的规定，加拿大立法权属于联邦及各省的议会，同时该法第91条至第95条规定了联邦议会与各省议会的立法权限。1971年加拿大议会颁布了《法定文件法》（该法后经多次修改，现在适用的是1985年的《法定文件法》），该法规定了"授权立法"或"附属立法"，即由内阁（总督）、部长以及行政管理机构制定的法规（统称为行政立法）。不论是议会立法还是行政立法，加拿大都实施或采纳立法过程中的公众咨询制度，可以说它是经济合作与发展组织成员方中公众咨询制度建设比较完善、实践经验比较丰富的国家之一。本节拟对加拿大立法过程中的公众咨询制度作系统考察，以对我国目前广泛开展的法规草案公开征求意见的制度建设有所裨益。

一、加拿大立法过程中公众咨询制度的探索过程

加拿大在其规制影响分析说明中写道："公共咨询从1986年开始成为政府规制政策的中心，包括一个系统的'通知和评论程序'。"但立法过程或政策制定过程中的公众咨询制度的发生可追溯到20世纪20—30年代。"当时加拿大东部新斯科舍省（Nova Scotia）由于渔业和农业的衰落，产生了很多新贫民。在政府有限的财政条件下，为了改变这部分人的社会状况，提高他

们的就业和生活水平,政府部门开始鼓励发展社区经济,促进社区居民参与政府决策。居民在非政府组织(None Governmental Organization,NGO)的帮助下,开展自我培训,并成立信用合作社,资助生产合作,后被称为'安提高尼斯'运动(Antigonish Movement)。"①

20世纪60年代,随着公众环境意识的提高,公众开始关注政府有关环境规划的一些项目,政府也逐渐引入公众咨询制度。1976年,加拿大政府发布了《今后的道路》,提出了政府规制改革的政策,要求政府放松社会规制,并倡导建立规制影响分析,同时听取社会公众对规制政策以及规制影响分析的意见和观点。与这个要求相适应,加拿大财政委员会制定了《如何进行成本效益分析》,详细说明了公众参与规制成本效益的必要性。"1978年财政委员会要求对健康、安全和公平领域所有主要的新法规进行'社会—经济影响分析'"②。20世纪80年代后期,加拿大政府提出了行政要遵循透明度、一致性和可预见性,政府各项决策甚至立法都建立了广泛的公众咨询制度。为建立统一的、标准的、在政府范围内统一适用的公众咨询制度,加拿大政府发布了一系列政策与文件。1986年,加拿大政府颁布了《规制公民公平守则》③,该守则规定公民应当有机会参与立法程序,参与咨询过程,提前获得规制方案。1987年,加拿大政府发布了《我们的未来》报告,加拿大政府开始了环境可持续发展方面的公众参与和咨询工作,为公众和相关机构提供发表自己见解的机会,使公众有机会表达自身对于环境问题的关切。④

经济合作与发展组织理事会在1995年3月9日通过了《关于提高政府规制质量的建议》,为其成员方提高政府规制质量提供基本参考。它强调,法规应当以公开、透明的方式制定,并通过适当和充分的公开程序有效、及时地获得受影响的商业组织、工会、消费者协会、环保组织等国内外利益团体或其他层级的政府的意见和建议。受此影响,1999年由内阁批准、枢密院办

---

① 李东:《公众参与在加拿大》,《北京规划建设》2005年第6期。
② 吴浩、李向东:《国外规制影响分析制度》,中国法制出版社2010年版,第21页。
③ Citizen's Code of Regulatory Fairness.
④ 林梅:《环境可持续发展中的公众参与》,《马克思主义与现实》2010年第1期。

公室发布的《加拿大政府规制政策》规定："规制部门提出一个规制要求或者改变一个现有规制要求，必须进行咨询，咨询的程序要与规制影响大小相适应。部门必须提供明确的程序便于公众参与提意见。特别是部门能够确定和联系利益相对人，尤其是公共利益、劳工和消费者代表。如果利益相对人提出了一个更为合适的咨询方式，部门应当作出安排。部门应当对咨询进行充分协调，避免信息重复和给相对人增加负担。"①

2007年，加拿大内阁、枢密院办公室、财政委员会、司法部等发布了一系列文件，如《内阁关于法规规范化的指令》《规制程序指南》《司法部公众参与政策声明及指南》《有效的规制咨询指南》《规制咨询指南》等，进一步重申法规进行公众咨询的必要性，强调咨询程序是立法合法性、正当性的基本要求，而且对公众参与立法过程中的咨询程序进行了具体设计。因而加拿大的公众咨询实践被经济合作与发展组织评价为"最佳实践"，为经济合作与发展组织成员方以及其他非成员方提供了立法过程中公众咨询的良好的制度与实践。

二、加拿大立法过程中公众咨询的基本程序

虽然加拿大通过一系列政策与法规，规定公众咨询应当贯彻于决策的全过程。但在议会立法及行政立法中，还是有一些差异。

就议会立法来看，法案在进入议程之前与在议程中，一般都会采取一定的公众咨询方式。在正式进入立法议程之前，有关提案主体要进行公众咨询，如《加拿大环境评估法案》要求，提议的法规在进入立法程序之前要先对其环境影响进行仔细审议，以确保它不会造成十分恶劣的环境影响。通常这种咨询是通过听证会方式采取，参加人基本上是利益相关者与一些专家，公众参与比较少。在立法过程中的咨询，联邦议会与省议会的立法都是在"二读程序"进行，"从咨询的角度来看，第二阶段很重要，因为在这一阶段立法被提交给委员会。需要特别注意的是，议案是在二读之前还在二读之后提交

---

① 吴浩：《国外行政立法的公众参与制度》，中国法制出版社2008年版，第357页。

给委员会。如果是在二读之后提交给委员会的，可以提出修正，但不能改变议案的原则。如果是在二读之前提交的，政府就会考虑改变议案的任何或所有方面，包括立法的原则。无论是哪种情况，在这个委员会阶段都要向专家、利益相关方、公务员和加拿大公众进行正式咨询。"[1]

实际上，联邦政府制定的很多政策与法规主要对行政立法的公众咨询作出了规定。议会立法的咨询程序在某种程度上与行政立法的公众咨询程序存在差异，但在实施方面都遵循着一些基本程序。根据加拿大《内阁关于法规规范化的指令》《规制程序指南》《司法部公众参与政策声明及指南》《有效的规制咨询指南》《规制咨询指南》等文件的规定以及加拿大立法过程中公众咨询的实践，加拿大立法过程中公众咨询一般遵循以下步骤。

（一）明确立法公众咨询的目标

咨询的目标是立法部门意图通过咨询程序解决什么问题与达到什么目的。加拿大枢密院办公室制定的《有效的规制咨询指南》规定，清晰的咨询目标包括：提出的法规草案解决什么问题；解释法规草案提出的问题；解释为什么要制定法规（如经济的、社会的原因或出于安全需要等）；界定咨询程序适用的范围（如哪些内容能够或者不能够作为咨询的一部分）；明确法规授权的来源等。

（二）制订可行的立法公众咨询计划

可行的立法公众咨询计划是立法过程中有效咨询效果实现的前提和保障。立法公众咨询计划一般包括这样几项内容：（1）确定合理的时间界限。立法部门需要了解哪些信息需要从相对人或社会公众处获得；公众参与咨询的必要准备时间；整个咨询程序可能化费的时间；哪些因素可能对咨询程序的时间期限产生影响等。（2）选择咨询方式。有关立法部门要研究以前用于此类事项的咨询方式；评估不同咨询方式的优劣之处；能够确保不同的利益相关者选择最合适的咨询方式；确保咨询方式适合立法的规模与范围等。（3）选择参加人。立法部门要确定选择参加人的原则与标准；利益相关者的类型有

---

[1] 陈国荣：《加拿大的公众参与》，《楚天主人》2005年第10期。

哪些，其范围有多大；参加人的规模是否与立法咨询目标相适应等。(4) 财政资源的保障。实施立法公众咨询需要消耗一定的财政资源，经费的充分保障是有效咨询实现的必要条件。立法部门要考虑咨询的大概财政预算、经费的来源、经费的支出概算等。这些内容都是咨询计划必须明确的，只有做好了可行的咨询计划，才能够实施正式的咨询。

(三) 发布咨询通知，明确公众评议期限

根据加拿大相关立法的要求，立法过程中实施公众咨询要预先发布通知，要求此通知必须公开在《加拿大公报》第一部分。关于通知的内容，一般要求附有法规草案及其说明；明确法规要规范的主要问题以及一些合理的、比较有效的解决方法；法规的规制影响分析说明，特别是强调立法的必要性与可行性问题。

在通知的同时，有关主体要明确公众评议的期限。根据加拿大内阁政策，一般法规草案的评议时间为30天，但涉及影响贸易的技术法规应当至少在75天前公开。一般情况下，不允许缩短时间，特殊情况下若缩短评议时间，有关主体需征求枢密院规制事务处的意见。如果预公布后，部门决定撤销这个草案，那么该部门也必须在《加拿大公报》第一部分发布一个撤销通知。

(四) 形成咨询报告

立法部门或有关主体在进行公众咨询程序后，要及时完成咨询报告，咨询报告可长可短，但"一般分为以下几个部分：第一部分简要地列出咨询的原因和主要讨论的问题，以及采取了何种方式收集公众意见；第二部分列明提出了哪些问题以及公众是如何回答这些问题的；第三部分详细说明政府决定采纳哪些意见和在吸收公众意见的基础上如何对原政策进行修改，并解释为什么没有采纳另一部分意见；第四部分简要描述政府将采取哪些具体的政策措施和行动纲要。报告最后附录所有参与者的名单"[①]。

---

① 蔡晨风、李春华：《加拿大决策过程中的公众参与》，《人民与权力》2008年第2期。

(五) 反馈公众意见

及时向公众反馈可以提高公众对决策的支持度。常见的反馈方式有四种："一是在公众咨询结束后，由主持人及时给每位参与者发感谢信；二是将咨询报告寄送所有的参与者，并说明他的意见是否被采纳，或解释没有被采纳的理由；三是邀请在咨询过程中提出建设性意见的公众参加起草正式文件；四是保存并公布（也可以是在一定范围内的公开）收集到的公众意见（包括书面陈述和口述笔录）。最后，除涉及机密或敏感问题的内容外，咨询报告一般应公开发表，或放在互联网上供公众查阅。"[①]

(六) 评估咨询程序

立法部门或有关主体在实施了咨询程序后，还要对咨询程序进行总结评估，评估的内容包括：公众的意见和建议是否都得到了应有的考虑；各种咨询方式是否有效，各有什么优劣；时间安排是否合理；相关利益相关人是否都参加了；各种信息是否是完全的；咨询程序与目标是否是相称的，是否实现了咨询目标等。

立法部门或有关主体对咨询程序进行总结评估，是为了改善或完善以后立法过程的公众咨询程序。

三、加拿大立法过程中公众咨询的多元方式

咨询方式的选择对咨询目标、效果的实现有着决定性的意义。加拿大有关机构在实施咨询程序后都要对咨询程序进行总结评估，一个很重要的内容就是不断探索立法过程中公众咨询最有效的方式，或者对传统的公众咨询方式进行不断改进。现在加拿大已形成多元化的公众咨询方式[②]：一是开放式的公众听证会。在全国各省和各地区举行，利益相关方、专家和公民向政府、议员陈述自己的观点。二是专家圆桌会议。一般是在举行听证会后的一周内举行。目的是让地区专家辨认和讨论应对未来挑战和当地挑战的对策。三是公共对话。由有关部门随机挑选公民对某一问题进行讨论。四是网上咨

---

① 蔡晨凤、李春华：《加拿大决策过程中的公众参与》，《人民与权力》2008 年第 2 期。
② 陈国荣：《加拿大的公众参与》，《楚天主人》2005 年第 10 期。

询书和网上调查问卷。对某一问题未来发展、利弊或不同政策问题请公众进行排序或选择。五是电视电话论坛。通过电视电话提出问题或发表看法。六是地区论坛。就某一地域性的问题在某一地区举行论坛,寻找可以达成共识的领域。七是校园政策对话。在全国的大学举行。八是网上提交。个人和组织可以把自己的要求和意见不定时地通过互联网提交上去。九是其他活动。如议员或政府官员可做一系列演讲或讲座,参加有关会议或实地考察等。

实际上,在加拿大,议会立法的公众咨询与行政机关立法的公众咨询在采取方式上有一些差异,议会立法常用的公众咨询方式有立法听证会、圆桌会议、电子咨询、书面咨询及电话咨询。立法听证会是最为常用的方式,一般是"法案在二读后,专业委员会要专门召开立法听证会,听证公众的意见。听证会可以在驻地召开,也可到各地巡回召开,还可以采取视频会议的形式,而委员会本身也可以分成几个小组,分别听取听证会证人意见"①。但随着互联网的发展,电子信息技术的广泛应用,近些年来,议会立法的公众咨询多采取网上咨询的方式,"议会委员会的网上咨询有多种形式,主要是电子邮件、电子文件征集、网上民意调查、问卷调查、咨询书和网上论坛等。这几种网上咨询形式,能使公众方便快捷地参与委员会的咨询,灵活性强,信息量大,能够满足公众大规模参与的需要,咨询获得的数据和结果可以很方便地从一个委员会复制给另一个委员会"②。行政机关立法的公众咨询方式有公开会议、民意调查、书面咨询等,最为常见的是公众书面评议,因为政府要求所有的政府规制方案都要有公众咨询的程序,但实施这种程序毕竟是一种消耗人财物力资源的过程,另外在一些情况下,行政机关认为某些规制方案采取咨询程序价值不大或没有意义,为了法规的审查便利,就采取简单的书面咨询方式。

不过,立法过程中可能视法案的重要性程度、财政预算状况、利益相关者的便利、信息收集的有效性等因素,选择不同的公众咨询方式,甚至在一

---

① 阎锐:《加拿大公众参与的组织与管理》,《新疆人大》2005年第12期。
② 艾志鸿:《加拿大联邦会议的网上咨询》,《新疆人大》2005年第10期。

次实施公众咨询程序中,有关主体会采取多元化的公众咨询方式。以加拿大议会医疗保健未来委员会(Romanow Commission)关于医疗保健制度改革的咨询活动为例①,公众咨询方式多种多样。从2001年4月到2002年11月,成千上万名利益相关者、专家和其他民众参与了委员会的工作。工作分为实地调查、研究和咨询三个阶段,采取了众多的咨询方式,包括在全国各省和各地区的21个城市举行听证会,利益相关方、专家和公民向委员陈述自己的观点;其中有9个听证会,还在会后举行了一天的专家圆桌会议,让地区专家辩论和讨论应对未来挑战和当地挑战的对策;在加拿大的主要城市举行了12次对话,随机挑选了489名加拿大人参加,讨论医疗保健的未来发展方案;根据公共对话咨询书整理成网上咨询书;提出医疗保健未来发展的各种可能供公众选择,2万多名加拿大人参加了网上咨询活动;举办系列专家电视论坛,加拿大人可以打电话提出问题或发表看法;与专家举行三个地区论坛,寻找可以达成共识的领域;在全国的大学举行12次对话,涉及家庭照料、人力资源和药物保健等广泛话题;开展网上调查问卷,一项包括9个不同政策问题的网上调查收到了1.3万多份回答;在实地考察阶段,个人和组织可以把自己的经验和对医疗保健未来的想法通过互联网提交上去;委员们在全国作了一系列演讲和讲座,参加了无数次会议和实地考察;等等。最后,委员们将研究和咨询的结果撰写为报告,提交给议会。因此,在当今加拿大的立法过程中,公众咨询方式多种多样,主要目的都在于有效地实现咨询目标,提高法案的质量,增强法案实施的有效性。

四、加拿大立法过程中公众咨询制度的价值及面临的挑战

正如经济合作与发展组织理事会要求其成员方建立规制方案的公众咨询制度所宣扬的那样:(1)公众咨询可以增加政府获得的作为决策基础的信息的数量。政府部门基于其视野与能力,对法案的理解与掌握受制于信息的不

---

① 谢蒲定:《对加拿大公众参与的积极性和广泛性问题的考察与思考》,《人大研究》2005年第9期。

充分、不完全，实施公众咨询制度可以帮助政府获得更加全面的信息，能够保障政府决策建立在较为全面与周到的信息上，以提高政府决策的质量。(2) 公众咨询可以消解冲突，平衡各种不同的利益。公众咨询使得决策者充分考虑不同利益相关者的意见，特别是对利益相对立者建议与意见的尊重，能够使决策者在决策时有效平衡各种不同的利益，有效地化解矛盾，保障决策的公平性。(3) 公众咨询可以有效地促进与改善公众对法规的自觉遵守。"咨询程序还可以因下述两个方面的原因改善对法规的自觉遵守：首先，由于及时公布了有关的变化，因此使相对人有时间根据变化进行适当的调整；其次，基于咨询带来的合法意识和共有意识也会促使受影响的各方遵守法规。"①

加拿大积极探索多元化的咨询方式，设计周全的咨询程序，不仅在于遵守经济合作与发展组织的要求，更重要的在于实施立法过程中的公众咨询程序满足了加拿大政府的价值追求，或者说实施立法过程中的公众咨询程序有其重要的价值：

第一，获取立法机关所需要的信息。立法机关实施公众咨询程序，采用多种多样的公众咨询方式，其意图在于尽可能地获取多种面向的、多种角度的来自不同利益主体的信息，从而为立法部门制定法律提供决策所需要的信息，也是更多地获取民意支持的一种方式。同时通过公众咨询程序，立法部门"能够发现并研究新的法律和政策领域，了解新的观点、法律与政策的新趋向，界定问题和措施"②。

第二，构建政府与民众的良好关系。"民主不仅仅是理念，而且是实实在在的行动，政府的决策不能没有人民的参与。唯有公众积极和广泛参与才能拉近政府与民众的距离。"③ 加拿大政府在《加拿大政府规制政策》中特别强调："加拿大政府将把服务公众健康、安全、环境质量、经济和社会发展

---

① 吴浩：《国外行政立法的公众参与制度》，中国法制出版社2008年版，第5页。
② Policy Statement and Guidelines for Public Participation (Department of Justice), Http：//www.justice.gc.ca/eng/cons/printable_release.asp，最后访问日期：2014年2月20日。
③ 谢蒲定：《对加拿大公众参与的积极性和广泛性问题的考察与思考》，《人大研究》2005年第9期。

作为工作的主要方向,确保纳税人的钱真正用在公众利益上。"加拿大司法部发布的《司法部公众参与政策声明及指南》也宣称,有效的公众咨询程序"还使司法部能更好地理解其政策和行为是如何影响加拿大公民的,是否与'为加拿大公民服务'的战略方针一致"[①]。加拿大《社会联盟框架协议》(Social Union Framework Agreement)也号召联邦政府和各省政府"保障加拿大公民拥有合适的机会对社会事务表达自己的看法并监督其结果"。

第三,促进立法公正。"加拿大人明白,在公众参与的过程中,传统的利益团体,如机构或专业组织、工商业联合会、其他非官方机构都有自己的角色,他们也同样相信公民以个人身份独立地进行公众参与也是可以的。"[②] 在加拿大立法过程中的公众咨询程序设计中,实施公众咨询程序的主体意图明确界定受该法案影响的利害相关人,并力求实现各种不同利益的利害相关人参与法案的咨询过程,而且会考虑针对不同的利益相关人采取不同的咨询方式,以求能够听取全面的意见。同时,立法部门还注意听取各方面的意见并做到及时反馈。这样做的目的,只为实现立法与决策的公正,保障法案的有效实施。

实施立法过程中公众咨询程序总会面临一些问题与挑战,有学者分析加拿大立法过程中的公众咨询程序存在的问题与挑战为:成本与效率问题、讨论问题的局限性、公众参与预期与结果的落差以及对公众参与有效性的怀疑。[③] 加拿大司法部在实施立法过程中公众咨询程序也总结出其所面临的问题与挑战:

第一,公众参与者的成本。"在设计公众咨询程序时,非常重要的一点是要考虑到个人或利益团体进行参与是要有成本产生的,在选择合适的参与途径的过程中,这些成本参考既定的目标和结果予以权衡。"在很多情况下,咨询程序的有效性离不开政府预算的支持,如果公众自己承担部分或全部成

---

① Policy Statement and Guidelines for Public Participation (Department of Justice), Http://www.justice.gc.ca/eng/cons/printable_release.asp,最后访问日期:2014年2月20日。
② Policy Statement and Guidelines for Public Participation (Department of Justice), Http://www.justice.gc.ca/eng/cons/printable_release.asp,最后访问日期:2014年2月20日。
③ 谢蒲定:《对加拿大公众参与的积极性和广泛性问题的考察与思考》,《人大研究》2005年第9期。

本，则可能他们参与的积极性难以保障。

第二，参与时间的合理性问题。各种不同的利益团体或个人如能有效地参与公众咨询程序，则必须给他们以合理的时间。即使给予不同主体以同样的时间，也不能保证不同主体都能有充足时间进行充分考虑，从而影响咨询的质量。这个问题也涉及参与主体的平等问题，公平与平等、公平与效率在公众咨询过程中有时不好调和。

第三，信息获取的不平衡。各种不同的参与主体所代表的利益不同、立场不同，更重要的是参与的影响不同，从而在咨询过程中提供的信息不平衡。如果信息获取不平衡，则很难对这些不平衡的信息进行均衡，最终可能会导致决策或立法的不公正问题。

除以上几点以外，在实践中还会碰到利益相关人选择的困难、信息分析的困难、各种利益平衡的困难、参与疲劳的问题、参与有效性的问题等，都是立法过程中实施公众咨询程序所面临的问题与挑战。

五、加拿大立法过程中公众咨询制度的发展趋势

尽管加拿大立法过程中公众咨询程序面临一些问题与挑战，但是加拿大注重总结与评估每一次咨询程序，注重咨询程序的加强与完善。在现代加拿大，不论是政府还是社会公众，都已有这样的共识：政策的决策、立法离不开公众的参与（咨询），缺少公众的参与（咨询）决策或立法就缺少正当性。同时，政府与公众都关注政府决策或立法的整个过程的公众咨询问题。综观现代加拿大立法过程中咨询程序实践及其发展规律，我们总结加拿大立法过程中公众咨询制度有以下几个发展趋势。

（一）咨询对象的范围不断扩大

加拿大早期实施立法过程中的公众咨询程序时，注重与政府各部门的联系，听取政府各部门的意见，这可以说是一种政府的内部咨询程序。后来，在城市规划、环境保护等领域，确立了听取利益相关人意见的制度，除了有有关领域的专家参加，更多的是一些机构或专业组织参加，最后发展成为社会公众（非隶属于任何组织的公众）可以以个人身份参与到咨询程序中来，有关主体对以个人身份参与主体也给予特别重视。

(二) 注重参与结果的跟进与评估

一个完整的公众咨询程序不仅有公众各种形式的评议，还有有关立法部门对公众参与结果的跟进与评估。"通常的做法是：(1) 列出所有受公众参与信息影响的决策事项；(2) 界定受影响事项有多大程度的改变；(3) 对下一步决策提出建议，并拟定工作计划，将该计划知会公众。"[①] 另外，各实施主体也注重咨询程序的总结与评估，目的是进一步改善公众咨询的方式方法，为今后开展公众咨询活动提供借鉴。

(三) 从形式参与到实质参与

一开始加拿大实施的立法过程中的咨询程序，目的是听取各方面的意见，为他们决策提供参考，咨询方式也限于传统的立法听证会、圆桌会议、书面咨询等，但在20世纪90年代，加拿大引入了美国的协商制定规章方法，召开公众会议，对一些法规中的问题通过协商方式进行决策，形成法规的条文。现在在加拿大一些公众非常关心的领域，如环境保护、城市规划等与环境有关的项目规划，包括交通、电力、机场、石油、天然气、森林业等"形成了公众与决策者互动式（interactive）的参与方式，增加了很多协调冲突、达成共识的技术性方法"[②]。

(四) 重视非政府组织或利益集团的作用

加拿大在早期实施立法过程中的咨询程序，特别是召开立法听证会时，更多的是关注非政府组织或利益集团的参与。虽然后来有公众个人以个人身份参与到咨询程序中来，但参与的多数主体还是利益集团或一些非政府组织机构，特别是涉及一些专业领域如环境保护、残疾人权利、知识产权等领域，非政府组织或利益集团特别活跃。应该说，不仅是加拿大，其他国家也是发展多元化的非政府组织，无政府组织由于其无党派性与中立性，在吸收与动员公众参与方面有优势："在当今组织化的社会中，个人的力量显得卑微渺小，个人的声音更是微不足道，个人的行动经常会受到各种组织强大的压力，社团组织凭借组织优势和拥有的物资、人际关系等资源在决策过程中赢得

---

① 温守信：《加拿大组织公众参与决策情况述略》，《山东人大工作》2008年第1期。
② 李东：《公众参与在加拿大》，《北京规划建设》2005年第6期。

'话语权'，是公民更有力的参与方式。由于现代社会高度分化的特征，统一的表达和参与方式无法适应复杂的现代社会多元价值取向，需要有更多的团体来进行分门别类的、专业化的社会表达和社会参与。另一方面，个人参与组织，参加组织的活动，遵守组织的规程，是在小团体内接受道德、能力等各方面教育和锻炼的机会。"①

（五）更加注重程序的透明与公开

如果说加拿大立法过程中的公众咨询程序的建立与政府追求的透明、公开分不开，在公众咨询程序不断完善的过程中，透明与公开更是公众参与的基石。"司法部承诺，参与的过程建立在公开、信任、统一、相互尊重、透明、广泛和合作的基础上，为司法部建立一个了解加拿大公民关心的问题和想法的直接渠道。通过不断的参与、讨论、决定、反馈过程建立的相互信任和理解是成功的公众参与的基石。"②

第四节　日本行政立法过程中的意见公募程序

在立法过程中设立法规规章草案公开征求意见程序，已成为现代各国通行的做法。但各国在实施或运行法规规章草案公开征求意见程序时，又有各自独特的做法与运行机制，总结与提炼各国关于法规规章草案公开征求意见的经验与技术，可以为我国正在蓬勃开展的法规规章草案公开征求意见制度的完善有所启迪。日本在行政立法过程中也逐步建立了公开征求意见的程序与制度，称之为行政立法过程中的意见公募程序，虽然相对于英美等国家，这种程序与制度的建立时间不长，存在的问题不少，但在制度与实践中也积累了一些经验，分析、评价日本行政立法过程中的意见公募程序，对我国有着很重要的实践意义与价值。

---

① 向玉琼：《协商民主与公共政策合法性的提升》，《理论导刊》2007 年第 4 期。
② 吴浩：《国外行政立法的公众参与制度》，中国法制出版社 2008 年版，第 375－376 页。

一、日本行政立法过程中的意见公募程序的确立

"行政立法"这个词主要有两种意义：一是指享有立法权的行政机关制定法规范性文件的行为；一是指属于行政管理方面的法规范性文件。这个术语在日本学界中也存在不同的理解，尤其是该术语所包含的规范范围[①]。田中二郎和藤田宙靖认为，日本行政机关可制定两种类型的规范，即法规命令和行政规则，前者具有外部效果，后果具有内部效果。具有外部效果的规范，即规范相对人私人和行政主体的关系，二者发生纠纷时，由法院予以适用的规定；具有内部效果的规范，即拘束行政机关相互关系。这两个方面的规范都称为行政立法。[②] 盐野宏认为，行政机关制定的具有外部效果的法规命令才属于行政立法，而地方公共团体的议会制定的条例不属于行政立法。[③] 本书赞同盐野宏关于"行政立法"规范范围的理解，即"行政立法"指的是国家或地方行政机关制定的具有外部效果的法规命令。行政立法行为则是指国家或地方行政机关制定法规命令的行为。

日本行政立法过程中的意见公募程序确立时间不长，具体来说是20世纪90年代末期，与英美等国家经过漫长时间的探索才创立这种制度有所不同，日本是在迫于内外压力的情况下才尝试建立这种制度的。

日本行政机关不主动采取意见公募程序有一定的根据与理由。如果将拘束行政机关内部关系的行政规则也算做行政立法的话，则这种规则的制定社会公众不会感兴趣，它只是一种内部规则，对社会主体并不产生约束关系。除此之外，将行政立法限定于行政机关制定的具有外部效果的法规命令，它在很多情况下采用意见公募程序也得不到社会公众的回应，这就需要考察日本行政立法的权限范围。

[①] [日] 平冈久：《行政立法和行政基准》，有斐阁1995年版，第4页以下。

[②] [日] 田中二郎：《新版行政法》（上卷，全订第二版），弘文堂1974年版，第158页；[日] 藤田宙靖：《行政法Ⅰ》（第四版），青林书院2003年版，第283页。

[③] [日] 盐野宏：《行政法Ⅰ》（第四版），杨建顺译，北京大学出版社2008年版，第59 - 60页。

日本的行政立法权限分为两种类型：一是职权立法；二是授权立法。根据《日本国宪法》确立的"国民主权"原则，国家的一切权力属于国民，国会是国家的最高权力机关和唯一的立法机关，国会的立法范围和立法事项都不应受到任何限制。但《日本国宪法》第73条第6款规定："内阁为执行宪法和法律，有权制定政令，但没有法律的授权，政令中不得制定罚则。"该规定被日本学界理解为行政机关拥有立法权的基本法律依据。"但是，宪法中的这种规定只是从根本制度上承认了行政立法权的存在，并不是对行政机关进行行政立法活动的具体授权行为。"① 宪法关于行政机关立法权的规定在《国家行政组织法》和《内阁府设置法》中得到进一步体现。根据《日本国宪法》《国家行政组织法》《内阁府设置法》的规定，行政机关只要在坚持对国民"不设定罚则"的前提下制定实施国会立法的细则，即属于行政机关"职权立法"的范畴。反之，如果行政机关未经授权而制定涉及国民权利义务的规范，特别是设定"罚则"的规范，则侵越了国会的立法权，也是违宪的、无效的。

在"职权立法"之外，行政立法中的另一部分是授权立法，它是国会在制定某项法律时，就其中实效性、技术性较高的问题授权行政机关，允许它们在法律的范围内制定一些带有实体内容的补充规定，或对法律的有关内容作出解释，或者规定法律的适用范围和适用特例。行政机关根据法律的授权，可以在这些规定中对国民某些方面的权利进行限制，或者对国民赋予某些方面的义务，还可以制定一些必要的罚则。为了防止行政权泛滥，确保宪法中"国民主权"原则和国会这个"唯一立法机关"的立法权，法律在授权行政机关进行行政立法时，必须确定行政机关在具体的行政立法活动中应遵循的标准，同时授权的内容必须是明确的、具体的，禁止所谓"一般性、笼统性的一揽子授权"（或称"空白授权"）。② 同时，行政机关的授权立法还受到法院的严格审查，判断其是否超越了授权的范围。例如，"最高法院认为，规定禁止和未满14岁的在押犯人接见的《监狱法施行规则》第120条

---

① 赵宏：《立法与行政——从行政立法角度思考》，《行政法学研究》2002年第3期。
② 杨建顺：《日本行政法通论》，中国法制出版社1998年版，第334-337页。

（1991年删除）超出了《监狱法》第50条的委任"①。

根据以上分析，如果行政机关行使的是"职权立法权"，则不能设定"罚则"内容，否则无效；如果行政机关行使的是"授权立法权"，则严格依据授权的范围、目的与标准，否则会受到司法审查。在这样的情况下，日本行政立法权的行使是非常慎重的。在诸多制度的监督与制约下，行政机关认为其制定的法规命令不需要采取意见公募程序。

然而这种状况在内外的压力下有所改变。内在的压力在于：随着市民运动的发展，国民民主意识的提高，利益团体或压力团体的不断涌现，传统的仅针对行政机关内部的咨询机构"审议会"不能满足广大民众直接参与立法的要求，尤其是针对行政机关立法的"内部性"来说，公众对行政机关的"封闭性"强烈不满。针对政府放松规制而进行检讨的行政改革会议在1997年提交的最终报告书中指出："各省在进行基本的政策立案时，要公布政策主旨，争取专家、利益当事人及广大国民的意见。对意见进行考虑之后，进行最终的表决，即：应该引入征求公众意见制度。"受此影响，1998年，通商产业省将这一提案制度化。1999年3月内阁决议通过的《为制定、修改和废除法规征求公众意见的程序》，规定了各省厅在制定与法规制定相关的政令、省令时需要征询意见。

此项改革也受到了国际方面压力的影响。第二次世界大战后，日本的宪政理论、政制体系受到美国的强烈改造。特别是20世纪80年代以来，"美国就一直要求日本开放产品、资本市场，但是在日本市场美国企业家却遭遇了难以理解的跨部门、跨产业的规制壁垒。为了除掉日本的这些规制壁垒，1989年和1992年的日美框架协议中，美国都强烈指责日本产业经济政策的封闭性和行政管理，特别是行政指导的不透明性、不公正性，要求日本政府放松规制并提出了有关竞争政策、特殊产业规制、行政改革等的具体建议"②。1996年11月，美国政府对日本发表的《对日放松管制建议书》中要求引入听证制度；经济合作与发展组织也在1999年4月公布的《关于日本规

---

① ［日］盐野宏：《行政法Ⅰ》（第四版），杨建顺译，北京大学出版社2008年版，第63页。
② 淳于淼泠、马冰、赵泽洪：《行政改革立法——日本行政程序法的法治化》，《重庆工商大学学报》2003年第3期。

制改革最终报告》一书中，倡议日本政府加大力度进一步充实征求公众意见制度。1999 年 10 月，美国政府再次发布的《对日建议书》中也提出建议，建议审议会负责制定将征求公众意见制度作为法案的主要程序以及通过具体的法律规定将此制度法律化。[①] 2005 年，日本修订了《行政程序法》，其第六章专门规定了行政立法征求公众意见的程序。至此，意见公募程序作为一项制度终于通过法律的形式确立下来。

二、日本行政立法过程中的意见公募程序的适用

日本行政立法的意见公募程序的制度规定主要有两个：一个是日本内阁于 1999 年 3 月 23 日颁布并于 2000 年 12 月 26 日修订的《为制定、修改、废除法规征求公众意见的程序》；另一个是日本国会 2005 年修订的《行政程序法》。这是两份有约束力的法律文件，各行政机关在制定法规命令以及行政规则时都必须遵守其规定。日本行政立法过程中的意见公募程序的具体操作步骤有以下几个方面。

（一）行政机关发布公示

1. 需公示的资料

行政立法机关在制定法规命令时，应该事先公示该命令的草案及相关资料。为了帮助公众理解所提议的命令，行政机关应尽量公示除所提议命令文本之外的以下资料：（1）所提议命令的基础、宗旨或背景的说明；（2）与所提议命令有关的文件，包括提议该项命令所依据的法律条文以及对制定、修正或废除法规可能带来影响的程度和范围所作的法律分析；（3）根据命令的处理方式决定的所提议命令。

2. 公示的方式

行政机关可以采用多种方式对法规命令资料进行公示，常用的方式有：在互联网上公布；在有关柜台发放；在报纸或杂志上宣传；在行政机关所属的公共关系杂志上发表；在官方报纸上发表；向媒体公布；等等。当行政机

---

① ［日］田中信行：《日本公众参与制度概览》，吴浩主编：《国外行政立法的公众参与制度》，中国法制出版社 2008 年版，第 434 页。

关采用若干方式公示一项达到一定数量内容的命令时，该行政机关只需说明该命令的大纲以及获得所公示的全部资料的方法即可。另外，在必要的情况下，行政机关应以适当的方式通知专家和所提议命令的利益相关方。

3. 公示的时间

《行政程序法》规定原则上公示的期限为30天，如果行政机关公示行政立法资料或征求意见的期限少于30天，行政机关就必须在命令草案公示时明确说明其理由。而《为制定、修改、废除法规征求公众意见的程序》规定原则上为1个月，行政机关应根据个案具体情况决定时间长短。实践中是以《行政程序法》规定的期限为准。

4. 其他说明

行政机关在公示行政立法资料的同时，说明公众提交意见和信息的方式，比如通过信件、传真或者邮件等方式。

（二）行政机关宣传及征集意见

行政机关在适用公众意见公募程序时，尽可能对该程序的适用进行广泛宣传，且尽可能提供适用公众意见征求程序的相关信息。

在实践中，行政机关征集公众意见多要求书面方式，除说明使用电子邮件、电话、传真等方式外。在通常情况下，行政机关尽可能采用多种方式，公众根据自己的条件采用适当的意见征求方式。

（三）行政机关考虑公众意见并反馈结果

《行政程序法》要求行政机关在实施意见公募程序时，要充分考虑公众所提出的意见，并反馈行政机关对意见采纳的结果，要明确表明对提议的命令作了哪些修改。

实践中，行政机关可以适当地对意见、信息和据此形成的观点进行编辑并向公众公示，同时，公众提交的意见和信息应在有关的文件阅览室向公众公开一段时间。如果公开意见和信息可能损害某人或某企业的权利、市场竞争者或其他合法权益，行政机关可能不予公开全部或部分意见和信息。

《行政程序法》要求行政机关在行政立法时，对公众意见的采纳与不采纳都应该说明理由，并以适当的方式向社会公示。

与英美国家适用公众咨询程序有所不同的是，日本行政立法的意见公募程序相对简单，一般在行政机关考虑公众意见并作了反馈以后，整个征求意见的程序便告终结。而英国《咨询实务准则》并非如此，行政机关实施公众咨询活动结束后，整个咨询程序并没有终结，最后的步骤是对整个规章的公众咨询程序作最后的评估与总结，《咨询实务准则》这样规定有两重意义：一是总结公众咨询的经验，看是否有值得推广的地方；二是进一步完善公众咨询程序，看公众咨询程序有否值得改进的地方。

日本在一个完整的征求意见程序完成之后，也需要做一些工作，但这些工作是行政机关的工作总结甚至于有"备案"的意义，它与行政立法意见公募程序的完善没有直接关系。行政机关的后续工作就是编写公众意见摘要，并向总务省提交征求意见的报告。

内阁通过的《为制定、修改、废除法规征求公众意见的程序》规定：各部或机构应建立一个公众意见摘要系统，包括各即将进行的征求公众意见的程序，将其在互联网上公布，并在有关阅览室留存备份。公众意见摘要至少包括以下内容：名称；向公众公布的日期和提交建议和信息的最后期限；获得公布文件的方法；公众就该事件可以联系的人员的名字和地址等。另外，各行政机关在行政立法意见公募程序完成之后，要向总务省提交一份报告，说明各部、各机构为实施关于征求公众意见的程序的本内阁令所做的工作。但这样的内容并没有规定在《行政程序法》中，从日本行政立法的意见公募程序的实践中也可看出没有得到很好的遵守。

三、日本行政立法过程中的意见公募程序适用的例外

与世界上很多国家的做法不一样，日本《行政程序法》《为制定、修改、废除法规征求公众意见的程序》规定了适用意见公募程序的例外，即在一些情况下行政机关制定法规命令时，可以不需要采用意见公募程序。

如果根据田中二郎和藤田宙靖对行政立法的基本分类，即将行政立法划分为具有外部效果的法规命令以及具有内部效果的行政规则，毫无疑问，涉及规定行政机关内部的程序、组织职能等的内部规则确实没有必要采纳意见公募程序。但日本《行政程序法》并没有认可学界对行政立法这样的分类，

67

《行政程序法》第2条对行政立法的"法令"这样界定:"是指法律、基于法律之命令(含告示)、条例以及地方公共团体所定规则。"依此规定,则行政立法包含着法规命令和行政规则两种类型。

内阁制定的《为制定、修改、废除法规征求公众意见的程序》第3条第1款规定了一种类型的行政立法不需要采用意见公募程序,即"若某一行政机关发布的最终命令采纳了另一行政机关依照与本程序基本规定相同的程序所发布命令的实质内容,即使该最终命令通常应受本程序规定管辖,前一行政机关可不必遵守本程序规定"。这个规定被2005年修订的《行政程序法》所采纳,但《行政程序法》规定得更加全面,其第39条第4款规定了在八种情形下,可不适用意见公募程序:(1)因公益之需要,有紧急制定命令之必要时可不适用;(2)因缴纳金钱方面之法律制定或修改,在要制定关于计算该缴纳金钱数额的款额及比率还有计算方法的命令以及制定确定该法律施行必要事项的命令时可不适用;(3)预算中决定支付金钱款项时,计算该支付金钱数额、比率及计算方法就成为必要,那么在要制定金钱数额、比率及计算方法的命令时可不适用;(4)依据《内阁府设置法》和《国家行政组织法》规定而确定的命令,另外作为调整具有相反利害关系当事人之间利益为目的,依据法律或政令,经过由分别代表各自当事人及公益委员会组成的委员会之审议制定政令命令时可不适用;(5)制定与已制定命令实质上为同一命令时可不适用;(6)对于基于法律规定之法令适用或准用,制定确定必要技术性解读的命令时可不适用;(7)作为命令等制定依据的法令废止,该命令随之废止可不适用;(8)制定以政令以轻微情势变更所作规定为内容的命令等时可不适用。

为什么以上事项的立法可以排除适用意见公募程序,日本2005年12月15日发布的1751号《时事法令》刊载的《法令解说:公众参与程序的法制化》一文对此作了说明:"即使是对于直接关系到国民权利及义务的命令等,也因为个案的具体情况的不同而使得命令制定机关难以履行公开征求意见程序的义务。如果将这样的义务强加于命令制定机关,则缺乏合理性和必要性。"《行政程序法》规定的八种情况恰恰说明了"若强制履行公开征求意见程序义务，就会给行政运转带来障碍，难免会给国民生活造成不好影响"①。

可以看出，日本《行政程序法》规定一些行政立法事项可以免除意见公募程序基于这样两个理由：一是若命令制定机关无能力实施意见公募程序，可免除此项义务；二是运用利益权衡标准，当履行程序对行政运转带来障碍、给国民生活带来不好影响时，意见公募程序也就没有必要。

四、日本行政立法过程中的意见公募程序实施效果评价及启示

（一）日本行政立法过程中的意见公募程序实施效果评价

自2000年《为制定、修改、废除法规征求公众意见的程序》以及修订的《行政程序法》实施以来，程序制度在实践中取得的效果如何？日本学者白岩俊作过调查统计②，得出这样一些结论：

（1）行政机关在进行行政立法时，实施意见公募程序的立法数量有了大幅度的增长。就以内阁制定内阁令而言，"1999年为256件，2003年为501件，2004年为486件，将近翻了一倍"。而且呈现出逐年增长的趋势。可以想见，越来越多的行政立法机关已经接受了这样的制度，并且在行政立法过程中自觉实施意见公募程序。

（2）征集意见的行政立法案比例有增长趋势。"纵观历年的意见提出状况，每年实施案件的2/3收到意见。与此相对，没有意见的案件大致占到案件总数的3—4成。"当然可能涉及的行政立法性质不同，公众关心的程度有差异，如"内阁制定关于有关特定外来生物的选择的法令时，共收集到113792条意见。在制定有关出入境管理及难民身份确认法相关的省令时，收集到2128条意见"。当然也有一些法规命令只征集到很少甚至未征集到意见。

（3）有关行政立法主体根据征集到的意见对法规命令案进行修改的比例越来越大。"2003年、2004年都有超过18%的案件根据受理意见进行了修

---

① 吴浩主编：《国外行政立法的公众参与制度》，中国法制出版社2008年版，第480页。
② ［日］白岩俊：《有关征求公众意见制度的政府工作及其意义》，《自治研究》第81卷，第12号。

订，与以往相比所占比重都很大。"

在实施该程序的过程中，行政机关也发现了一些令人关注的问题，比如"给行政机关带来了不必要的负担"，"轻易地煽动直接投票，扰乱社会秩序"。"从2004年的实际执行状况来看，确实存在有意见的团体，通过报纸广告，怂恿公众提出意见；或者意见相左的团体双方，怂恿各自的成员投票，导致大量的意见被提出来的个案。"白岩俊分析说："如果当事人存在利用大量的相同意见来进行示威，利用征求意见程序为变相直接投票，通过多数压倒少数达到自己主张的想法的话，就偏离了制度本身的初衷。反过来说，徒然增加了行政机关的负担，对今后征求公众意见制度的稳固和发展都无益。"

日本行政立法过程的意见公募程序的产生不仅是日本民主运动的产物，也是行政程序发展的必然结果，它有自己的价值。越来越多的行政机关以及社会公众对该制度有了更多的价值认同，也进一步推动了日本行政立法的公众参与制度的发展。

（二）日本行政立法过程中的意见公募程序制度对我国的启示

盐野宏对日本行政立法过程中的意见公募程序给予了高度评价，他认为：其一，该程序制度促进了民主性的提升，是国民主权的体现与要求。"成为程序法的适用对象的命令等，是关于国民的权利利益的规范，其公正的确保和透明性的提高，有助于国民的权利利益的保护，同时，虽然说程序法的目的规定未曾修改，但是，可以认为，其中被加入了国民的参与这种民主性的要素。"其二，意见公募程序对方案的制定意义重大，"意见公募程序，并不是代替所谓问卷调查乃至国民投票的制度，所以，对于所公示的命令等的方案的赞成与否的多寡，其本身并不能成为意见考虑之际的考虑要素。即使是一种意见、信息，对其考虑的结果，也有可能会导致最初的方案被变更"[①]。可以说这种总结与评价揭示了日本实施行政立法意见公募程序的价值目标，它对我国制度建设的启示表现在以下几个方面。

---

① ［日］盐野宏：《行政法Ⅰ》（第四版），杨建顺译，北京大学出版社2008年版，第213页。

1. 制度化的推进措施

日本内阁先行制定了行政立法过程中的意见公募程序制度，这是一种摸索与试验，在条件成熟的情况下，日本修订了1993年11月12日公布的《行政程序法》，专设一章规定了行政立法过程的意见公募程序，从而对所有行政立法主体实施意见公募程序提供了制度化的保障。

我国现有一些法律法规也规定了行政立法主体听取意见的制度，如《立法法》第58条规定："行政法规在起草过程中，应当广泛听取有关机关、组织和公民的意见。听取意见的可以采取座谈会、论证会、听证会等多种形式。"《行政法规制定程序条例》第12条作了类似规定，第19条第2款进一步规定："重要的行政法规送审稿，经报国务院同意，向社会公布，征求意见。"但是这些制度规定仍然比较原则，尚无任何法律法规具体规定了行政立法过程中公开征求意见的程序，虽然我国现在广泛开展规范性文件制定过程中的公开征集意见制度，但无统一的制度规定，可以说是我国现行立法的不足与缺陷。

2. 规定了意见公募程序适用的例外

这在很多国家开展的立法公开征求意见制度中都很少见到，日本在这方面是个创新。我国最高行政机关国务院在其法制机构的网站上开设了"法规规章意见征集系统"，作为网络上征集社会公众意见的一个平台，是个很好的举措。国务院及其部门规定的法规规章草案都放在这上面征集社会主体的意见，有的确实发挥了重要作用。但是我国在行政立法过程中的意见公募程序尚无法律可依，更没有明确哪些事项可以例外适用，导致有些法规规章草案征集公众意见效果并不理想。尽管征集意见效果不理想可能有多种因素，但是我们也可反思一下，并非所有的法规规章草案都适合公开征集意见，这就需要深入研究，我国哪些行政立法事项可以不采取公开征集意见程序。日本在这方面的开拓做法可为我们提供一些启示与思路。

3. 注重宣传与公告方法多元化

在拟定法规规章草案后，行政立法机关应采用多元方式宣传，引起社会公众的兴趣。日本在采用意见公募程序过程中，加强法规命令草案的宣传，强调采用多元的方式公示法规命令草案及有关立法资料，明确征集意见的方式方法等。常用的公告方法有：在互联网上公布；在有关柜台发放；在报纸或杂志上宣传；在行政机关所属的公共关系杂志上发表；在官方报纸上发表；向媒体公布等。而且日本还特别规定："如有必要，行政机关应以适当的方式通知专家和所提议命令的利益相关方。"我国现在开展的法规规章草案公开征求意见方式比较单一，效果也就不太理想。可以借鉴日本的一些做法，根据法规规章草案的不同性质及内容，一方面扩大宣传，让公众知晓；另一方面采用不同的方式甚至采用多元的方式征求公众意见。

第三章

法案公开征求意见的程序运作机制

第一节 我国法案公开征求意见的程序建构

立法机关在法案的起草或审议阶段，将法的草案或有关立法资料向社会公布，通过讨论会、座谈会、听证会等形式广泛征求社会主体的意见，从而为法案的修改完善提供参考或借鉴。这就是我国立法机关广泛开展的法案公开征求意见的活动。尽管法案公开征求意见制度越来越被立法主体广泛接受或采纳，也越来越得到社会主体的广泛认同和参与，但在其实施过程中产生的效果并不尽如人意，造成这种状况的原因有多种，法案公开征求意见程序的制度缺失以及对正当设置的忽视，是其中重要的原因之一。鉴于程序在该制度实施效果中的重要地位，有必要对其进行系统考察及正当设置。

一、现行法案公开征求意见的程序制度缺失

我国最早一次向公众大规模征求意见是在新中国成立后第一部宪法即1954年《宪法》的起草过程中。1954年6月15日，宪法草案向全社会公布，征求意见历时2个多月，参加法案讨论的达到1.5亿多人，提出大量的修改意见。宪法起草委员会对原来的宪法草案进行了修改。其后的历次宪法修改都经历了向社会公开征求意见的阶段。

作为制度化的法案公开征求意见的确立是在2000年3月15日通过的《立法法》之后。《立法法》第34条、第35条、第36条规定了全国人民代表大会常务委员会在制定法律时要听取有关机关、组织、专家以及社会各方面的意见。第58条明确规定："行政法规在起草过程中，应当广泛听取有关

机关、组织和公民的意见。听取意见可以采取座谈会、论证会、听证会等多种形式。"2001年11月16日国务院通过的《行政法规制定程序条例》第12条、第19条第2款、第20条、第21条、第22条规定了国务院在制定行政法规过程中须广泛征求社会意见；同年国务院制定的《规章制定程序条例》第14条、第15条、第21条、第22条、第23条也规定了规章制定主体在制定规章过程中要广泛征求社会主体的意见。一些地方也通过了如《北京市人民政府法制办公室关于地方性法规规章草案公开征求意见的若干规定》《广州市规章制定公众参与办法》《哈尔滨市政府规章制定程序规定》，对地方立法的公开征求意见作出了制度规定。

有了规范的制度作为保障之后，各立法主体在立法过程中积极开展了法案公开征求意见的活动。第十届全国人大任期内，共有四部法律草案向社会公众征求了意见，其中《物权法》因公众意见分歧很大而调整了立法进度，《劳动合同法》草案共收到意见191849条，创下了人大立法史上的新纪录。2009年《食品安全法（草案）》向社会公开征求意见。与此同时，全国人大常委会办公厅宣布，今后，全国人大常委会审议的法律案，一般都予以公开，面向社会，广泛征求意见。2011年4月25日，个税法修正案草案在中国人大网公开征求意见，历时一个多月的时间，至5月31日24时止，共征集到237094条意见，创下了立法征求意见数量之最。根据社会公众的意见，2011年6月30日第十一届全国人大常委会第二十一次会议30日下午表决通过了全国人大常委会关于修改个人所得税法的决定。

国务院在制定行政法规过程中也在不断加大行政法规草案向社会公开征求意见的力度，2007年6月，国务院法制办开发了"法规规章草案意见征集系统"，置于"中国政府法制信息网"（即国务院法制办网站）的左上方，至2009年5月，共有《科学技术进步法》《职工带薪年休假条例》《劳动合同法实施条例》等41部法律法规草案通过系统向社会公开征求意见，征求意见工作得到了社会的广泛响应，共有26489名网民应用此系统参与行政法规的意见征集活动，发表意见总数达173427条。现在国务院制定的所有的行政法规以及国务院各部门制定的部门规章都在该系统上发布，向社会公开征求意见。

国务院各部门规章的制定、地方人大及其常委会关于地方性法规的制定以及地方人民政府规章的制定也都在广泛征求意见,现在立法主体制定的任何法案很少有不经过公开征求意见而通过的,甚至可以说,法案公开征求意见是我国立法的一项重要的制度设计,缺少这个环节,该法案的正当性、合理性就会受到质疑。

《立法法》《行政法规制定程序条例》《规章制定程序条例》等,虽然规定了法案公开征求意见,但对法案公开征求意见的程序却欠缺规定,从而使得我国法案公开征求意见的制度失去基本的程序制度保障,这一点从我国各级各类立法主体实施的法案公开征求制度中可以看出,各级各类立法主体的法案公开征求意见活动,程序都不一致,效果也存在巨大的差别。

二、立法实践中的法案公开征求意见程序的探索

尽管《立法法》《行政法规制定程序条例》《规章制定程序条例》等对法案公开征求意见的程序没有作出规定,但并不妨碍该制度的实施。在实践中各级各类立法主体为了实施这样的制度也在不断探索法案公开征求意见的程序机制。

全国人大常委会关于法律草案公开征求意见的程序并无统一的规定,实践中的做法是:

第一,作出法案公开征求意见的决策。全国人大常委会在审议法案过程中,对法案涉及的一些问题存在诸多争议,需要向社会公开征求意见,则由全国人大常委会决议公开征求意见。以个税法修正案为例,在个税法修正案草案首次提交全国人大常委会审议过程中,参与审议讨论的委员就个税免征额调高至3000元是否合理、个税征收"按家庭为单位"是否更公平、级次级距调整是否加重中等收入人群负担、如何加大对高收入人群税收征管等问题存在争论。这些问题涉及社会上每一个主体的利益,需要征求他们的意见。因此,全国人大常委会作出决策,由全国人大常委会办公厅向社会公开草案征求意见。

第二,发布公告。公告的内容包括:(1)法案的内容,如个税法修正案草案的内容,主要涉及《个人所得税法》第6条第1款第1项以及第9条的

规定，将原法案的规定以及拟修改的规定都公布出来。（2）明确公开征求意见的方式，可以通过中国人大网在线发布意见，也可以通过信件形式发表意见。（3）明确征求意见的时间期限，如个税法修正案草案征求意见的时间期限为从2011年4月25日至2011年5月31日止。（4）明确联系地址以及网站的链接方式。

第三，意见反馈。全国人大常委会在公开征求意见结束后，通过一定方式向社会公众作出反馈。个税法修正案公开征求意见时。在36天时间内，共收集到237684条意见，同时还以书面形式征求了各地方、中央有关部门和部分企业、高等院校、研究机构的意见，还专门召开座谈会直接听取专家和公众代表的意见。在汇总分析这些意见的基础上，立法机关将这些意见"原汁原味"地向公众进行了反馈。

2007年3月，国务院法制办发布《进一步提高政府立法工作公众参与程度有关事项的通知》规范了部门规章草案公开征求意见的程序，具体要求：一是直接涉及公民、法人和其他组织切身利益或者涉及向社会提供公共服务、直接关系社会公共利益的部门规章草案，应当向社会公开征求意见，但涉及国家秘密、国家安全、汇率和货币政策确定等问题的除外；二是各部门法制机构应当适时提出部门规章草案向社会公开征求意见的建议，报请本部门主要领导批准后组织实施，经批准向社会公开征求意见的部门规章草案，应当在本部门网站、公报等媒体上公布，也可以同时在中央政府网站、《中国政府法制信息网》上公布；三是各部门法制机构应当认真归纳整理、汇总研究社会各方面提出的意见和建议，对于合理的意见和建议，应当予以采纳。

地方立法主体对地方立法公开征求意见也作出探索，如《广州市规章制定公众参与办法》对广州市政府规章公开征求意见的程序作出如下规范：

第一，公开征求意见的方式。主要是在相关行政区域内有一定影响的媒体、政府网站、政府法制机构网站、起草部门网站上公布有关立法信息或发布指引、设置公告链接。

第二，公告内容，主要包括：（1）法案起草的背景资料、制定或修改的目的、必要性及可行性；（2）说明立法对相关人员或者群体可能产生的影响；（3）征求意见的起止时间；（4）公众提交意见的途径；（5）征求意见稿全文或者公众获得征求意见稿全文的途径；（6）联系地址、联系电话、传真及电子邮箱。

第三，公众意见的处理。起草部门或政府法制机构对公众意见逐一进行研究，决定是否采纳。不予采纳的，要说明理由。对于重要意见，起草部门或政府法制机构还可以根据需要组织专家论证会，研究公众意见，论证其合理性并提出处理意见。对于起草部门未公开征求公众意见的，政府法制机构往往自行组织公开征求意见，或要求起草部门重新组织公开征求意见。对于公众意见的吸收和采纳情况，起草部门或政府法制部门要向相关公众反馈，并附在法案送审稿中。

以上各级各类立法主体所遵循的法案公开征求意见的程序，都具备了基本的程序与环节，但在程序运作过程中，操作方面存在以下问题。

（1）需公开征求意见的"法案"范围不明确。《立法法》第34条、第58条只规定了全国人大常委会和国务院在立法时听取意见，但对于什么样的法案需要听取意见未予以明确；《行政法规制定程序条例》第22条和《规章制定程序条例》第15条都规定法案"涉及公民、法人或者其他组织切身利益"才需要公开征求意见，但对于实践中如何判断法案"涉及公民、法人或者其他组织切身利益"未详细说明。

（2）法案公开的范围，是仅公开法律草案还是包括立法背景资料等内容，各级各类立法主体的做法不一致。

（3）法案公开征求意见的方式包括通过在线征求意见平台、传统信件、电子邮件、座谈会、讨论会、听证会等方式，对何种情况下使用什么样的方式或者使用什么样的方式更为有效，没有作更多论证或说明。

（4）法案公开征求意见的期限，有的规定为1个月，有的规定为2个月，还有的规定为半个月，合理的期限应该是多少天没有明确。

（5）征求意见的反馈渠道规定不一，有的进行反馈，有的没有规定反馈；有的采用集中反馈，有的采用逐个意见反馈方式。

（6）缺少对整个征求意见程序的评估与改进。我国法案公开征求意见程序还处于摸索过程中，各立法主体需对自己所进行的程序进行评估，以便建立完善的公开征求意见程序。

三、域外法案公开征求意见程序的经验及借鉴

关于法案公开征求意见的做法，其他国家比我国的制度要成熟得多，但对法案公开征求意见的说法不一，英国、加拿大称之为"公共咨询"或"公众咨询"。"咨询（consultation）是主动向利益团体和受影响的团体征求意见的过程，是一种双向的交流，可以发生在从问题确认到对现行法规进行评估的整个规制过程的任何阶段。"① 美国1946年通过的《联邦行政程序法》规定了行政机关在制定规章时要适用"公告—评论"程序。日本内阁于1999年3月23日颁布并于2000年12月26日修订的《为制定、修改、废除法规征求公众意见的程序》规定了行政机关在制定规章时要采用"意见公募程序"。

各国在实施法案公开征求意见的制度时，比较注重法案公开征求意见程序机制的设计及完善。英国发布了《咨询实务准则》，对法案公开征求意见的程序进行了完善设计，它将法案公开征求意见的程序分为以下六个步骤：

第一，决定咨询并确定规章咨询的目标。英国一般由行政机关的部长决定实施咨询程序。行政机关紧接着就应明确咨询目标，这些目标一般包括：提出的规章草案要解决什么问题；解释为什么要制定规章（如经济的、社会的原因或出于安全的需要等）；描述怎样制定该规章（如制定的程序等）；明确规章制定的授权来源等。

第二，制订咨询计划。正如《欧盟委员会影响评估指南》中所说："成功的公众咨询的核心要素是事前的计划"。一份公众咨询计划应当涵盖整个规章制订过程、决定公众咨询的目的、相关目标团体、合适的咨询手段、咨询时间等。

第三，进行咨询准备活动。《咨询实务准则》要求行政机关在进行规章的公众咨询程序之前要做一些必要的准备工作，通常有：编制咨询文件；办理相关手续；印刷与分发咨询文件以及进行有关的宣传。

---

① 吴浩主编：《国外行政立法的公众参与制度》，中国法制出版社2008年版，第4页。

第四，实施咨询活动。行政机关在《咨询实务准则指引2》规定的咨询方法中选择一种恰当的方法实施咨询活动。《咨询实务准则》要求行政机关的正式咨询活动必须包括书面咨询活动，而且书面咨询期间不得少于12个星期。另外，准则要求各部门应当考虑利害关系人的具体情况并考虑在特定的时间延长咨询期间，例如在暑假期间。

第五，反馈咨询意见。英国行政机关在收到公众书面咨询意见时要进行确认，并对所有的咨询意见进行分析。根据欧盟委员会制定的《欧委会向利益相关人进行咨询的一般原则和最低标准》的要求，公众咨询的意见将在互联网上公布，通过其他形式咨询得到的意见也将尽可能地公布在网站上接受公众监督。英国准则还规定：在任何可能的情况下，回复公众意见总结还应包括接下来就相关政策所采取的步骤，包括作出决定的理由。

第六，评估咨询程序。行政机关实施公众咨询活动结束后，整个咨询程序并没有终结，最后的步骤就是对整个规章的公众咨询程序作最后的评估与总结，《咨询实务准则》的规定有两个意义：一是总结公众咨询的经验，看是否有值得推广的地方；二是进一步完善公众咨询程序，看公众咨询程序有否值得改进的地方。

加拿大在《内阁关于法规规范化的指令》《规制程序指南》《司法部公众参与政策声明及指南》《有效的规制咨询指南》《规制咨询指南》等文件的规定中明确加拿大立法过程中的公众咨询的基本程序，与英国的咨询程序有点相似，也包括六个环节，分别是：其一，明确立法公众咨询的目标；其二，制订可行的立法公众咨询计划；其三，发布咨询通知，明确公众评议期限；其四，形成咨询报告；其五，反馈公众意见；其六，评估咨询程序。

美国《联邦行政程序法》为规章的制定强制性地规定了三个基本步骤：（1）公告行政机关建议制定的规章或者行政机关制定规章所涉及的主题；（2）给公众提供评论行政机关所提建议的机会；（3）公布制定出来的规章，而且行政机关必须简单概括说明制定规章的依据和目的，为自己制定出来的规章加以辩护。

日本行政立法的意见公募程序没有英国、加拿大那么复杂，但也具备程序的基本机制，分为四个环节：其一，行政机关发布公示。对公示的材料、公示的方式、公示的时间等都有明确的说明。其二，行政机关宣传及征集意见。行政机关在适用公众意见公募程序时，在必要的情况下尽可能对该程序的适用进行广泛宣传，尽可能提供适用公众意见征求程序的相关信息。其三，行政机关考虑公众意见并反馈结果。《行政程序法》要求行政机关在实施意见公募程序时，要充分考虑公众所提出的意见，并反馈行政机关对意见采纳的结果，要明确表明对提议的命令作了哪些修改。其四，编写公众意见摘要，提交征求意见报告。

我国法案的公开征求意见制度是近些年才逐渐发展起来，不论是基本原则还是公开征求意见的程序与方法，都还处于探索的过程中。考察各国成熟的法案公开征求意见做法，对我国的启示至少有以下几点：

第一，制度化的规则指引。不论英国的《咨询实务准则》还是加拿大的《规制咨询指南》、美国的《联邦行政程序法》以及日本的《为制定、修改、废除法规征求公众意见的程序》等，都明确法案公开征求意见的程序规则，从而为建立统一的公开征求意见程序提供指引。

第二，咨询方式的多元化。很多国家根据法案的性质采用不同的方式，甚至在同一法案公开征求意见过程中采用多元化的咨询方式。英国《咨询实务准则》指引中介绍了近二十种方法。加拿大、日本等都主张采用切实有效的咨询方式，保障公众咨询的效果。

第三，重视咨询结果的及时反馈。各国在采用法案公开征求意见时特别重视咨询结果的及时反馈，且根据不同的咨询意见采取不同的反馈方式。如日本的做法，行政机关可以适当地对意见、信息和据此形成的观点进行编辑并向公众公示。在这种情况下，公众提交的意见和信息应在有关的文件阅览室向公众公开一段时间。英国根据公开征求意见的情况采用如单个答复、集体答复、在网站上公开各种意见及其在规章中采纳的结果等方式。

第四，注重公众咨询程序的评估总结。各国不仅重视整个咨询过程的设计，还重视对一个完整的咨询程序的总结与评估。在进行一轮完整的咨询活动以后，行政机关就要考察这次咨询活动的有效性问题，比如针对咨询方法的评价，可以考察哪些方法有效、哪些方法无效。如果某个方法无效，应找出无效的原因，清楚问题所在，并帮助政府机关在以后的工作中避免缺陷。

同样,如果某个方法有效,也要尽力了解成功的原因,以便吸取经验。同时对咨询的问题、咨询的时间、咨询的成本、咨询的效果等都要总结、分析与评估。

四、法案公开征求意见程序设计应确立的基本理念

相比较各国在进行法案公开征求意见程序制度的设计时,非常重视程序背后的理论构造,我国现在各立法主体开展的法案公开征求意见制度,则缺乏一些价值理念的支撑。立法机关只是为法案公开征求意见而征求意见,只是将公开征求意见理解为法案制定过程中的一项程序,而没有把它当作法案制定过程的一项重要环节或内容来对待,导致一些法案公开征求意见只是应程序设计而存在,至于法案公开征求意见的数量与质量甚至法案征求意见的反馈,则不是立法机关所考虑的事。只有改变这种状况,才能真正建立与完善法案公开征求意见制度。

美国规则分析主义代表哈特从规章的合法性角度来论述规章公开征求意见程序设置的价值,他认为:"就规章制定具有政治合法性而言,它源于受到影响的利益在设计用以确保政府机构决策和理性的程序下,向政府机构提出事实与论据的权利。"同样,公众参与行政规章的制定可以提升规章的权威性,"一项规则为将要受其规制或享有其给予的利益的人共有,规则的可信性与持续性严重依赖于它所赖以形成的信息的精确性和完备性。政府机构设定规则所需的许多信息依靠公众获取"[①]。有学者从法案制定所获取的信息完善以及规章有效实施与执行角度来认识法案公开征求意见程序的价值。政府机构从公众的参与中能够获得有效的信息,以弥补自己的缺陷,"政府机构不是无所不知的,并且它们也未得到足够的资助去从事所有它们想要起草的规则所必需的研究,来自公众的意见提醒政府机构知道自身知识的缺乏,并向它们提供它们试图改善或管理的私人部门的相关情况。当政府机构与过去从未接触的一部分人打交道或进行不熟悉的活动时,这种意见尤其有用"。

[①] Phillip Harter, "Negotiating Regulations: A Cure for the Malaise," Georgetown Law Journal 71 (1982), pp. 17–31.

公众参与或评议行政立法，不仅能够提供有效的信息，而且能够保障规章的有效实行或实现，"公众表达的内容和语气可以帮助规则制定机构规划规则起草过程中所要面对环境，接下来开始的工作是规则的执行"。"如果我们记得规则制定并非其自身的结束，而是在法律所明白表示的目标与计划实施所展示的现实之间承担重要的桥梁作用的话，我们就能够更好地把握参与的特殊意义。"①

如果说美国法案公开征求意见程序的理论仍然停留在认识层面的话，英国则真正落实到实践层面。英国 2004 年通过的《咨询实务准则》中明确提出了公众咨询程序的六大标准或者说是具体的程序建构理念。这六大理念是：（1）在整个过程中进行广泛咨询。在政策制定过程中，至少应有一次为期不少于 12 个星期的书面咨询；（2）明确说明提案内容、可能受之影响的群体、向公众咨询的问题和作出回应的期限；（3）确保咨询明确、简练，确保公众可以广泛获得咨询文件；（4）针对所收到的回应意见和咨询程序对政策的影响情况进行反馈；（5）各部门可以指定一名咨询协调员监督本部门的咨询活动的结果；（6）确保本部门遵循良好规制和最佳实践的准则，包括在适当时进行"规制影响评价"。

在我国，法案公开征求意见的程序在探索过程中，统一的理念尚未形成。当然，理念也有不同的层次，有基本价值层面如美国学者的认识，有操作层面如英国的咨询六准则。实际上，这种基本价值层面上的理念各个国家都基本认同，只是在实践操作层面上，各国确立的理念有所差异。我国在当前程序设计不是很健全的情况下，应确立如下的程序设计理念。

（一）可操作性

法案公开征求意见程序总体上而言要具有可操作性，在程序运行的每个阶段或每个环节也应具有可操作性。采用何种公开征求意见的方式，应该考虑到不同的社会群体及其诉求，考虑到立法机关获取信息的便利与分析、整理，甚至考虑到公开征求意见的可反馈性。另外，这种可操作性不仅对立法

---

① ［美］科尼利厄斯·M. 克温：《规则制定——政府部门如何制定法规与政策》，刘璟、张辉、丁洁译，复旦大学出版社 2007 年版，第 176 页。

机关而言如此,对社会公众参与立法过程中能够提出意见也具有可操作性。立法机关根据程序设计的步骤开展法案公开征求意见活动,对社会主体而言,这种程序设计应该不复杂,简便易行,方便社会公众发表意见与建议。

(二) 可接受性

正如英国前首相布莱尔在签署2004年《咨询实务准则》时说的:"我们也需要减轻人们参与咨询程序的负担,使人们能够更容易地参与该程序。"[1]这种程序设计的基本准则要求考虑程序设计的"人本化""人性化",即咨询程序的设计不仅有利于社会公众参与,也要考虑有利于政府机关吸收这些咨询意见以及对这些意见尽可能地采取不同方式进行反馈。

(三) 有效性

法案公开征求意见程序制度设计的目的是获取尽可能多、尽可能有价值的信息,为法案的修改完善提供借鉴。因此在公开征求意见方式的设计上,要便利立法机关对繁杂的信息进行分析、整理,能够做到"去伪存真,去粗取精",获得有效的、有价值的信息。另外,程序设计的有效性在于能够让公众准确反映意见,而且这种意见能够被立法机关听取。就是说,公众反映的意见或建议能够在法案中有所体现,真正实现"法律是民意表达的结果"。

(四) 平等性

立法机关在设计、运行法案公开征求意见程序时,能够让社会主体平等地参与到法案公开征求意见中来,社会主体的意见都能够平等地得到对待,同样,在获得立法机关的反馈时,也能够受到同样的待遇。因此,立法机关在设计法案公开征求意见程序时,要考虑不同社会主体的利益诉求,针对不同的利益诉求采取有效但平等的方式去处理、去对待。这也是各国在设计法案公开征求意见时所应考虑的基本价值理念。

---

[1] www.butf.gov.uk/taskforce/reports/entry%20pages/principlesenttry.htm,最后访问日期:2014年2月20日。

五、我国现行法案公开征求意见程序存在的不足及其根源

（一）我国现行法案公开征求意见程序存在的问题

由于获得了政策法律上的支持，加之经济利益多元化，不同利益群体在社会利益调整和分配过程中表达意愿强烈，公民权利意识在逐步增强，这些因素都推动了法案公开征求意见制度在实践方面的发展。但是由于起步较晚、国情复杂，我国法案公开征求意见程序仍处于探索阶段，存在以下不足之处，尚需进一步发展完善。

1. 现行法律缺乏明确的程序规定，可操作性欠佳

我国现行《立法法》第 36 条、第 67 条及《规章制定程序条例》第 15 条都明确规定立法案应当向社会公布，征求各界群众组织、社会团体的意见。上述规定一定程度上改变了长期以来我国法案公开征求意见程序缺乏明确的制度性规定的状况，标志着我国法案公开征求意见走上了法定化、制度化的轨道。然而，由于缺乏可供具体实施的程序性法律规则，规定太过原则化，立法实践中，《立法法》的上述规定仍然缺乏操作层面上的指导意义。而地方立法机关虽然大都对相关程序进行了设定，但仍存在一定的漏洞或具体操作不规范的问题，对于公众意见的反馈机制也很少涉及。总之，通常的法律规范都是原则性地规定了公开征求意见，但对适用范围、具体程序、参与途径、持续期间、意见反馈机制都未作具体规定，这不能不说是我国现行立法的软肋。

"各种立法条例都在规则起草阶段规定了公民的参与，但立法语言的模糊性和任意性可能使参与陷入'符号化'的尴尬处境。"[①] 具体表现为两个方面：第一，如何保障立法层面的规定在实际操作中转化为实际程序，如何转化为有权立法机关具体的责任与义务来保障实施，参与主体、参与方式等内容，都缺乏具体明确的可操作性规定。第二，公众意见反馈机制缺乏强有力的制度保障。这种立法缺失，一方面会使公众参与无具体法律规范可依，法

---

① 王锡锌、章永乐：《专家、大众与知识的运用——行政规则制定过程的一个分析框架》，《中国社会科学》2003 年第 3 期。

案公开征求意见的功能及作用更是无从发挥。更为严重的是这些程序性规则的缺失可能会引发公众的反感、失望以及对立法决策的不信任，公众立法参与热情降低，质疑公开征求意见是否只是形式。另一方面，可能使立法者失去有效制约。以立法听证为例，立法听证作为法案公开征求意见的一种重要方式，并非必经程序，这就使立法者自由裁量空间过大。通常由有立法权的机关根据具体情况自行决定是否举行立法听证会，怎样举行立法听证会，以及听证会参与人员、征求意见如何处理等事宜，由于缺乏强制性规范，有些地方甚至不举行听证会。可行性程序的缺失难以为目标的实现提供保障，极有可能损害公众利益，公众将质疑法的权威性、合理性。

2. 公布的立法信息不完备，宣传公开方式欠佳

在立法科学化、民主化趋势下，法案公开征求意见成为必然选择，各地积极探索，在实践中形成了一系列通过报纸、网络等方式公开征求意见的程序规则，但通过立法形成系统化规定的较少。具体哪些法案应该公开，哪些不用公开，采用网站、电视还是报纸方式以及何时公开等问题都没有规范性规定。因此，立法信息公开随意性较大，没有统一标准，草案公开征求意见的范围、方式也不确定。为保护自身利益或避免来自某些利益集团的压力，立法机关通常不愿详细公开全部信息，致使原本应当向公众公开的信息被列入保密范围。实践中，各地公开立法文件的内容也不尽一致，有的地方公开草案主要内容，有的地方公开草案全文，有的地方公开草案全文和立法背景、立法目的的说明，还有少部分地方公开公众意见采纳结果，说明不采纳理由。另外，全面的立法信息公开制度，从立法规划、立项、起草到审议、通过、发布等环节都应当主动公布立法信息资料，包括立法规划、立法背景、制定目的及可能产生的影响、制定的时间、部门、主要内容、可行性报告等，使社会公众能参与评议、发表意见。而在实践中，立法规划编制较少有公众参与，一般也不向公众公布；公布草案原文是公众征求意见的惯常做法，但涉及草案的法律依据、起草机构和文本说明等相关重要内容较少公布。总体而言，公布的立法信息并不完备。

公众征求意见的方式具有多样性、复合性特点。实践中，主要通过网络、电视、报纸征求意见等方式。此外，立法听证会、座谈会、论证会也是常用

方式，而听证会、网络、电视、报纸是各地应用最广泛的方式。实践中，通过报纸公开征求意见的成本较高。因此多数地方选择网上征集意见，但是网络在我国农村偏远地区尚未普及，立法信息不对称，加之计算机应用水平有限、宣传力度不够，造成公众参与广度受影响，进而影响公开征求意见的进程。

3. 公众参与积极性不高

社会物质条件并非决定立法的唯一因素，上层建筑的其他因素诸如政治、政策、道德、宗教、文化传统等都对立法产生不同程度的作用。因此，要建立科学民主的立法机制，必须以公众相应的思想文化水平、心理和综合素质为基础，需要公众的积极参与。公开征求意见工作虽取得了显著成绩，但参与人数相对国民人数而言比例过低，以参与度较高的《劳动合同法修正案（草案）》为例，由于与公众利益密切相关，参与人数较多，达131912人，征求意见557243条，而与公众日常生活联系较少的《预备役军官法修正案（草案）》仅22人参与征集意见，收集意见76条。在公开征求意见的实践中，尽管立法机关积极推动，但总体而言，公众参与积极性不高，对立法质量的提高影响力度有限，限制了公开征求意见程序应有功能与作用的发挥。

4. 缺乏公众意见反馈机制

"衡量立法过程中公众参与深度的标准是公众的参与行动对立法的最终结果产生多大程度的影响。"① 要评价公开征求意见对立法结果的影响，首要标准就是看公众意见在法律规范中有多大程度的体现。立法过程实质上是不同利益博弈、协调、整合的过程。法案公开征求意见程序就是不同群体表达各自利益的过程，在此过程中听取意见是基础，如何对待公众意见是关键。以往立法实践中，公开征求意见的作用得到应有重视，已做到尽可能地公开征求意见，但是立法机关很少公开对公众意见的处理情况。近年来，中央立法实践中较重视对公众意见的反馈，全国人大常委会法工委分阶段汇总各方

---

① 易有禄：《从〈物权法〉的制定看中国立法的公众参与》，《井冈山学院学报》2007年第9期。

面意见,向社会反馈,分类列举意见但未说明采纳情况。而地方立法机关单向行为较多,与公众缺少互动,多数地方仅征求公众意见,没有意见反馈程序。这让公众怀疑征集意见只是"走过场",对立法毫无影响力。公众以极高的热情参与征求意见,意在使自己的意见得到重视,如果立法机关未建立完善的意见反馈机制,公开征求意见处理情况,就会降低公众参与热情,公众会质疑公开征求意见的公信力,增加推进公开征求意见进程的难度。

5. 未明确规定法案公开征求意见适用范围

法案公开征求意见具体适用范围及方式步骤的缺失助长了立法机关滥用自由裁量权的做法,公众参与公开征求意见实施缺乏切实保障。

法案应当以征求意见为原则,不征求意见为例外。但相关法律规范规定过于原则,公开征求意见适用范围模糊,即使作为最有保障的征求意见方式——听证会也缺乏强制性的具体规定,立法机关自由裁量,公众参与征求意见的权利仍处于一种不确定状态。实践中,往往由有立法权的人大常委会结合具体实际决定是否公开征求意见。立法机关常以涉及信息不宜公开或立法时间较短甚至以公众文化素质不高、法律水平低为理由拒绝公开征求意见。这种"闭门造法"将相关利害关系人、专家学者排除在立法程序之外,有可能将专业意见、立法实际拒之门外,影响立法的民主化、科学化。另外,我国国情复杂,立法调整对象广泛,立法体制具有典型的中国特色,立法主体较多,立法层次多元,将所有法律规范纳入公开征求意见程序不现实,应将涉及国家安全、军事机密、外交等不适宜公开征求意见的情形排除。

(二)我国法案公开征求意见程序存在问题的根源

我国法案公开征求意见程序实施过程中存在诸多问题,其原因是多方面的。立法机关的忽视、立法程序价值追求的冲突以及相关制度保障机制不健全等因素都制约着法案公开征求意见程序功能的发挥和实践的发展。

1. 立法机关忽视法案公开征求意见程序的重要性

长期受"精英立法"思想影响,思想观念出现偏差,过于重视形式上的政治参与而忽视公众参与立法,形成自我封闭式的立法模式。有些部门出于部门保护主义,担心公开征求意见损害本部门利益,工作中消极对待公开征求意见，立法只从单方面意志出发，并强加于公众，立法过程缺少公众参与。再者，长期受"重实体，轻程序"传统的影响，权利义务设置不对等，增加了执法的难度。另外，立法机关长期奉行效率优先原则，忽视了法律公平正义的价值取向。部分地方未经立法调研即进行立法，一味要求立法速度，拒绝举行立法听证会或者只流于形式。这是对公众参与权的漠视，损害了民主立法原则。

2. 立法程序中民主与效率价值的冲突

合理立法程序以实现民主与效率为天然使命，但两者对立统一，构成了立法程序中的一对基本矛盾，并贯穿立法程序的各个环节。通常，实现民主立法势必意味着立法效率的下降，而立法效率的提高通常会以牺牲民主化为代价。立法程序民主化必然要求利益各方的广泛参与，民主协商、听证论证、公开征求意见，这必然会增加程序的复杂性，投入成本也会增加。民主是立法程序的价值，但制约民主的因素是多样化、复杂化的，绝不可忽略成本效率。事实上，多数立法程序都是民主与效率均衡的产物。某种意义上，程序效率所追求的是以最经济的方式来实现民主。对于两者对立统一的关系，培根关于审判过程中公平与效率关系的比喻可以形象说明："不公平的判断使审判之事变苦，而迟延不决则使之变酸。"[①] 简言之，"程序民主往往更适合于作为立法程序制度建构与运作的定性依据，而定量依据则有赖于程序效率目标，它们在不同类型的立法程序以及同一类型立法程序的不同阶段，往往有着不同的倾斜"[②]。

3. 法案公开征求意见程序的制度保障机制不健全

《立法法》《行政法规制定程序条例》明确规定法案公开征求意见程序是立法发展史上的重大进步，但公众在法律规范层面享有权利并不意味着这种权利在实践中可以当然实现，只有在相关制度保障机制建立健全的情况下才能保障权利行使的有效性。我国法案公开征求意见程序的制度保障机制并不完善。首先，我国现行法律规范关于法案公开征求意见程序的规定过于原则

---

① 《培根论说文集》，水天同译，商务印书馆1983年版，第193页。
② 苗连营：《立法程序论》，中国检察出版社2001年版，第111页。

化，可操作性不强，除了民意代表制制度化程度较高，其他参与体制的制度化程度都较低，公众缺乏制度化法规和程序来保障自己的参与权，这导致公众希望参与立法却难觅具体参与途径。其次，其他相关配套设施不完善，例如立法信息公开制度、立法会议公开制度、法规规章草案的公告制度、立法规划公告制度等不完善，很大程度上限制了公开征求意见程序功能的发挥。最后，缺乏完善的监督救济机制。法案公开征求意见程序能否得到落实，关键在于是否建立向违规人员追究责任的机制，建立完善的监督救济机制是法案公开征求意见程序制度得到落实的可靠保障，对于未按照公开征求意见程序立法的立法机关要追究相关机关和责任人的责任，也可规定此项法律规范可撤销或无效。

六、我国法案公开征求意见程序完善的对策与措施

我国现行立法实践中关于法案公开征求意见程序的探索，总体上来讲有一定的积极意义，基本上体现了该制度设计的目的与价值，基本程序或环节都得到了遵守。结合我国的立法实践以及各国法案公开征求意见程序的运作经验，我国在法案公开征求意见程序制度上应在以下方面进一步完善。

（一）确立统一的法案公开征求意见的程序规则指引或指南

我国《立法法》《行政法规制定程序条例》《规章制定程序条例》等虽然规定了法案公开征求意见制度，但对其具体程序操作缺少规定，有鉴于此，全国人大常委会可以出台一个法案公开征求意见的程序规则指引或指南，一方面确立统一的程序规则，另一方面为各立法主体实施公开征求意见制度提供操作规程。

（二）明确公开征求意见的法案范围

所有实施法案公开征求意见的国家，都有一些例外或保留，即一些法案不宜或不需要采用法案公开征求意见程序。我国宜明确"涉及公民、法人或其他组织切身利益"的判断标准或依据，防止"法案征求意见程序"适用的泛滥，也防止社会公众的"参与疲劳"。

（三）法案公开范围的规范

法案公开是公开征求意见的第一步，但公开什么样的内容各地做法并不相

同。现行一些地方的做法值得借鉴，公告的内容应包括：（1）法案起草的背景资料、制定或修改的目的、必要性及可行性；（2）说明立法对相关人员或者群体可能产生的影响；（3）征求意见的起止时间；（4）公众提交意见的途径；（5）征求意见稿全文或者公众获得征求意见稿全文的途径；（6）联系地址、联系电话、传真及电子邮箱。除这些公开的内容之外，一些立法机关也有许多好的做法，如将法案争议的焦点也予以公开，让社会主体针对这些分歧焦点提供意见或建议，这样更具有针对性，提出的建议或意见更有效，对法案的修改完善也就更有价值。

（四）法案公开征求意见方式的多元化

法案公开征求意见应尽可能采取两种或两种以上方式，而且可以针对受法案影响不同的群体或个人采取合适的方式，防止只采取一种方式如网络平台方式。立法机关要从有效征集法案的意见入手，多采取座谈会、讨论会、听证会方式。还可以借鉴英国的会见、专题小组、公民座谈会、公众座谈会（比公民座谈会人数少、议题相对确定）、商讨性投票、书面咨询等方式。

（五）明晰法案公开征求意见的期限

一些国家如英国确定一个固定的期限，有些国家如加拿大、日本不明确公开征求意见的期限，由立法主体自主决定。我国可以根据立法主体的地位、法案争议的内容、法案的性质设计几种不同的公开征求意见的期限，从而实现统一、规范的法案公开征求意见的期限规定。

（六）明确公开征求意见的及时反馈，设计多种不同形式的反馈渠道

立法主体公开征求意见，不论数量多与少，应该确立及时反馈制度。把及时反馈作为立法机关或征求意见机关的义务规定下来。至于采用什么样的反馈方式可以视征集意见的数量、质量、范围等作出选择，考察各国的一些做法，可采用"电子邮件回复""网络集体回复""争议焦点的建议及采纳情况的统一公开""新闻发言人公布""媒体回应或答复""公开征求意见的摘要报告""征求意见的总结报告公开"等。

（七）加强对公开征求意见程序的跟踪评估与总结

一个完整的公众咨询程序不仅有公众各种形式的评议，还有有关立法部

门对公众参与结果的跟进与评估。"通常的做法是：（1）列出所有受公众参与信息影响的决策事项；（2）界定受影响事项有多大程度的改变；（3）对下一步决策提出建议，并拟定工作计划，将该计划知会公众。"[1] 另外，各实施主体还注重咨询程序的总结与评估，目的是进一步改善公众咨询的方式方法，为今后开展公众咨询活动提供借鉴。

第二节 行政立法公开征求意见程序适用的范围

在法案起草或审议过程中，有关主体将法案的草稿、立法的相关背景资料等向社会公布，从而获取社会公众关于法案的广泛意见，这就是法案公开征求意见的程序制度。世界各国为适应现代社会公众参与立法的需要，为了寻求立法的正当性、合法性以及为获得社会主体的普遍服从，大多采取了法案的公开征求意见制度，我国自2000年通过《立法法》后，立法特别是行政立法公开征求意见程序制度逐步确立，法案公开征求意见的程序活动实施日益频繁，但是如何让这样的程序制度设计与实施更为有效，值得进一步考察。

一、问题的提出

2000年7月1日正式实施的《立法法》第58条规定："行政法规在起草过程中，应当广泛听取有关机关、组织和公民的意见。听取意见可以采取座谈会、论证会、听证会等多种形式。"2002年1月1日起施行的《行政法规制定程序条例》第12条也规定："起草行政法规，应当深入调查研究，总结实践经验，广泛听取有关机关、组织和公民的意见。听取意见可以采取召开座谈会、论证会、听证会等多种形式。"该条例第19条第2款进一步规定："重要的行政法规送审稿，经报国务院同意，向社会公布，征求意见。"同年国务院制定的《规章制定程序条例》第14条、第15条、第21条、第22条、

---

[1] 温守信：《加拿大组织公众参与决策情况述略》，《山东人大工作》2008年第1期。

第23条也规定了规章制定主体在制定规章过程中要广泛征求社会主体的意见。一些地方也通过了如《广州市规章制定公众参与办法》《哈尔滨市政府规章制定程序规定》等，对地方政府规章的公开征求意见程序作出了制度规定。

有了制度的保障与依据，各行政立法主体纷纷开展了法案公开征求意见活动，并在公开征求意见方式的选择等上面作出了多方面的探索，如2007年6月国务院法制办开发了"法规规章草案意见征集系统"并投入使用，一些地方如广东省人民政府法制办、广州市人民政府法制办、山东省人民政府法制办也都建立了规章征求意见的网络平台。据国务院法制办信息中心的统计，截至2009年6月，在31个省、自治区、直辖市政府中，有27个省法制办通过互联网公开征求公众对地方政府规章草案的意见，占87%；在有规章制定权的50个国务院部门中，有17个部门通过互联网公开征求公众对部门规章的意见，占34%。而且法案公开征求意见活动开展比较频繁，2010年，国务院法制办就先后将14件行政法规草案通过中国政府法制信息网以及中央主要新闻媒体向社会公开征求意见。例如，法制办先后两次将《国有土地上房屋征收与补偿条例（征求意见稿）》公开征求意见，引起社会各界高度关注。通过行政法规草案公开征求意见，增强了立法透明度和公众参与程度，取得了良好的社会效果。[①]

实施行政立法的公开征求意见活动，对于我国当前扩大公众的立法参与，提高行政立法决策的科学性与民主性有着特别重要的意义。通过法案公开征求意见活动，可以保障行政立法的正当性、合法性。美国规则分析主义代表人物哈特就认为："就规章制定具有政治合法性而言，它源于受到影响的利益在设计用以确保政府机构决策和理性的程序下，向政府机构提出事实与论据的权利。"同样，公众参与行政规章的制定可以提升规章的权威性，"一项规则为将要受其规制或享有其给予的利益的人共有，规则的可信性与持续性严重依赖于它所赖以形成的信息的精确性和完备性。政府机构设定规则所需

[①] 《国务院法制办公布2010年政府信息公开工作报告》，载新华网，http://news.xinhuanet.com/politics/2011-04/07/c_121276259.htm，最后访问日期：2014年2月20日。

的许多信息依靠公众获取"①。另外，公众广泛参与行政立法，可以广泛集中民智，提升法的民意含量，促进行政法规、规章的有效实施与实现。"公众表达的内容和语气可以帮助规则制定机构规划规则起草过程中所要面对环境，接下来开始的工作是规则的执行。""如果我们记得规则制定并非其自身的结束，而是在法律所明白表示的目标与计划实施所展示的现实之间承担重要的桥梁作用的话，我们就能够更好地把握参与的特殊意义。"②

我国现行行政立法公开征求意见的实践中，行政立法公开征求意见程序设计并不都是很有效，甚至是效果非常不理想。就网络征求意见平台而言，不仅有部分行政法规缺少社会公众的关注，收集的公众意见非常少甚至没有，仅有的几条也对法案的完善无实质意义，一些部门规章、地方政府规章也是如此，如天津市人民政府自2008年以来将《天津市城乡规划条例（征求意见稿）》《天津市畜牧条例》《天津市医疗纠纷处置办法（征求意见稿）》《天津市公共厕所管理办法》《天津市促进检测实验室发展管理办法》《天津市价格检测管理规定》《天津市政府信息公开规定》等在天津政府法制信息网上公开征求意见，征集到的意见大多只有几条，有的甚至一条也没有，法案公开征求意见制度的目标或目的没有达到。

这种情况应该引起我们的反思，为什么设计了这种制度，而实施效果不理想，问题的症结在哪儿，是公众的参与"疲劳"，还是程序制度设计有问题，是参与成本过高，还是缺少参与的动力机制等。原因可能是多方面的。参考各国的法案公开征求意见制度，我国应该认真考察与研究行政立法公开征求意见程序的适用范围是什么，也就是说什么样的行政立法可以采用征求意见程序，什么样的行政立法不用或没有必要采纳公开征求意见程序。如果不应或没有必要采纳该程序，有关主体采纳了这种程序，其效果当然不理想，其实施目标与目的也无从实现。

---

① Phillip Harter, "Negotiating Regulations: A Cure for the Malaise", Georgetown Law Journal 71 (1982), pp. 17-31.
② [美] 科尼利厄斯·M. 克温：《规则制定——政府部门如何制定法规与政策》，刘璟、张辉、丁洁译，竺乾威校，复旦大学出版社2007年版，第176页。

二、行政立法公开征求意见程序适用范围的逻辑基础

在适用同样的法案公开征求意见程序情况下，一些法案能够收集很多社会公众的意见，一些法案很少或几乎没有获得公众的意见支持。一般来说，一部法案获得社会公众的意见数量很少或没有，无非基于这样几种状况：一是行政立法主体没有公布有效的法案资料，让公众无从提出意见；二是行政立法主体公布法案的时间过短，公众来不及提出意见；三是有关法案的内容太专业或涉及专门技术，社会公众无法提出意见；四是公众对该法案漠不关心，不愿意对该法案提出意见；五是公众没有动力或激励机制，不想对法案提出意见；六是公众认为提出意见或不提出意见，对法案影响不大或者没有意义，从而不愿提出意见；等等。我国行政立法主体实施法案公开征求意见程序已有一定的经验，而且在实践的探索中不断完善，法案公开的内容、法案公开征求意见的方式、法案公开征求意见的期限、法案的性质等，有关主体在采取该程序时都作了重要的考量，因此，以上诸种情况在通常情况下并不成立。

从行政立法机关的角度来看，行政立法只是行政机关的一部分职能，行政机关最重要的职能是行政管理，行政立法是为其行政管理服务的。我国现行行政立法的主体有这样四类：（1）国务院，有权制定行政法规；（2）国务院各部、委、直属机构等，有权制定部门规章；（3）省、自治区、直辖市人民政府，有权制定地方政府规章；（4）较大的市人民政府，包括省、自治区首府所在地的市，国务院批准的较大的市以及经济特区所在地的市，这些主体制定的是地方政府规章。

行政立法主体行使着重要的行政管理职能，在很多情况下，行政机关有自己的自由裁量权或紧急处分权，可以对一些行政法案不实施法案公开征求意见程序，或者说，它可以作出决定，一些法案不适宜或者不必要实施公开征求意见程序。

很多国家的法案公开征求意见都设定了程序的适用范围，一般采取排除或例外的规定，对一些事项的行政法案不采用法案公开征求意见程序。关于法案公开征求意见程序适用范围确立的逻辑基础，其背后的决定因素有以下

三个方面。

一是行政成本。行政立法主体实施法案公开征求意见程序与其他立法程序一样,需要花费一定的人力、财力和物力,而且不同的征求意见方式所耗费的成本是不一样的。例如听证程序,"听证需要花费一定的人力、财力和物力,特别是正式听证的程序更加严格和繁琐,花费的人力、财力和物力也就更多"[1]。行政立法机关在考量实施法案公开征求意见程序时,要考虑行政成本这个因素,即行政立法机关承受行政成本的能力,如果它没有这个能力,自然也就不能采纳行政立法公开征求意见程序,甚至于行政立法机关的行政成本承受能力决定了行政立法机关所采取的法案公开征求意见的程序期限、方式方法等,在一些情况下,受行政成本的约束,即使采取了法案公开征求意见程序,其实施效果也可能有所差异。

二是行政效率。行政效率是行政立法机关实施法案公开征求意见的考量因素之一。行政立法机关在一些紧急情况下要采取紧急状态下的行政立法,这个时候行政效率的考量就使得它慎重选择法案公开征求意见程序,即使在非紧急状态下,行政效率的目标追求也会使得行政机关对法案公开征求意见程序的适用作出妥当决策。比如行政立法听证程序的选择,"如果不对立法听证制度对立法机关的工作效率的影响有正确预料的话,将使得立法听证程序花费的时间长,立法机关被束缚于某一项法案的听证程序中,不能有效地对社会急需立法的法案作出积极的反应,就会使得社会因得不到这种法案的有效治理,而遭受重大的损失"[2]。

三是利益权衡。法律是各种利益权衡的产物。"社会主义立法的目的旨在公平合理地分配与调节国家利益、社会利益与社会不同群体的利益和个人利益,以协调社会正常秩序,促使各种不同利益各得其所,各安其位,避免相互冲突,做到相互协调,从而有利于促进社会的发展与进步。"[3] 因此,很多国家在制定涉及国家秘密、国家安全、汇率和货币政策等方面的法案时,多着眼于维护国家秘密与国家安全,保持国家的汇率和货币政策的稳定等,

---

[1] 汪全胜:《立法听证研究》,北京大学出版社2003年版,第145页。
[2] 汪全胜:《立法听证研究》,北京大学出版社2003年版,第145页。
[3] 郭道晖总主编:《当代中国立法》,中国民主法制出版社1998年版,第111页。

而对此类法案不予以公开征求意见。

三、我国关于行政立法公开征求意见程序适用范围的探索

在实施行政立法公开征求意见程序时，有关主体也在思考我国行政立法公开征求意见程序的适用范围。从现有制度规定来看，《立法法》第58条只规定了国务院在制定行政法规时要听取意见，但对于什么样的法案需要听取意见未予以明确；《行政法规制定程序条例》第22条和《规章制定程序条例》第15条都规定法案"直接涉及公民、法人或者其他组织切身利益"才需要公开征求意见。2007年10月，党的十七大报告提出，制定与群众利益密切相关的法律行政法规和公共政策原则上要公开听取意见。问题的关键在于在实践中如何判断法案"涉及公民、法人或者其他组织切身利益"。

一些学者对此问题进行了有益的探索，如有学者认为，以下事项可以免除公众参与或公开征求意见："①涉及军事和外交职能必须保密的。②纯粹属于行政机关内部事务且对私人的权利义务没有影响的。③行政机关有正当理由认定公众参与是不切实际的、没有必要的和违背公共利益的，但必须把这个认定简要说明理由，并载入所制定的法规、规章。"[①] 有专家提出，以下事项可以不需要公众参与或进行法案公开征求意见程序："（1）与公民、法人或其他组织的权利义务无涉的行政立法，如行政机关内部的人事、办公等；（2）紧急事项，国家或某一地区因紧急情况而及时进行的行政立法，可根据行政应急性原则设立；（3）行政机关有正当理由认定由公众参与没有必要或违背公共利益的，在说明理由的前提下。"[②] 以上两种观点有共同的地方，都认为关于行政机关内部事务方面的立法，与公民、法人或其他组织的权利义务没有关系，公众没有必要参与；另外，行政机关有正当理由认为某一法案公众参与没有必要或违背公共利益，在说明理由的情况下，可以免除公开征求意见程序。这两种观点也有不同的地方：第一种观点认为，涉及

---

① 曾祥华：《论公众参与及其行政立法的正当性》，《中国行政管理》2004年第12期。
② 程元元：《立法的公众参与研究》，《重庆工商大学学报（社会科学版）》2005年第3期。

国家秘密、国家安全的事项可以免除公开征求意见程序；第二种观点认为，紧急事项的行政立法可免除公开征求意见程序。这些观点都有一定道理，甚至可以将以上两种观点结合起来，同时，还有两点需要考虑：一是并非涉及公民、法人和其他组织的切身利益都必须采纳法案公开征求意见程序；二是能否明确所有的排除法案公开征求意见程序的适用，或者尽管目前难以做到，能否以列举的方式明确目前能做到的，能够予以免除法案公开征求意见程序的适用。

2007年3月，国务院法制办向国务院领导报送了《关于法律行政法规草案向社会公开征求意见问题的请示》，经国务院领导批示同意的该请示，明确了这样的内容："行政法规草案除涉及国家秘密、国家安全、汇率和货币政策确定等不宜向社会公开征求意见的外，原则上都应当通过《中国政府法制信息网》向社会公开征求意见。"在国务院法制办向国务院各部门法制机构发布的《关于进一步提高政府立法工作公众参与程度有关事项的通知》中，对部门规章公开征求意见的范围也作了规定："直接涉及公民、法人和其他组织切身利益或者涉及向社会提供公共服务、直接关系社会公共利益的部门规章草案，应当向社会公开征求意见，但涉及国家秘密、国家安全、汇率和货币政策确定等问题除外。"国务院一些部门也明确本部门规章公开征求意见的范围，如财政部在2009年《财政立法工作计划》中指出："凡是涉及设置行政强制、行政许可、行政收费，涉及对公民、法人的权利和利益进行限制的，要按照法定程序，公开听取意见，特别是要听取基层群众和行政管理相对人的意见。除涉及国家秘密、国家安全的外，财政规章草案应在网上公开征求意见。"一些地方也规定了法案公开征求意见的范围，如《广州市规章制定公众参与办法》《甘肃省拟定地方性法规和制定政府规章程序规定》。因此，在行政立法实践中，除了涉及国家秘密、国家安全等事项之外，原则上所有的行政立法都需要向社会公开征求意见。

对于涉及国家秘密事项，行政立法机关可以依据《保守国家秘密法》进行判断；对于涉及国家安全事项，行政立法机关也可以依据《国家安全法》进行合理判断。除以上事项外，在立法实践中，还应尽可能地对一些例外事项作出明确规定：一是防止所有法案都进行公开征求意见活动，造成大量的人力、财力、物力的浪费，增加了行政成本，降低了行政效率；二是防止所有法案都进行公开征求意见活动，使得社会公众陷入"参与疲劳"，影响公开征求意见制度的实施效果。

四、美国、日本行政立法公开征求意见程序适用范围

行政立法公开征求意见制度在国外，特别是美国、日本这样的国家，已经有了相对成熟的经验，它们的一些做法可以给我们提供有益的启示。

（一）美国行政立法公开征求意见程序适用的范围

美国行政立法的表现形式是规章，根据1946年制定的美国《联邦行政程序法》第551条第4款的规定："规章是指机关为执行、解释、说明法律或政策，或者规定机关的组织、程序或实务要求，包括批准或规定未来的收费标准、薪金标准、法人体制或财经体制及其改组、价格、设施、器具、评价的服务费或津贴费、成本、会计，以及与上述各项有关的实务而发布的、普遍适用或专项适用并将生效的陈述性文件的全部或一部分。"这种表述强调了规章规范行为的未来性，并以此区别于行政机关的裁决行为。

美国学者将规章分为三种类型：（1）程序性规章，指规范行政机关工作程序的规章，"制定程序性规章是行政机关的固有权力，不论有无明确的法律授权，行政机关都有权制定规范他们自己工作程序的规章"[1]。（2）实体性规章，即行政机关创制实体权利与义务的规章。（3）解释性规章，即对现存的法规进行说明和解释而不作实质性修改的规章。"解释性规章只表明行政机关对一部法律或一部规章的看法，只是用来告诉公众，行政机关对所执行的法律所作的理解"[2]。

根据《联邦行政程序法》的规定，行政立法的公众评议制度仅适用于实体规章的制定，程序性规章与解释性规章被排除在公众评议制度之外："除非法律要求发出通知或举行听证，否则本款不适用于：1.解释性规章、一般政策说明，或者有关机关的组织、程序或实务的规章。"然而并非所有的实

---

[1] 曾繁正等编译：《西方主要国家行政法行政诉讼法》，红旗出版社1998年版，第53-54页。
[2] 曾繁正等编译：《西方主要国家行政法行政诉讼法》，红旗出版社1998年版，第54页。

体规章的制定都需要采用公众评议制度,《联邦行政程序法》规定如果出现以下两种情况,公众评议制度也可以免除:"(一)它是批准或承认对某种限制的取消或免除的实体性规章;(二)该机关有正当理由作出另外的规定,而且此理由应附在该规章中。"

除了政府机关制定的实体规章需要进行公众评议外,《联邦行政程序法》还赋予了政府机关一定的自由裁量权,由政府机关自己决定是否启动公众评议,即存在以下情况政府机关可决定不启动公众评议:"当机关有正当理由认为(并将此认为及其简要理由载入所发布的规章)通知和公众程序不切实际、没有必要或违背公众利益的情况。"这一规定并不是说行政机关不须经过公众评议由自己自由决定,它也必须遵循一定的标准。有学者提出[1],如果规则的修改是"次要的日常澄清,并不会对工业或社会带来显著影响",那么只要具有"良好理由",机构不需要经过通告与评议程序。"良好理由"可以有三类:第一,通告和评议是"不现实"的,因为它所带来的延误可能会阻碍行政职能的正当与及时行使,如安全调查显示新的安全规则必须马上启用;第二,正常程序是"不必要"的,因为有关行政规则是在性质和影响上微不足道的日常决定,不会对社会和工业产生任何后果,公众也不会对其变动感兴趣;第三,"公共利益"要求避免通告和评议程序,否则规则的目的就不可能实现,如规则的公布将允许金融机构实现规则所要防止的市场操纵。

(二) 日本行政立法公开征求程序适用的范围

日本一般通过具体列举的方式明确排除法案公开征求意见程序的适用。日本内阁制定的《为制定、修改、废除法规征求公众意见的程序》第3条第1款规定了一种类型的行政立法不需要采用意见公募程序,即:"若某一行政机关发布的最终命令采纳了另一行政机关依照与本程序基本规定相同的程序所发布命令的实质内容,即使该最终命令通常应受本程序规定管辖,前一行政机关可不必遵守本程序规定。"这一规定被2005年修订的《行政程序法》所采纳,《行政程序法》规定更加全面,其第39条第4款规定了八种情形

---

[1] 张千帆:《美国简易立法程序的司法控制》,《行政法学研究》2006年第4期。

下，可不适用意见公募程序，即公开征求意见程序：（1）因公益之需要，有紧急制定命令之必要时可不适用；（2）因缴纳金钱方面之法律制定或修改，在要制定关于计算该缴纳金钱数额的款额及比率还有计算方法的命令以及制定确定该法律施行必要事项的命令时可不适用；（3）预算中决定支付金钱款项时，计算该支付金钱数额、比率及计算方法就成为必要，那么在要制定金钱数额、比率及计算方法的命令时可不适用；（4）依据《内阁府设置法》和《国家行政组织法》规定而确定的命令，另外作为调整具有相反利害关系当事人之间利益为目的，依据法律或政令，经过由分别代表各自当事人及公益委员会组成的委员会之审议制定政令命令时可不适用；（5）制定与已制定命令实质上为同一命令时可不适用；（6）对于基于法律规定之法令适用或准用，制定确定必要技术性解读的命令时可不适用；（7）作为命令等制定依据的法令废止，该命令随之废止可不适用；（8）制定以政令以轻微情势变更所作规定为内容的命令等时可不适用。日本2005年12月15日发布的1751号《时事法令》刊载的《法令解说：公众参与程序的法制化》一文对此作了说明："即使是对于直接关系到国民权利及义务的命令等，也因为个案的具体情况的不同而使得命令制定机关难以履行公开征求意见程序的义务。如果将这样的义务强加于命令制定机关，则缺乏合理性和必要性。"《行政程序法》规定的八种情况恰恰说明了"若强制履行公开征求意见程序义务，就会给行政运转带来障碍，难免会给国民生活造成不好影响"。[①]

日本《行政程序法》规定一些行政立法事项可以免除意见公募程序基于这样两个理由：一是若命令制定机关无能力实施意见公募程序，可免除此项义务；二是运用利益权衡标准，当履行程序对行政运转带来障碍、给国民生活带来不好影响时，可免除此项义务。

美国、日本法案公开征求意见程序对行政立法作出分类，如行政程序性规章以及解释性规章（在我国称之为执行性立法）可不采用公开征求意见程序；即使是实体性规章，对其一些事项也可以作出免除公开征求意见程序的适用。日本的做法则更为明确，直接通过列举的方式明确哪些行政立法事项

[①] 吴浩主编：《国外行政立法的公众参与制度》，中国法制出版社2008年版，第480页。

排除该程序的适用，其根本的理由与依据在于行政机关有自己的自由裁量权力，如果行政机关认为适用该程序缺少合理性与必要性，就可以不适用法案公开征求意见程序。

五、我国行政立法公开征求意见程序适用范围的构想

考察我国行政立法公开征求意见程序适用的范围，首先得明确我国行政立法的权限范围。我国行政立法的形式主要有两种，即行政法规与规章，规章又包括部门规章与地方政府规章。

根据我国《立法法》的规定，行政法规的立法权限在于：（1）为执行法律的规定需要制定行政法规的事项（称之为执行性立法）；（2）符合《宪法》《立法法》《组织法》规定的行政管理事项，但属于国家专属立法权的事项除外；（3）全国人民代表大会及其常务委员会特别授权国务院规定的事项。

部门规章的立法权限在于：（1）为执行法律或者国务院的行政法规、决定、命令的规定需要制定规章的事项（属于执行性立法）；（2）法律或国务院行政法规、决定、命令规定由有关部、委、直属机构作出规定的事项。

地方政府规章的立法权限在于：（1）为执行法律、行政法规、地方性法规的规定需要制定规章的事项（执行性立法）；（2）属于本行政区域的具体行政管理事项。

由以上分析可知，无论什么样的行政立法主体都有一个共同的行政立法权限，即执行性立法，国务院制定的《个人所得税法实施条例》、甘肃省制定的《甘肃省实施〈中华人民共和国渔业法办法〉》等都属于执行性立法。执行性立法主要是对上位法作进一步解释，并结合本地实际作出的具体规定，更加具有可操作性，从其内容来看，类似于美国的"解释性规章"，属于对现存的法律法规进行说明和解释而不作实质性修改的行政立法。若上位法的立法主体在制定法案的过程中已经进行过公开征求意见，下位法的立法主体在制定该法的具体实施办法或实施意见时，可不启动法案公开征求意见程序。实际上这种情形在我国现实立法实践中已发生过，第十一届全国人民代表大会常务委员会第二十一次会议于 2011 年 6 月 30 日通过了新修

改的《个人所得税法》，2011年7月19日时任国务院总理温家宝签署第600号国务院令公布了新修改的《个人所得税法实施条例》。前者在修改时已启动了公开征求意见程序，后者对上位法的内容没有作实质修改，只是规定得更为具体，后者则不需要重新启动法案公开征求意见程序。

除了执行性立法，在上位法立法主体已进行过法案公开征求意见活动后，执行性立法主体不需要启动新的法案公开征求意见程序。行政立法机关还有一项职权性立法权，即为了行政管理的需要而制定行政立法的事项，同时国务院还有授权立法权，即接受全国人民代表大会及其常务委员会的委托而制定行政法规的事项。针对这样的立法事项，既应尊重国内现有法律的规定，又可借鉴美国、日本等国的做法，对不需要启动行政立法公开征求意见程序的事项作出明确的列举规定。

我国现行行政立法实践中已明确以下事项不需要实施法案公开征求意见活动：（1）涉及国家秘密的事项；（2）涉及国家安全的事项；（3）涉及汇率及国家货币政策的事项。另外在实践中，有学者提出的"纯粹属于行政机关内部事务且对私人的权利义务没有影响的"事项，这包含了类似于美国的"程序性规章"，也就是规范行政机关工作程序的规章，还有纯粹属于行政机关内部人事、财政等方面的事项，都可以免除公众参与；还有学者提出的"紧急事项，国家或某一地区因紧急情况而及时进行的行政立法，可根据行政应急性原则设立"也应免除法案公开征求意见程序，这一条类似于日本《行政程序法》规定的第一种情形，即"因公益之需要，有紧急制定命令之必要时可不适用"。还有学者认为："行政机关有正当理由认定公众参与是不切实际的、没有必要的和违背公共利益的，但必须把这个认定简要说明理由，并载入所制定的法规、规章。"这种观点实际上借鉴美国基于"良好理由"，行政机关在制定规章时可免除"通知—评论"程序。这样的规定，我们认为是一个弹性条款，赋予行政机关以一定的自由裁量权力，"行政机关有正当理由认定公众参与是不切实际的、没有必要的和违背公共利益的"，由行政机关决策是否启动法案公开征求意见程序。

由此，可以对我国行政立法公开征求意见程序适用的范围作出如下规定，行政立法原则上都需要实施法案公开征求意见程序，但涉及下列事项时，行政机关可以不启动法案公开征求意见程序：第一，行政机关在行使执行性立法权时，如果上位法立法主体已就此事项进行过法案公开征求意见活动，则行政机关不需要就同样事项启动法案公开征求意见程序；第二，涉及国家秘密的事项；第三，涉及国家安全的事项；第四，涉及汇率及国家货币政策的事项；第五，纯粹属于行政机关内部事务且对私人的权利义务没有影响的事项；第六，紧急事项，国家或某一地区因紧急情况而及时进行的行政立法，可根据行政应急性原则设立；第七，行政机关有正当理由认定公众参与是不切实际的、没有必要的和违背公共利益的，对于这个认定必须简要说明理由，并载入所制定的法规、规章。

第三节 建立我国法案公开征求意见的回应机制

法案公开征求意见是现代社会为保障立法科学化、民主化所采取的公众参与立法活动的重要举措。现代世界很多国家如美国、英国、日本、加拿大都注重建立完善的法案公开征求意见的程序机制，一般都包括公告、评议、回应等环节。我国法案公开征求意见程序还处于不断探索的实践过程中，特别是回应机制的缺乏已影响到法案公开征求意见制度的实施效果。

一、我国法案公开征求意见回应机制的缺失

我国法案公开征求意见活动在2000年以前就进行过，最早的如1954年《宪法》起草过程中的公开征求意见活动。1954年6月15日，宪法草案向全社会公布，征求意见历时2个多月，参加讨论的达到1.5亿多人，提出大量的修改意见。宪法起草委员会对原来的宪法草案进行了修改。但是大规模的法案公开征求意见活动是在2000年通过《立法法》之后。2000年3月15日通过的《立法法》第34条、第35条、第36条规定了全国人民代表大会常务委员会在制定法律时要听取有关机关、组织、专家以及社会各方面的意见。该法第58条则明确规定："行政法规在起草过程中，应当广泛听取有关机关、组织和公民的意见。听取意见可以采取座谈会、论证会、听证会等多种形

式。"2001年11月16日国务院通过的《行政法规制定程序条例》第12条、第19条第2款、第20条、第21条、第22条规定了国务院在制定行政法规过程中需广泛征求社会意见；同年国务院制定的《规章制定程序条例》第14条、第15条、第21条、第22条、第23条也规定了规章制定主体在制定规章过程中要广泛征求社会主体的意见。一些地方也通过了对地方立法的公开征求意见作出了制度规定，如《北京市人民政府法制办公室关于地方性法规规章草案公开征求意见的若干规定》《广州市规章制定公众参与办法》《哈尔滨市政府规章制定程序规定》。

近几年我国法案公开征求意见活动开展得如火如荼。2005年物权法草案公开征求意见收集到1万多条意见，劳动合同法收到的意见数量超过19万条，2011年个人所得税法修改案收到的意见数量更是超过23万条。一些立法主体纷纷开办网络公开征求意见平台，如2007年6月国务院法制办开发了"法规规章草案意见征集系统"。截至2009年5月，共有《科学技术进步法》《职工带薪年休假条例》《劳动合同法实施条例》等41部行政法规草案通过系统向社会公开征求意见，征求意见工作得到了社会的广泛响应，共有26489名网民应用此系统参与行政法规的意见征集活动，发表意见总数达173427条。现在国务院制定的所有的行政法规以及国务院各部门制定的部门规章都在该系统上发布，向社会公开征求意见。地方性法规、自治条例、单行条例、地方政府规章等都开展了法案公开征求意见活动。

然而我们也要看到，除了部分法案能够引起公众的积极参与与反应外，多数法案获得公众参与的意见数量很少。造成这种现状可能有很多原因，"一个重要原因在于公众参与立法是希望自己的意愿能在立法中有所体现，而回应机制的缺失会使公众产生无人关注的'错觉'，最终出现'你说你的，我说我的'的尴尬局面"[①]。

回应，英文表述为"responsiveness""reaction"，其基本含义是回答、反应、应答、反馈。在现代政治体制主张公民广泛参与决策和公共权力日益回

---

① 骆沙：《专家建议健全反馈机制 激发公众参与立法的热情》，《中国青年报》2010年10月23日，第4版。

归社会的运动中,"回应"是指"多元主体在一定社会结构中基于共同利益、诉求的应答、认同、实化及实践的互动过程"[①]。法案公开征求意见的回应机制是有关主体为回应、反馈公众参与而采取的一系列手段、方法等的完整制度措施。

法案公开征求意见回应机制缺乏既有制度根源,也有政府部门认识以及观念上的根源。

从制度上看,不论是《立法法》还是《行政法规制定程序条例》《规章制定程序条例》等,都只是原则性地规定立法要公开征求意见,对法案公开征求意见的程序缺少设计,更谈不上对回应机制作出规定。考察我国现有的制度规定,除了2007年1月1日起实施的《广州规章制定公众参与办法》规定了回应机制外,其余对公开征求意见的回应机制都没有作出规定,实践中各立法主体的做法也不一致,但能做到积极回应的都很少,更别谈有完善的回应机制。

政府部门认识上或观念上的不足恐怕也是重要原因,总结起来有这样几个方面:第一,没有制度的硬性规定,可回应可不回应,认为它不是政府部门实施法案公开征求意见所应当履行的义务;第二,征求意见数量过多,没有办法进行有效回应,所以就不回应;第三,法案公开征求意见只是一种形式,政府部门听取与否是政府部门自己的事,没有必要对公众的意见进行回应;第四,回应成本过大,政府没有承受能力,为降低立法成本,有关主体就不作出回应;第五,征集的意见数量过少、有价值的更少,没有必要进行回应。

除了制度上的原因和政府部门观念或认识上的不足,最重要的根源是没有将回应机制理解为完整的法案公开征求意见程序中的一个重要环节,认为可有可无。一个完整的法案公开征求意见程序,至少包括公告、评议、回应三个环节,而我国现在法案公开征求意见活动更多地关注前两个环节,而忽视第三个环节。

---

① 戚攻:《社会转型·社会治理·社会回应机制链》,《西南师范大学学报》2006年第6期。

二、建立法案公开征求意见回应机制的必要性与价值

我国法案公开征求意见程序还处于探索过程中，一些国家的成熟做法可以给我国建立与完善这样的程序机制以有益的启示。

美国1946年制定的《联邦行政程序法》确立了"通告—评议"程序，包括公众评议前的通知（即通告）、公众评议的方式、公众评议的期限以及公众评议的总结与回复等环节。

加拿大通过《内阁关于法规规范化的指令》《规制程序指南》《司法部公众参与政策声明及指南》《有效的规制咨询指南》《规制咨询指南》等文件，确立了加拿大立法过程中公众咨询的一般步骤，包括：（1）明确立法公众咨询的目标；（2）制订可行的立法公众咨询计划；（3）发布咨询通知，明确公众评议期限；（4）形成咨询报告；（5）反馈公众意见；（6）评估咨询程序。

英国2000年通过的《咨询实务准则》以及2004年修订的《咨询实务准则》明确了英国立法过程中公众咨询的基本程序：（1）决定咨询并确定规章咨询的目标；（2）制订咨询计划；（3）进行咨询准备活动；（4）实施咨询活动；（5）反馈咨询意见；（6）评估咨询程序。

日本内阁于1999年3月23日颁布的并于2000年12月26日修订的《为制定、修改、废除法规征求公众意见的程序》以及日本国会2005年修订的《行政程序法》对日本行政立法的意见公募程序作出了规定：（1）行政机关发布公示，包括公示的资料范围、公示的时间、公示的方式以及其他说明等；（2）行政机关宣传及征集意见；（3）行政机关考虑公众意见并反馈结果。

从各国确立的法案公开征求意见程序来看，政府的回应或反馈是必不可少的环节或内容，缺少这个环节或内容，则该程序是不完整、不完备的。我国目前在这个环节与内容上有所欠缺，这种状况应尽快改变，并探索建立完善的法案公开征求意见回应机制。在我国当前确立这样的机制，有现实必要性及其价值：

第一，"公众导向型政府"的内在要求。"公众导向型政府"是现代新公共管理理论所确立的理念，一些国家已将其付诸实践，如美国的"顾客至上""顾客导向"政府服务流程再造；英国的"公民宪章"运动等，我国也

在不断倡导建立"亲民政府",强调政府服务的公众满意度。"公众导向型"政府要求政府部门回应社会的需要、公民的需求,对社会的需要、公民的需求能做到及时的、有效的回应。

第二,"责任政府"的内在要求。现代各国都在塑造"责任政府"形象,"政府的产生是公众意愿契约化的结果,政府的一切措施需以民意为根据,它的行为要对公众负责"[1]。因此,政府必须回应公众的基本利益诉求并采取积极措施予以满足。在法案公开征求意见过程中,公众的意见是他们的一种利益表达与诉求,这种表达与诉求需要政府部门尽可能尊重与满足。休斯指出:"公民与政府的关系可以看成是一种委托—代理关系,公民同意推举某人以其名义进行治理,但是必须满足公民的利益并为公民服务",所以"政府与公民之间的关系就形成了责任机制"[2]。

第三,"善治政府"的内在要求。"善治就是使公共利益最大化的政治管理过程。善治的本质特征,就在于它是政府与公民对公共生活的合作管理,是政治国家与市民社会的一种新颖关系,是两者的最佳状态。"[3] 也就是说,在国家立法及公共决策过程中,要形成政府与公众的互动,立法与公共决策要吸纳民意、契合民意。没有政府部门的回应,公众如何得知其利益诉求是否得到满足与接受。"回应的基本含义是:公共管理人员和管理机构必须对公民的要求作出及时和负责的反应,不得无故拖延或没有下文。在必要时还应当定期地、主动地向公民征询意见、解释政策和回答问题。回应性越大,善治的程度也就越高。"[4]

第四,保障公众参与立法的积极性。公众一般比较关注立法机关对其所提意见的处理情况,都希望自己的意见能够得到重视。如果公众没有及时得到立法机关对自己意见和建议的认可或反馈,会在主观上认为立法机关并没有采用自己的意见和建议,因而会对立法机关产生不信任或者失去信心,在以后的参与过程中就会消极应对,这样造成的恶果便是在立法过程中,公众

---

[1] 李伟权:《政府回应论》,中国社会科学出版社2005年版,第69页。
[2] [澳]欧文·E.休斯:《公共管理导论》,中国人民大学出版社2001年版,第268页。
[3] 俞可平主编:《治理与善治》,社会科学文献出版社2000年版,第8页。
[4] 俞可平:《权利政治与公益政治》,社会科学文献出版社2000年版,第118-119页。

提出的意见和建议会越来越少，立法公众参与便会流于形式，而没有实际的价值。

三、法案公开征求意见回应机制的模式结构

法案公开征求意见的回应机制是一套完整的模式，包括回应的主体、回应的对象、回应的方式、回应的期限以及回应的救济等。

（一）回应主体

我国法案公开征求意见活动一般发生在两个阶段：一是法案的起草阶段；二是法案的审议阶段。法案的起草既有可能是立法主体或其组成机构起草，也有可能是立法主体委托的其他机构或组织起草，但法案的审议就是立法主体本身，在我国还没有法律规定或授权其他主体可以审议法案。

不论是在法案的起草阶段还是在法案的审议阶段，一般谁启动了法案公开征求意见程序，谁就是回应的主体，或在法案公开征求意见公告或通知中明确地接受意见的主体应是回应的主体。

但在一些特别的情况下，受立法机关的委托，一些组织或机构可以成为接受意见或回应意见的主体，全国人大常委会在启动《个人所得税法》修改时，专门授权国家税务总局征集意见并对意见作出回应，最后形成征求意见的报告报送全国人大常委会。

通常，回应是一种动态的过程，特别是在设计的互动平台上，有关征求意见主体与社会公众可以在征求意见的平台上互动，此时双方在这个交互发表或答复过程中就是一种双向主体，公众可以作为向政府部门发表意见的主体，而在公众提意见的情况下，作为答复或反应的政府部门就是回应的主体。

（二）回应的对象

法案公开征求意见的方式有多种，问卷调查、讨论会、座谈会、听证会等，不同方式参与的主体不一样，有关公开征求意见的主体回应的对象有所区别。法案是面向公众公开征求意见，是"公众参与"立法的行为。"公众"通常指具有共同的利益基础、共同的兴趣或关注共同社会问题的社会大众与

群体。1991年2月25日，联合国在芬兰缔结的《跨国界背景下环境影响评价公约》中对公众一词作出这样的界定，"公众是指一个或一个以上的自然人或者法人"。1998年，欧洲经济部长会议在丹麦奥斯签订的《公众在环境事务中的知情权、参与决策权和获得司法救济的国际公约》第2条第4项规定，"公众是指一个或一个以上的自然人或者法人，根据各国立法和实践，还包括他们的协会、组织或者团体"①。常见的回应对象有：（1）公民个人。作为分散的公民个人也可以对法案提出意见，特别是在网络平台上，每个公民个体凭借自己的认知对法案发表意见。（2）专家。特别是召开座谈会、论证会时，有关机关邀请的一些专家成为公开征求意见的回应对象。（3）社会团体、行业协会、非政府组织或非营利性组织等。"在当今组织化的社会中，个人的力量显得卑微渺小，个人的声音更是微不足道，个人的行动经常会受到各种组织强大的压力，社团组织凭借组织优势和拥有的物资、人际关系等资源来在决策过程中赢得'话语权'，是公民更有力的参与方式。由于现代社会的高度分化的特征，统一的表达和参与方式无法适应复杂的现代社会多元价值取向，需要有更多的团体来进行分门别类的、专业化的社会表达和社会参与。另一方面，个人参与组织，参加组织的活动，遵守组织的规程，是在小团体内接受道德、能力等各方面教育和锻炼的机会。"②

（三）回应的方式

回应方式是回应机制中最为重要的环节。加拿大在回应方式上有成熟的做法，"常见的回应方式有四种：一是在公众咨询结束后，由主持人及时给每位参与者发感谢信；二是将咨询报告寄送所有的参与者，并说明他的意见是否被采纳，或解释没有被采纳的理由；三是邀请在咨询过程中提出建设性意见的公众参加起草正式文件；四是保存并公布（也可以是在一定范围内的公开）收集到的公众意见（包括书面陈述和口述笔录）。最后，除涉及机密或敏感问题的内容外，咨询报告一般应公开发表，或放在互联网上供公众查

---

① 李艳芳：《公众参与环境影响评价制度研究》，中国人民大学出版社2004年版，第2-3页。
② 向玉琼：《协商民主与公共政策合法性的提升》，《理论导刊》2007年第4期。

阅"①。美国政府部门通常采用两种方式反馈:"(1)共同性意见,行政机关采纳了多少,未采纳多少,采纳和未采纳的理由,一次性在联邦或者州登记上公布;(2)个别意见,采纳和未采纳的理由单独向意见提供者反馈。"②

我国上海、广州在制定地方政府规章征求意见时形成了两种回应方式:第一,集中回应(或概括式回应),通过媒体或编印通报、简报等形式,或在立法起草说明或立法审查报告中,集中概括地公布对公众意见和建议的采纳情况。这种方式工作量相对较小、行政成本低,效率高。第二,单独回应(或逐一回应),对特定的立法意见或建议,或者对有研究价值的重要的立法意见或建议,特别是各种反对意见,通过信函、邮件、电话、短信、传真等形式,告知采纳情况并说明理由。这种方式相对工作量较大,行政成本高、效率低。

当今社会已经进入信息化时代,我国相关的立法机关都有自己的专门网站,有的已开设了网络征求意见平台,网络平台已成为政府和公众进行沟通的便捷方式。根据欧盟委员会制定的《欧委会向利益相关人进行咨询的一般原则和最低标准》的要求,公众意见将在互联网上公布,通过其他形式咨询得到的意见也将尽可能地公布在网站上接受公众监督。我国目前也具备了该条件,公众所提的意见、对公众意见的分析与整理、对意见的采纳与不采纳的理由说明、整个征求意见情况总体报告等都应在网络上公布。

(四) 回应的期限

很多国家对公众所提的意见应做到及时回应。美国《联邦行政程序法》第553条第4款规定,实体规章在生效之前必须有不少于30天的公众评议期,在评议期结束后15天内要对公众的意见进行反馈或回应。我国现行法案公开活动一般规定公众提出意见或建议的期限,对政府机关的回复或反馈没有作出规定。2007年广州市政府制定的《广州市规章制定公众参与办法》第11条规定:"市政府法制机构应当在收到公众意见之日起45日内或者收到相

---

① 蔡晨凤、李春华:《加拿大决策过程中的公众参与》,《人民与权力》2008年第2期。
② 高存山:《美国规章制定程序对我省地方政府立法的启示》,《〈WTO法与中国论坛〉文集——中国法学会世界贸易组织法年会论文集(二)》。

关部门回复意见之日起 15 日内将处理意见通过市政府法制机构网站公开；市政府法制机构应当在收到公众意见之日起 5 日内通过市政府法制机构网站公开公众意见。"这是一种很好的尝试。

(五) 回应的救济

政府部门对公众意见作出的回应、答复或反馈应是政府部门的一项义务。得到回应是公民参与国家立法的一项权利，既然是权利，不仅应当尊重，而且在权利受到损害时应有一定的救济渠道。目前我国还没有这种制度，可以考虑通过完善我国现行的法规规章和规范性文件的备案审查制度和行政复议制度，对未经法定的公开征求意见程序或未能对公众意见进行有效回应的立法，允许公众向制定机关或其上级机关或者相关国家权力机关提出纠正的意见；或者由上级机关要求公开征求意见的国家机关给予公众意见答复或回应的期限，甚至强化责任约束，保障公众意见得到反馈或回应的权利。

四、关于建立健全我国法案公开征求意见回应机制的构想

我国法案公开征求意见活动已全面展开，各立法主体也都将法案公开征求意见程序纳入立法程序中，成为我国立法过程的一个不可缺少的环节。应在总结实践经验的基础上，逐步建立健全我国法案公开征求意见程序，包括法案公开征求意见回应机制。针对我国目前的立法实践，宜进一步建立与完善如下措施。

(一) 强化制度约束

现行的法案公开征求意见活动多停留于实践，还没有将实践中成功的经验通过制度确立下来，但是已经有一些地方做出这种尝试，如广州市人民政府已于 2007 年 1 月 1 日开始实施《广州市规章制定公众参与方法》、重庆市人民政府也于 2011 年 6 月开始起草《重庆市行政立法公众参与办法》，对法案公开征求意见程序予以规范，对法案的公开征求意见回应机制也予以明确。这远远不够，因为我国多数立法主体尚没有建立这种制度，没有将公众参与立法、政府回应作为公民权利、政府义务确立下来。从全国人大常委会到国务院、国务院各部门乃至享有立法权的地方人大及其常委会和地方人民政府

都应通过制度明确法案公开征求意见程序，或者全国人大常委会对法案公开征求意见程序作出明确规范，其他立法主体一体遵行，实现我国法案公开征求意见程序的规范化、统一化。

（二）建立正当化的理念

现代社会倡导公众参与的民主，对政府机关而言，需确立"公众至上""顾客至上""服务型政府""责任型政府""公众参与型政府"等理念，明确"公众参与"是公众享有的权利，政府部门对其利益诉求的反馈或回应是政府部门的义务。同时在建立健全法案公开征求意见回应机制时，应确立"公开""公正""及时""准确"的理念。公正要求法案公开征求意见的机关应当平等地对待所有意见，注意克服偏重政府部门或利益团体意见的倾向。公开要求对公众的意见、公众意见的处理情况、公众意见采纳或不采纳情况、公众意见总结报告等，除确需保密的以外，一律予以公开。及时要求政府部门在回应或反馈公众意见时应做到迅速处理、不延误、不拖拉，在规定期限内完成。准确要求征求意见的机关对公众意见、公众意见的处理、公众意见的采纳或不采纳情况、公众意见的总结报告等应当准确，防止误解公众的意见或对公众的意见加以修正或处理。

（三）创新回应方式

2007年，国务院法制办借助计算机和互联网技术，开辟出了"行政立法草案意见征集管理系统"，该系统实现了对意见的自动整理和加工、分类统计功能，方便了政府立法工作人员准确收集公众意见，科学分析公众需求，回应或反馈公众的意见，同时也便于社会公众提交意见。不仅如此，还可以实现政府与公众的互动与回应。在现代社会，"无纸化"办公时代的到来以及为满足提高行政效率、降低成本等，网络的公开征求意见平台需进一步完善。当然，传统的电视、广播、报纸等也可以作为公开征求意见的平台。

（四）完善回应的内容

根据法案公开征求意见程序的要求，应完善回应的内容。政府部门回应的内容应至少包括四个方面：一是公众意见登记公开制度。收到公众意见后，公开征求意见的机关应当进行登记，并通过其政府网站向社会公开。二是意见处理公开制度。政府机关对收集的公众意见要遵从"尊重多数、保护少数"的原则，对公众集中反映的问题，应当引起高度重视；对大多数公众的一致意愿，应当予以足够尊重；对少数公众的合理意见和正当利益诉求，必须予以充分考虑和必要的决策倾斜，要真正做到各方利益的平衡与协调。政府要将意见的处理方式、处理结果甚至处理的程序都在网络上公开，接受社会公众的监督。三是说明理由制度。行政立法工作机关应当汇总公众参与情况说明，介绍公众参与方式、公众意见概述以及公众意见的处理情况及理由，不仅将其提请审议机关进行审议，而且通过一定方式予以公开。四是公众意见回应或反馈制度。不论是集中回应还是逐一回应，应当就公众所提的意见作全面、准确的回应。

第四章

法案公开征求意见的方式选择

第一节 法案公开征求意见方式的兴起

众所周知,改革开放以来中国社会最重要的变化之一,就是社会利益格局的多元化形成。概括而言,这一多元化的利益格局主要表现在:(1)由于经济领域的市场化改革,除传统的公有制经济外,私营经济、混合所有制经济也逐渐兴起,成为国民经济的重要成分,多元经济主体格局形成。不同的经济成分带来不同的社会交往方式和权益诉求,原先人与人之间单一的"同志"关系,国家与社会之间单向的"控制"关系、城乡之间的"静态"二元关系逐渐松动。经济活动参与主体的多元化导致了利益需求的多样化。(2)市场化也寓意着一个社会分层的过程。经济交往方式的改变深刻地影响乃至冲击着原先社会各阶层的身份认同。社会阶层日益分化,传统的工人、农民、知识分子等群体之间的界线及内部构成愈加含混,新工人、新农民、城市中产阶层等代表新秩序的力量广泛兴起。中国社会陷入了大规模的阶层重组。(3)随着当代社会生活的主题向"经济""市场""发展"转变,原先被发现、被整合进政治话语中的区域问题逐渐进入普通公众的视野。社会格局的多元化不仅表现为社会成员之间的阶层划分,而且还表现为地区与地区之间的分化与失衡。由此,区域关系、府际关系、民族关系也开始大规模地进入相关议程。(4)除了社会经济的变革以外,法制建设、权利意识、公民观念的兴起,也在相当程度上推动了利益格局的多元化,保证了人们在市场社会中自由选择人生目标、生活方式、价值观念的正当性。透过当前广泛争议的个人利益与国家利益、一代人的正义与多代人的正义、经济增长与环境保护等诸多冲突可以看出,价值观念的多元化实际上巩固、加深了利益格局的多元化。

这种利益格局的多元化不仅改变了市民社会的构成,而且推动了国家治理的制度逻辑以及合法化方式的转变。可以说,当前我国国家治理所面临的一个主要问题,就是在利益格局多元化的条件下制度供给不足。就其表现来看,这种制度供给不足是多方面的。

第一,制度的生命力在于其对环境变化的适应性,即其在社会变迁中能否利用规则、原则、程序来及时回应社会需求。面对当前急剧的社会变迁以及利益格局的多元分化,当前的国家治理仍然保持着一元化的权力体系,政府主导的集权式治理模式仍旧占据主导或统治性的地位。分权、自治、民间的、多元主体等因素的相对缺失,再加上立法机关的"有界理性",导致其对制度需求的把握程度较低,制度供给的动力和灵活性欠缺,制度评估与反馈机制匮乏,由此导致其制度供给方式单一,效果滞后,不能有效解决多元化的利益纠纷和冲突。

第二,粗放型的制度供给导致制度的政治经济绩效不足。设计精良的制度框架能够发挥规范人们行为、降低交易费用、确立政治认同的功效,但由于当前的制度供给很大程度上还属于一种"粗放型经营",即只单方面注重立法的数量,而忽略其质量,导致实践中很多制度设置并未与社会经济的变化很好地"衔接",难以对社会关系进行有效的调整与建构。加之社会变迁的速率过快,新制度的规范效能尚未完全发挥,往往就必须随着情势的变更而修、改、废,这既干扰了人们对制度安排的预期,又破坏了整体制度结构的安定性。面对人们权利诉求的日益多样化和利益需求的升级,相关的制度供给仍然以经济增长为中心,忽略了人们日益增长的对基本公共用品和公平公正的需求,导致社会转型困难。总之,这种粗放型的制度供给方式不仅耗费了大量的社会资源,而且破坏了法律秩序和国家治理的制度体系的稳定性,加剧了制度供给与多元化的社会需求的脱节。

第三,制度供给的合法性水平较低,难以获得多元利益主体的公共认同。制度的有效性很大程度上取决于其自身的合法化能力和程度,即其能否获得社会民众的公共接受;如果一项立法或制度安排片面注重单一目标取向,不能实现公共利益、反映居民们的普遍意志，那就很难获得社会主体的广泛认同，因而也就无法克服社会合作中的"搭便车"和"法律规避"难题。制度供给的合法性基础薄弱所造成的另一层后果是制度的权威不足。制度在现实生活中权威不足，就不能对公共权力的行使施加有效的制度约束，导致权力失去约束，公权力部门过度干预公民的私生活领域。

因此，立法作为最主要的制度创新手段，在一个日益多元化的社会中面临多重难题：在利益与价值多元化的条件下，如何为制度设计确立一个共同可接受的基础？在国家治理体系日益现代化和民主化的背景中，如何才能保证立法所创设的制度的合法性？在运用公共协商而非政治权威追求共识的语境中，怎样才能确保立法共识的稳定性，以及在多元纷乱的意见对立中提升共识达成的效率？党的十八届四中全会通过的决定指出要"拓宽公民有序参与立法途径，健全法律法规草案公开征求意见和公众意见采纳情况反馈机制，广泛凝聚社会共识"。可以说，加强立法的体制机制建设，是回应上述难题的关键。

"法案公开征求意见"是一项能够应对上述难题的机制。法案公开征求意见活动作为实现公民或公众参与立法的重要形式，其宗旨就在于实现立法的民主化和科学化，确保立法能够在复杂的利益格局中通过汇聚多方意见，共同协商达成共识，真正反映公共利益。法案公开征求意见是在社会多元分化的条件下增强立法对社会需求的制度回应能力的重要举措。

从比较法的角度来看，西方许多国家也都采取了类似征集公众意见的制度，如美国立法过程尤其是行政规章制定过程中的公众评议制度、英国立法过程中的公众咨询制度、日本立法过程的公开募集意见程序制度等。这些国家在法案公开征求意见方面的制度建构上起步较早，在实践中也积累了较多的经验，有很多方面的东西值得我们借鉴。然而，法案公开征求意见的方式在很大程度上取决于一国的经济发展水平、民主发展程度、公民立法参与的渠道、立法者的政策选择以及相关的配套设施是否完善。因此，立法机关或法案起草机关需要采取什么样的方式才能实现更好的效果，就是值得认真研究与探讨的问题。

第二节　我国法案公开征求意见方式的探索实践

一、我国现行法律文本中的法案公开征求意见方式

我国法案公开征求意见的活动应该说从新中国成立以后我国第一部宪法，即1954年《宪法》制定时就开始了，宪法的制定，"不仅在宪法修改委员会内充分发扬了民主，多次深入讨论，集思广益，而且多次广泛地征询了中央各部门、国务院各部门和各省、自治区、直辖市党政机关的意见；多次广泛征求了党外人士、各类专家的意见，并发动、组织亿万群众进行了数月的全民讨论。在全民讨论中，中央各部门、国务院各部委和直属机关、人民解放军、各民主党派、各人民团体90多个单位，向宪法修改委员会送来修改意见和建议。全国80%—90%的成年公民参加了讨论"①。我国第一部宪法的制定历时3个多月，1.5亿多人参加了讨论，共征集意见138万条，开创了我国法案公开征求意见的先河。

然而真正实施与广泛开展法案公开征求意见的活动是在《立法法》制定之后。2000年3月15日通过的《立法法》第34条、第35条、第36条规定了全国人民代表大会常务委员会在制定法律时要听取有关机关、组织、专家以及社会各方面的意见。《立法法》第58条则明确规定，行政法规的起草，应当广泛听取有关机关、组织和公民的意见。2015年《立法法》修改后，条文也发生了变化，即修正后的《立法法》第36条、第37条以及第67条，但关于公开征求意见的内容规定没有变化。2001年11月16日国务院通过的《行政法规制定程序条例》第12条、第19条第2款、第20条、第21条、第22条规定国务院在制定行政法规过程中需广泛征求社会意见；同年国务院制定的《规章制定程序条例》第14条、第15条、第21条、第22条、第23条也规定了规章制定主体在制定规章过程中要广泛征求社会主体的意见。有了

---

① 许崇德：《中华人民共和国宪法史》，福建人民出版社2003年版，第750页。

这些制度规范以后，立法实践中已经形成如下几种法案公开征求意见方式：其一，座谈会。在立法机关或起草机构在法案起草或者审议的过程中，邀请有关方面的专家进行座谈，对法案发表意见和建议。其二，书面征求意见。将法律、法规或者规章草案发送有关国家机关、社会团体、企事业单位，请它们研究并提出书面意见。其三，调查研究。由法案的起草或者审议机关组织人员到有关机关或部门进行实地调查，听取有关机关或部门的意见和建议。其四，专家咨询和论证。立法机关或起草机构邀请有关专家对法案的必要性、可行性等问题进行研究，提出咨询意见或者论证结论及意见。其五，立法听证会。立法机关在进行有关公民、法人或其他组织的权利与利益的立法时，应当给予利害关系人发表意见的机会，对法案所涉及之特定事项进行质证与辩驳，为立法机关决策提供参考。听证会是较为严格地听取意见的方式，一般由法律法规作出明确规定的事项才举行听证会，我国《价格法》第23条就明确规定政府在制定关系到群众切身利益的公益性服务价格、公用事业价格的事项时，应当举行听证会。

  严格来说，以上五种方式还不能称为实质意义上的"法案公开征求意见"，实质意义上的"法案公开征求意见"是针对不特定的人或组织，甚至是一个国家或地区的全体公民、法人或其他组织。"法案公开征求意见"活动应是"公众参与"而非"公民参与"的活动。① 因此，从实质意义上来理解，我国法案公开征求意见活动类似于"公众讨论"或"公民讨论"，是立法机关将其起草或审议的法案予以公开，以电子邮件、电话、来信来访等各种方式征集法案意见的活动。全国人大及其常委会开展的法案公开征求意见是从2005年制定《物权法》开始的，但关于"法律"的法案公开征求意见活动并没有全面实施，而是每年选择几部法案进行公开征求意见活动。2008年4月，全国人大常委会委员长会议决定，此后所有列入全国人大常委会审议的法律草案，原则上都要向社会公开征求意见，使公布草案全文、广泛征求意见从特例变成了常态。截至2015年底，已有84部法案实施了公开征求

---

① 汪全胜：《法律绩效评估的"公众参与"模式探讨》，《法制与社会发展》2008年第6期。

意见程序制度。① 国务院法制办专门研制了"法规规章草案意见征集系统"平台，几乎所有的行政法规以及多数国务院部门的行政规章都实现了法案公开征求意见程序制度。② 地方立法机关也开展了广泛的法案公开征求意见活动，采用的方式多种多样，常用的方式有网上公开征求意见平台、电子邮件、信件、座谈会、专家咨询与论证、书面征求意见、立法听证会、调查研究、网上公共论坛③等。

二、现行法案公开征求意见方式的比较

为了贯彻执行《立法法》的相关规定，促进法案公开征求意见的开展与实施，全国人大、国务院以及我国各地方的人大和政府都在实践中积极探索法案公开征求意见的各种方式并取得了初步的成效。全国人大在其官方网站（中国人大网）上开启了"法律草案征求意见系统"、国务院法制办公室开发并启用了"法规规章草案意见征集系统"用于法案意见的公开征集；地方上如上海市政府在其官方网站上也建立了"政府规章草案意见征询"互动平台。在这些平台，公民可以通过网络账号自由发表对所公布法案的意见和建议，方便及时。

2010年最高人民法院就《关于适用〈中华人民共和国婚姻法〉若干问题的解释（三）》面向社会征求意见。2010年6月，青岛市物价局就出租车运价调整问题召开青岛市区听证会，就市区客运出租车运价调整的必要性和可行性进行了公开听证。2011年5月3日，山东省首个针对公租房小区的听证会在济南召开。这些实践中的法案公开征求意见都在所在区域内产生了不小的反响。就我国的实践而言，现实中法案公开征求意见的方式主要有听证会、

---

① 数据统计于中国人大新闻网，http://npc.people.com.cn，最后访问日期：2017年12月25日。
② 国务院法制办公室网站，http://www.chinalaw.gov.cn/article/cazjgg/，最后访问日期：2017年12月25日。
③ 公共论坛是公众参与行政立法的一个辅助途径。例如，2001年8月，广东省人大法制委员会、省人大财经委员会、省法制办、省信息产业厅等单位联合举办了广东省首届电子商务立法论坛。此次论坛对当时广东省即将制定的电子交易管理条例的有关问题进行了广泛而深入的讨论。参见广东省人民政府法制办公室：《广东推行公众参与行政立法的实践与愿景》，《政府法制研究》2008年第20期。

座谈会、论证会、书面征求意见、调查研究、公民讨论、列席与旁听、来信来访等多种形式。

（一）最常见的方式——听证会

听证会是目前为止我国实践中应用最多最广泛的征求意见方式之一，它起源于西方的司法审判程序，其思想根源是"自然公正"原则，核心是"听取利害关系人的意见"。经过多年的发展，其合理价值被吸收到行政立法中，广泛应用于行政决策与立法，迄今为止，在许多国家的立法中，听证都是法定必经的程序。它是指行政机关在制定行政法规、规章或者行政决策的过程中，在作出决定前，就该决定涉及的有关问题听取利害关系人意见的一种法律程序。

在我国，率先引进听证的是1996年《行政处罚法》，之后，《价格法》也引入了听证制度。听证在我国被首次写入立法程序是在2001年《立法法》中，作为一项立法原则指引着今后的立法工作。狭义的听证仅指听证会。听证会是指行政机关对一些涉及广大人民群众利益、与人民群众关系密切的法规规章草案举行听证会。听证会在我国的应用比较频繁、常见。它具有公开性、民主性、法定性及程序性强等特点。除涉及国家秘密、商业秘密或者个人隐私外，听证会应当公开举行，公开举行的听证会允许新闻媒体报道。[①]

听证会制度在国外已有几十年的历史，它在帮助政府行政决策、促进立法民主化等方面起到了重要作用，主要有以下特点。

第一，听证方式公开性好、透明度高，有利于实现立法过程的公开、公正。听证会与座谈会、论证会最大的不同就在于它的公开性，一般来说，座谈会和论证会程序简单、操作方便且不公开举行，参会人员仅限于小范围的专家，对行政机关的约束性很小；而听证会的程序比较正规严格，听证机关必须在听证举行前将举行听证的时间、地点等内容通过一定的方式向社会公布，行政相对人可以主动申请参与，新闻媒体可以采访报道，这样一来，可以更加方便地让社会公众了解听证会的整个过程，既约束了行政机关、保障了政策的透明度，同时又能更好地提高公众对法案的信赖度和支持率。

[①] 杨雪冬、陈家刚主编：《立法听证与地方治理改革》，中央编译出版社2004年版，第137页。

第二，听证方式中公民可以自由发表意见，听证过程连续且论证充分不被打断。听证会为公民直接参与立法、表达自己的利益诉求提供了一个平台，而且辩论式的听证方式使得听证形成的意见客观性较强，有利于实现立法的民主化。听证机关在进行听证会参加人的选择确定时，应该尽量从报名参加者中选择代表性不同的人来参加，这样可以让不同利益群体的意见得以充分表达，优化听证参加人的结构，提高听证会的科学性。在听证会的举行过程中，主持人只起到引导性的作用，主要职责是对听证的内容作简要介绍、根据需要对参加人员进行提问，不会直接参与听证内容的讨论。听证过程中采取正反双方交替出庭作证的方式，相当于法庭辩论性质，辩论也只是在参加者之间展开，因此支持者与反对者的意见都可以全面充分表达，使听证会的结果相对比较客观。

第三，听证会的程序比较正规严格。由于举行听证会的事项一般而言都是牵涉利益较广、涉及人数众多的法律法规，参加听证会的人员一般也比较多，为了尽量让每个参加听证会的人都有机会发言，也为了降低听证成本、提高效率，各个国家的法律都为听证会制定了严格的法律程序，从而保证整个听证会有序进行，更深层次的意义是可以防止听证机关的随意听证和"走过场"式听证。其程序性规则主要包括听证前的准备，听证中发言的顺序、发言的时间、听证主持人、会场的纪律、听证会的善后工作等。在听证会的善后工作中，听证会议记录是非常重要的，应当由专人整理成书面形式，这可以作为立法机关审议法案的重要参考资料。

第四，听证方式具有公开性、法定性的特征。在我国法案公开征求意见中，意见征集等程序均是由立法机关启动的，以地方立法中的听证会制度为例。《山东省人民代表大会常务委员会制定地方性法规听证规定》第12条规定："举行立法听证会十日前，听证机构应当在报名参加听证会的公民、法人和其他组织中确定陈述人；听证机构根据实际需要也可以直接邀请有关方面的代表，以及有关专家学者作为陈述人参加立法听证会。听证机构应当按照代表各种不同意见的陈述人人数大体相当的原则合理确定和邀请陈述人。"由此可见，在地方立法听证制度中，公民没有主动选择的权利，听证从是否听证、如何听证、听证内容，到听证参与人、听证主持人的确定，都是由地

121

方立法机关决定的,任何人都不得改变。

第五,听证范围一般限于利害关系人申请参加,而且往往是涉及公共利益的事项才举行听证会,如学费、电费、水费以及邮政和电信等行业或领域,这些领域通常涉及的人比较多。如果涉及这些领域的立法能够召开听证会,在辩论的过程中实现各方利益的沟通,对利益相关方的意见或建议能够予以充分的考虑,那么这样的听证会就会在更广的范围内听取民意,"能充分反映民情、民意并能广聚民智",我们就不用担心所制定的相关法律、法规因缺乏民意而在实施中遭遇困境。[①]

(二) 简便易行的方式——座谈会

座谈会是指在法案的立项、起草、审议等过程中,有关法案起草单位根据立法的需要,邀请与该法案有关的机关、团体、企业事业单位和有关方面的专家,对法案的内容进行重点讨论的一种法案征求意见方式。它贯穿于立法过程的始末,是立法机关经常用到的一种简便易行的方式。座谈会在我国的法律、法规、规章以及其他规范性文件的制定过程中都得到了广泛的运用。这种形式实际上类似有些国家的听证会,但又有不同。

第一,座谈会一般不公开举行,会议召集的方式简便灵活,是立法机关比较偏爱的一种方式。首先,它的召集不受立法阶段的限制,在立法工作中,只要有需要,立法机关就可以随时召开座谈会;其次,座谈会的参加人由立法机关选定,可以只邀请某一方面的人员,也可以邀请其他领域的相关人员,大大降低了成本,提高了效率;最后,座谈会的内容也没有强制性的规定,立法机关可以选择法案的全部条款,也可以就法案中的某些难点或有重大争议的条款进行重点讨论。

第二,相对于全民讨论,座谈会的针对性和问题意识比较强。座谈会上,会议主持人可以将之前通过其他方式收集到的意见介绍给与会人员,让他们充分了解讨论法案的争议集中点,在全面了解问题的基础上进行讨论。参与人员的发言顺序、发言时间、发言次数等一般不受限制,与会人员也可以自由讨论,会议主持人也可以参与到讨论中来。由于是面对面的交流,大家可

[①] 蔡家琴:《公众参与立法初论》,《信阳师范学院学报(哲学社会科学版)》2010 年第 5 期。

以及时交流和反馈信息,针对一些难点、焦点问题进行研究,使得讨论得以深入展开。

第三,座谈会的方式便于深入听取不同的意见。立法过程是一个权利配置的过程,是利益选择和平衡的过程,是协调矛盾的过程,座谈会提供了一个展现矛盾的平台,参加者的作用就是在纷繁复杂的矛盾中作出决定。召集座谈会的立法机关,往往会特别邀请与法案有利害关系的部门与人员参加,使这些部门和人员的意见得以反映,这是最快速、简单的方式。为了能让座谈会参加者的各种观点得到体现,座谈会一般不公开举行,这可以让与会者打消顾虑,知无不言、言无不尽。

(三)技术性最强的方式——专家论证咨询

公共政策涉及和影响的范围之大要求其制定具备前瞻性和专业性。专家可以利用其所拥有的专业知识为立法机关和其他社会公众答疑解惑,专家具有双重身份,他们既是普通公民,又是学术领域的精英。因此,在立法过程中,针对一些理论性、专业性、技术性比较强的法律法规或者是法律关系复杂、牵涉到重大疑难问题或者争议比较大的法规规章草案时,立法机关会邀请有关专家、学者从可行性、合理性等方面提出意见、进行论证。一般情况下,论证会不公开进行。

与座谈会方式不同,专家咨询论证所要解决的是法案公开征求意见以及立法中科学性不足的问题,座谈会最主要的作用是为各种不同意见的表达提供一个场所和平台,是为体现立法民主设立的一种制度。论证会有两个明显的特征,一是专业性强、二是权威性高。专业性强主要体现在两个方面:首先,不是所有的法案都会召开论证会,只有当法案中涉及专业性与技术性较强、立法人员自身难以解决的问题时才会召开论证会;其次,参加论证会的人员必须是在法案待解决的相关问题上有较深造诣的专家。权威性高主要是指由于参加论证会的人员都是在某一方面学术精深的专家,因此他们所提出的观点和意见具有很高的权威性,会对立法产生重要的甚至是决定性的影响。

(四)重要法案征求意见的方式——书面征求意见

书面征求意见就是将法律、法规或者规章草案发送给有关国家机关、社会团体、企业事业单位和公民，请他们提出书面意见。[①]书面征求意见是将法律草案印发各有关方面，有针对性地征求意见，而且不是任何一种法案都能采用这种方式。《立法法》第35条规定："列入常务委员会会议议程的重要的法律案，经委员长会议决定，可以将法律草案公布，征求意见。各机关、组织和公民提出的意见送常务委员会工作机构。"这一做法已在我国立法活动中得到广泛运用。可见《立法法》约束了书面征求意见的法案范围与程序，即只有"列入常务委员会会议议程的重要的法律案"，且必须"经委员长会议决定"才可以进行书面征求意见。

（五）针对性强的方式——调查研究

2001年国务院通过的《行政法规制定程序条例》《规章制定程序条例》规定：起草行政法规、规章，应当深入调查研究，总结实践经验，广泛听取有关机关、组织和公民的意见。法制机构对送审稿涉及的主要问题，应当深入基层进行实地调查研究，听取基层有关机关、组织和公民的意见。调查研究的方式灵活，可以根据法规、规章所要调整的不同社会关系设计调查问卷。利用调查问卷对具有利害关系的管理和服务对象征求意见，这样征求的意见具有客观、真实、全面的特点，对立法工作起到有益的帮助。其有选择性、针对性，成本较低，反馈及时等特点，受到立法机关的欢迎。调查研究的方法主要有抽样调查法、问卷法（也称问卷调查法）、访谈法、文献法（见表4-1）。

表4-1 调查研究的主要方法

抽样调查法	从研究对象的全部单位中按照随机原则抽取一部分作为样本进行观察，并用部分推断整体的一种调查方式。它有如下特点：按照随机原则抽取调查单位；样本的不确定性比较大、误差不太好控制
问卷法（也称问卷调查法）	调查者以书面提出问题的形式运用统一的问卷搜集资料的一种间接调查方法。问卷法的运用，最关键之处在于编制问卷和选择调查对象。问卷法是现代社会调查最常使用的方法之一，在社会调查研究中发挥着重要的作用

[①] 陈斯喜：《论我国立法的公众参与制度》，《行政法学研究》1995年第1期。

续表

访谈法	即研究性访谈,是以口头形式,根据被询问者的答复搜集客观的、不带偏见的事实材料,以准确地说明样本所要代表的总体的一种调查方式。访谈法搜集信息资料是通过研究者与被调查者对象面对面直接交谈方式实现的,具有较好的灵活性和适应性。访谈广泛适用于教育调查、求职、咨询等,既有事实的调查,也有意见的征询,更多用于个性、个别化研究
文献法	利用各种文献记录所隐藏的大量资料来进行社会学研究的方法就是文献法。文献资料主要有三个来源:政府和各种机构的各种统计资料和档案;大众传播媒介,包括电影、电视、广播、报刊等所刊登的信息;在实践中积累的社会学的研究资料

（六）影响最广泛的方式——公民讨论

公民讨论一般是指立法机关将涉及普通公民切身利益的法案在全国或特定范围内通过网络、报纸等方式全文公布、征求意见,公民可以通过多种途径对法案提出意见、建议的一种法案公开征求意见方式。在公民讨论方式中,参与的主体多以个体形式出现,因其方便快捷的特点,成为我国近几年一直比较提倡和盛行的方式。全国人大开启了"法律草案征求意见系统",国务院法制办公室开发并启用了"行政立法草案意见征集管理信息系统"用于法案意见的公开征集,并且引起了巨大的反响,最著名的就是2005年7月《物权法》、2006年3月《劳动合同法》意见的征集,分别收到了11543条、191849条意见[①],创下了人大立法史的新纪录。

公民讨论与前面几种方式相比,其征集意见的范围比较大,成本也就随之提高。并不是每一部法律都需要按照公民讨论的方式来征求意见,采用公民讨论这种方式征求意见的法案往往具有以下几个特点:第一,内容上,该法案的内容牵涉的利益范围比较广,往往在全国范围内有重大影响;第二,

---

① 中国人大网,http://www.npc.gov.cn/npc/flcazqyj/node_8195,最后访问日期:2013年2月25日。

程序上，该法案往往是先由起草机关草拟，经全国人大常委会决定后在网络或报纸上公布，在全国范围内征求意见，然后法律起草部门再根据这些意见对法律草案加以修改，最后提交立法部门讨论通过[①]；第三，效果上，公民讨论的方式成本低、操作方便，其征求意见的范围达到了其他方式所不能比拟的广度，调动了人民的参与热情与意愿，社会影响力空前提升；第四，形式上，实现了参与主体之间的平等，任何公民都可以平等地参与到立法项目和草案的讨论当中来，不因个人的身份、地位、职业、民族、性别而产生差别。

除此之外，实践中还有列席旁听，来信来访，成立立法研究会（所）、协会，国际研讨会等形式。

三、我国法案公开征求意见方式的发展趋势

（一）网络的应用越来越普遍

随着信息技术的发展，网络的应用越来越普遍，网络信息系统已逐渐成为公众参与立法的重要平台，很多立法机构把网络作为发布立法通告、搜集公众评论、发布正式法案的官方渠道，同时，公众也把政府网站作为获得立法信息资料的主要信息源。从中央到地方的各级立法机关，都普遍开展了法案的网上公开征求意见，以上海市政府为例，网站中将各类法规公布于法规互动平台上，并很详细地列出"公告内容、草案全文、背景介绍、公民意见与建议、公众意见采纳情况反馈和我要发表意见"等板块，简单明了。

（二）法案公开征求意见的方式趋向多元化和精细化

随着经济的发展和人们受教育水平的提高，公民的民主意识、参与意识越来越高，参与率相应提高，各种方式征集到的意见越来越多，越来越复杂，这对立法者和行政机关是一个很大的挑战。这就要求每种方式内部的细化和规则化，加强征求意见系统的科学调整。同时，法案公开征求意见不再仅仅局限于一种方式，而是几种方式的结合，逐步向国际靠拢。

---

① 张萱：《关于立法的公众参与的几个问题》，《甘肃农业》2005年第2期。

（三）法案公开征求意见趋向统一化，统一规范平台的构建是大势所趋

目前我国在统一平台建设方面已经初具规模，全国人大开启了"法律草案征求意见系统"，国务院法制办公室开发并启用了"行政立法草案意见征集管理信息系统"，下一步，应该继续将地方立法与全国立法统一起来，形成全国统一的规范系统，以便于法案公开征求意见信息的共享和法律体系的统一。

第三节　域外法案公开征求意见的方式简要考察

法案公开征求意见是立法机关适应现代社会民主化的要求，保障公民知情权、参与权与监督权的一种方式。因此，各国也都积极探索法案公开征求意见的方式、方法。

一、美国的法案公开征求意见方式

美国在法案公开征求意见方式上探索得比较早，也积累了一定的经验。在1946年《联邦行政程序法》制定之前，广泛使用五种基本的参与形式：口头或书面的沟通和咨询、调查研究、临时召集的协商会、顾问委员会以及听证。[1] 1946年，美国国会通过了《联邦行政程序法》，在该法中，联邦国会并没有对现有实践中的公众参与行政立法的形式都加以吸收，而是选择地采用了极少一部分方式，体现在该法的第553条，通常称之为规章制定的"通告与评议"程序，也就是我们狭义理解的"公众评议"方式或非正式程序。公众提供评论意见的方式由行政机关决定，主要有提交书面意见、书面资料；接受公众口头提供的意见等。在非正式程序中，公众评议不需要采取听证会方式，即"如果法律要求此种规章必须在机关听证会之后根据记录制

---

[1] [美]科尼利厄斯·M.克温：《规则制定——政府部门如何制定法规与政策》，刘璟、张辉、丁洁译，复旦大学出版社2007年版，第178页。

定"则不属于非正式程序要求制定的规章范围。① 但是在正式制定规章的程序即正式程序中,立法听证会不可或缺,作为参与的形式,听证会有正式听证会与非正式听证会的区分。正式听证会程序在美国又称为"审判式听证程序",其一个显著的特点在于"准司法化",即行政机关仿照法院的审判程序,进行提交证据和反询问证人的听证程序。立法听证会既可以是强制性的,也可以是自发的。强制性听证一般常见于交通法规以及处理诸如工资、贸易与关税、价格和营销等问题的机构。自发听证被许多与商业相关的规章制定机构所采用,包括联邦能源委员会、联邦通信委员会和农业部等。②

在美国,法案公开征求意见的方式最主要并普遍采用的有书面评论、公开听证、专家咨询,同时还有公众直接动议权。

(一) 公众书面评论

19世纪30年代,美国的行政立法机关在制定行政规章③时就开始注重与公众的沟通和咨询,并且于1946年在《联邦行政程序法》中最终确立了公众评议制度,它遵循通知、评议及回复的过程。《联邦行政程序法》要求,除非属于列举出的几种例外,行政部门必须将其制订的规章的草案在《联邦登记》④上公布,并给予公众提出书面评论意见的机会。这就是通常所称的"通告和评议程序"。⑤ 但是该法并未规定公众书面评论的最低时限,一般为30天。

在美国,公众的书面评论是发生在行政立法过程中,指通过信息公开,

---

① 汪全胜、雷振斌:《美国行政立法的公众评议制度探讨》,《河南政法管理干部学院学报》2011年第5、6期。

② Attorney General's Committee on Administrative Procedure, Administrative Procedure in Government Agencies, S. Doc. 8, 77th Cong, 1st sess, 1941, pp. 105 – 108.

③ 本书所称规章 (rule or regulation),即美国行政立法的统称,是美国行政机关为了解释和执行国会法律而制定的所有规则,一旦合法生效,将对受规制者产生与国会法律相同的约束力。其外延相当于我国的行政法规、部门规章和地方政府规章的总和。

④ 《联邦登记》是公开刊载美国行政机构法规和其他法律文件的公报,内容涵盖了广泛的政府活动,周一至周五每日出版。它的重要功能是公开行政机关拟议的变革,包括规章、标准等,以供公民、团体参加讨论,提出意见。最终通过的规章刊载于《联邦法规汇编》。

⑤ 吴浩主编:《国外行政立法的公众参与制度》,中国法制出版社2008年版,第237页。

公众对行政规章有了一定的了解，在此基础上通过采取各种合法方式审议、评论并最终影响行政机关制定规章的过程的一种公众参与立法的制度。书面评论方式是《联邦行政程序法》非正式程序[①]的基础和最关键的步骤，是公众或利害关系人对已经公布的建议法规表达意见的正式渠道，是公众参与制定法规的权利。《联邦行政程序法》规定，机关在适用非正式程序制定法规时，必须向公众提供评论机会，除非法律有例外规定。公众提供意见的具体方式由行政机关决定，《联邦行政程序法》规定最低的要求是书面评论，允许规章制定部门自行决定是否采用其他形式，因此实践中除了书面评论方式以外，还出现了书面资料、口头提供意见、非正式的磋商、会议、咨询和其他可以供公众发表意见的方式并存的现象。经过公众书面评论制定的法案生效前还需要一个必经的程序——在《联邦登记》上公布。

（二）公开听证

与我国一样，听证会在美国也是公民直接、主动参与立法的重要形式，它是针对某一规制方案而举行的公开会议，相关方和利益团体可在听证会上直接发表评论意见。规制决策者也可以要求利益团体在会上提交书面信息和数据。听证会很少作为独立程序使用，通常是作为对其他咨询程序的补充，《联邦行政程序法》就规定，行政机关在制定规章时，可以选择听证或书面方式。[②]

美国的听证会主要以发布公告接受报名的方式召集听证人。一般来说，按照听证内容的不同，听证形式可分为三种：监督性听证、调查性听证和立法性听证。根据行政程序法的规定，美国在立法过程中一般要举行立法听证会（分为正式听证、非正式听证），如果政府决定不举行听证会，公众在15日内提出听证要求的，政府必须举行听证会，听取要求举行听证人的意见。在美国，正式听证会程序又被称为"审判式听证程序"。《联邦行政程序法》第553条规定，行政机关制定行政法规原则上采用非正式程序，但"法律

[①] 非正式程序，即通告—评议程序。美国联邦绝大部分法规是根据非正式程序来制定的。该程序包括立法机关通告法案相关信息、公众评论、公布法律及生效日期，其中通告—评议是最主要的环节。

[②] 杨雪冬、陈家刚主编：《立法听证与地方治理改革》，中央编译出版社2004年版，第235页。

规定必须根据听证的记录而制定的法规，则不适用本分节的规定。而要适用本编第556条和第557条"。这两条就是制定行政法规的正式程序，因为该程序要求行政机关在制定法规时必须仿照法院的审判程序举行审判式听证，同时必须向相关者提供证明或盘问反对方的机会，因此也称为审判式听证程序。

美国公开征求意见的法案主要集中于行政法领域内。其中，规章听证会是其中重要的一部分。规章听证分为两种：一类是简单或缺乏争议的规章，行政机关只会要求公众对拟议的法规简单地提交书面意见，这些意见会成为一个法律一览表的一部分（很像立法听证档案），并且该规制的最终公布也将考虑它们；另一种是针对那些有争议的规章，行政机关会指定本机关这方面的专家主持实际上的公开听证会。[①]

（三）专家咨询顾问

在美国法案公开征求意见的过程中，也有类似于我国专家咨询论证的形式。为了保证各种形式专家咨询的客观性和公众的知情权，打消公众对咨询机构中立性的质疑，限制行政机关的自由裁量权，美国于1972年10月6日通过了专门的《联邦咨询委员会法》。美国的专家咨询顾问必须以团体的方式出现，而且必须是委员会制的。因为该法适用的对象是联邦政府的咨询委员会[②]，因此如果非正式的社会团体要适用联邦咨询委员会法，该组织必须采取委员会的形式。

（四）公众直接动议

直接动议权，即行政立法动议权，意味着公民可以主动发起一项举措，绕过立法程序而直接交由公众投票。这种方法在世界上较少使用，但美国大约半数州的公民都有直接发起行政立法动议的权利。[③] 美国政府很重视公众的行政立法动议权，美国行政立法程序的一至三项即发布通告、发表评论、举行听证会都是对公众行政立法动议权的规定，这就使得公民、社会组织，

[①] 杨雪冬、陈家刚主编：《立法听证与地方治理改革》，中央编译出版社2004年版，第198页。
[②] 指国会法律设立的、美国总统设立或利用的或联邦行政机关设立或利用的，向总统、联邦行政机关或联邦官员提供建议或意见的委员会或类似团体，以及该委员会或团体的分支机构。
[③] 蔡定剑主编：《国外公众参与立法》，法律出版社2005年版，第18页。

特别是利益相关方可以直接参与到行政立法项目的确定,使行政主体集思广益,选择最佳方案作出行政立法决策。公众的行政立法请求和建议,能与行政主体形成多层面的交流与沟通,增加行政立法过程的透明度,同时也有助于吸引更多的公民关心行政立法,提高行政立法的民意性。批评者认为,直接动议权可能引发滥用,对民主和代议制政府是一种威胁,支持者则认为,偶尔使用可以加强而不是破坏议会制制度。

二、加拿大法案公开征求意见方式

加拿大在立法实践中也形成了多元化的法案公开征求意见方式[①]:一是开放式的公众听证会,在全国各省和各地区举行,利益相关方、专家和公民向政府、议员陈述自己的观点。二是专家圆桌会议,一般是在举行听证会后的一星期内举行。目的是让地区专家辨认和讨论应对未来挑战和当地挑战的对策。三是公共对话,由有关部门随机挑选公民对某一问题进行讨论。四是网上咨询书和网上调查问卷,对某一问题未来发展、利弊或不同政策问题请公众进行排序或选择。五是电视电话论坛,通过电视电话提出问题或发表看法。六是地区论坛,就某一地域性的问题在某一地区举行论坛,寻找可以达成共识的领域。七是校园政策对话,在全国的大学举行。八是网上提交,个人和组织可以把自己的经验要求和意见不定时地通过互联网提交上去。九是其他活动,如议员或政府官员可做一系列演讲或讲座,参加有关会议或实地考察等。在实践中,议会立法的公众咨询与行政机关立法的公众咨询在采取方式上有一些差异,议会立法常用的公众咨询方式有立法听证会、圆桌会议、电子咨询、书面咨询及电话咨询。立法听证会是最为常用的方式,一般是在法案二读后,专业委员会专门召开立法听证会,听取公众的意见。[②] 随着互联网的发展,电子信息技术也广泛应用,近些年,议会立法的公众咨询多采取网上咨询的方式,主要是电子邮件、电子文件征集、网上民意调查、问卷调查、咨询书和网上论坛等。这几种网上咨询形式,能使公众方便快捷地参

[①] 陈国荣:《加拿大的公众参与》,《楚天主人》2005 年第 10 期。
[②] 阎锐:《加拿大公众参与的组织与管理》,《新疆人大》2005 年第 12 期。

与委员会的咨询，灵活性强，信息量大，能够满足公众大规模参与的需要，咨询获得的数据和结果可以很方便地从一个委员会复制给另一个委员会。①行政机关立法的公众咨询方式有公开会议、民意调查、书面咨询等，最为常见的是公众书面评议，因为政府要求所有的政府规制方案都有公众咨询的程序，但实施这种程序毕竟是一种消耗人力、财力、物力资源的过程，另外在一些情况下，行政机关认为某些规制方案采取咨询程序价值不大或没有意义，又为了法规的审查便利，就采取简单的书面咨询方式。②

三、英国法案公开征求意见方式

英国立法过程中也实施立法的公众咨询措施，2000年11月1日，英国首相布莱尔签署了《咨询实务准则》，2004年1月，布莱尔首相又签署了修订后的《咨询实务准则》。在《咨询实务准则》中，详细描述了公众咨询的不同方法，并提出了不同方法的选择理论、不同方法的使用技巧以及不同方法的优劣之处，在实践中常用的方法有③：神秘客、变革试点、公开/公众会议、利用代表团体、会见、专题小组、公众座谈小组、公民座谈小组、公民陪审团、问卷调查、商讨性投票、书面咨询活动、信息技术等。

以下介绍运用较为普遍的法案公开征求意见方式。

（一）非正式咨询

在英国，规制和政策制定中的公众参与称为"咨询"。咨询是行政机关主动向利益团体和受影响的团体征求意见的过程，是一种双向的交流信息，可以发生在从问题确认到对现行法规进行评估的整个规制过程的任何阶段。现在的咨询越来越与收集信息以便促进法规草案质量联系在一起。

咨询活动有正式的，也有非正式的。非正式的咨询包括规制者和利益团体间各种形式的自由的、临时的、非标准化的接触，它贯穿于立法和决策活

---

① 艾志鸿：《加拿大联邦会议的网上咨询》，《新疆人大》2005年第10期。
② 汪全胜、雷振斌：《加拿大立法过程中的公众咨询制度考察》，《东南大学学报（哲学社会科学版）》2012年第3期。
③ 汪全胜、雷振斌：《英国立法的公众咨询制度考察》，《南通大学学报（哲学社会科学版）》2013年第1期。

动的整个过程。这种接触可以采取很多形式，如电话、信函、非正式会议等。非正式咨询有点类似于我国的调查研究。在英国，它被视为根据书面咨询守则进行正式咨询之前的一个标准规制过程。在咨询过程中根据目标群体的不同采取不同的方式，很有针对性（见表4-2）。

表4-2 非正式咨询的常用咨询方式

目标群体	选择哪种咨询方法以及选择理由
·经常和固定的公众 ·了解你的服务的个人和特殊利益团体 ·一般公众，如果你的服务或问题带有普遍性或特别重要 ·职员	针对这些群体使用的方法 ·邮递和面对面问卷调查 ·供评论的文件草案 因为：他们已经对有关问题有所了解并（可能）有兴趣参与，不需要其他详细资料
·非经常公众 ·潜在的公众 ·广泛利益群体 ·非公众	针对这些群体使用的方法 ·召集会 ·开放日 ·专题小组 ·讨论 因为：他们需要了解一些信息才能作出回应

（二）调查

英国作为普通法系中具有代表性的一员，议会在其法律体系内的地位毋庸置疑，同美国一样，英国也非常重视程序规则。但与美国不同的是，英国并没有统一的行政立法程序规则。因此，英国的法案公开征求意见程序主要由两部分组成，一部分来源于法院适用普通法上的自然公正原则，另一部分散见于制定法中。法案征求意见的主要形式是调查。

调查是英国行政立法中运用的最广泛也是最为重要的一种手段，有公开调查和听证两种方式，主要适用于地方行政立法的公众参与，两者的界线不是特别明显。两者都给予了参加人陈述意见的机会，不同之处在于两者征求意见的对象范围稍有差别。听证的参加人一般是与该法案有利害关系或者是受到行政机关邀请的人。而参加公开调查人员的范围则比较广泛，任何感兴趣的人都可以参加，不局限于与法案有利害关系的人。与听证相比，公开调查能更好地平衡各方面的利益冲突,因此英国的行政立法在实践中更倾向于采用公开调查程序。

(三) 市民评审团

市民评审团是英国公开征求意见制度中针对问题很少且利益相关者数量较少的情况而采取的一种形式。它是通过抽样方式组成的人数很少的非专家小组,一般由8—20人组成,开会讨论审查问题的时间为30—50个小时,在此过程中,听取各方利害关系人对冲突问题的意见,最后作出决定。它大大避免了仅靠专家意见可能带来的非客观性。

通过对以上三个国家立法过程中法案公开征求意见制度的考察,可以总结出一些值得我国借鉴的经验:一是对一些法案要采用严格的听证会方式,将法案所影响的利害关系人召集在一起,进行讨论、质证,从而对各种意见作出取舍,而且要求法案的修改必须以听证会的记录为依据。二是法案公开征求意见要尽可能采用多元化的方式,任何一种方式方法都有自己的优点也有自己的劣势,采用尽可能多的方式获得更多的意见,更有利于实现法案公开征求意见制度实施的目的。三是将法案公开征求意见活动与现代信息技术相结合,提高征求意见的效率。四是一些方式可以是通用的,不同国家可以互相借鉴,如公众会议、调查研究、书面征求意见、座谈会等。

第四节　我国现行法案公开征求意见方式的不足与完善

一、法案公开征求意见方式设计的功能

法案起草机关或法案审议机关实施法案公开征求意见活动,有如下功能或价值。

第一,有助于立法机关获得更多的信息,从而提高决策的质量。美国学者约翰·克莱顿·托马斯认为,社会公众的积极参与会带来更多的有效信息,

使得政府的决策质量有望提高。① 信息是决策者进行决策的基础,信息的质和量影响并决定着立法决策的质和量。开明的立法者应该广泛地、多渠道地收集不同的信息,从中加以辨别与筛选。②

第二,使立法具备合法性,能够获得普遍的遵守与服从。美国政治学家G. A. 阿尔蒙德认为,如果某一社会中的公民都愿意遵守当权者制定和实施的法规,而且确信他们的遵守是应该的,这样的政治权威就具有合法性。③英国学者戴维·赫尔德也表达了同样的观点,公众遵守法律法规不是因为政府的强力,而在于他们内心的确信。④ 因此,法案公开征求意见,促使公民更多地参与立法,表达对立法的不同意见,是立法具备合法性的基本前提。

第三,协调不同社会利益,特别是立法听证制度的设计。立法实质上是各种利益关系的分配、界定和协调。法案公开征求意见是听取不同利益代表的意见,让各方都有表达不同意见的机会,同时,立法机关还应对互相冲突的利益给予博弈的机会,为了给予不同利益和力量以制度性的表白途经,使利益冲突能达成某种程度的共识,现代民主国家均建立法案公开征求意见制度,以公共和理性的沟通途径来化解冲突。⑤

当然以上功能的实现需要借助法案公开征求意见制度的周全设计,特别是法案公开征求意见方式的设计。为实现以上功能,法案公开征求意见的方式设计必须能够满足以下几个条件。

第一,尽可能让更多人参与并表达意见。人数过少,相对来讲表达的意见也不会太多,不能够体现公众立法的参与广度。

第二,尽可能获得更多、更有价值的信息。决策的信息不仅依赖于信息的数量,更依赖于信息的质量。法案公开征求意见方式的设计要考虑信息的数量与质量。

---

① [美]约翰·克莱顿·托马斯:《公共决策中的公民参与:公共管理者的新技能与新策略》,中国人民大学出版社2005年版,第153页。
② 汪全胜:《立法听证研究》,北京大学出版社2003年版,第13页。
③ [美] G. A. 阿尔蒙德:《比较政治学:体系、过程和政策》,上海译文出版社1987年版,第35页。
④ [英]戴维·赫尔德:《民主的模式》,中央编译出版社1998年版,第316页。
⑤ 罗传贤:《行政程序法基础理论》,五南图书出版公司1993年版,第185-189页。

第三，考虑成本与效益、成本与效率问题。不论是法案起草机关还是审议机关采用法案公开征求意见方式，都要考虑它所开展活动的成本以及可能取得的效益与效率，实现法案公开征求意见制度的价值。

以下以全国人大和全国人大常委会自2005年以来开展的法案公开征求意见活动为例，考察实践中法案公开征求意见方式的设计。

自2005年到2015年底，全国人大和全国人大常委会共有89部法案公开征求意见，有17部法案实施公开征求意见时，参与人数不到100人，占19%，最少的只有15人参加（见表4-3）。在我国实施法案公开征求意见的活动中，2012年在实施劳动合同法修正案公开征求意见时，其人数达到131912人，是我国立法史上之最。

表4-3 参与人数少于100人征求意见的法案

法律草案的名称	征求意见的时间	参与人数
人民武装警察法（草案）	2009-04-24 至 2009-05-31	56
国防动员法（草案）	2009-04-24 至 2009-05-31	51
海岛保护法（草案）	2009-06-27 至 2009-07-31	25
可再生能源法修正案（草案）	2009-08-28 至 2009-09-30	79
石油天然气管道保护法（草案）	2009-11-06 至 2009-12-05	23
选举法修正案（草案）	2009-11-06 至 2009-12-05	60
行政监察法修正案（草案）	2010-02-28 至 2010-03-31	93
预备役军官法修正案（草案）	2010-07-01 至 2010-07-31	22
非物质文化遗产法（草案）	2010-08-29 至 2010-09-30	48
涉外民事关系法律使用法（草案）	2010-08-29 至 2010-09-30	99
清洁生产促进法修正案（草案）	2011-10-29 至 2011-11-30	22
出境入境管理法（草案）	2011-12-31 至 2012-01-31	98
军事设施保护法修正案（草案）	2013-12-31 至 2014-01-30	15
反间谍法（草案）	2014-08-31 至 2014-09-15	81
促进科技成果转化法修正案（草案）	2015-03-02 至 2015-04-01	97
国家勋章和国家荣誉称号法（草案）	2015-09-08 至 2015-10-07	52
深海海底区域资源勘探开发法（草案）	2015-11-06 至 2015-12-05	30

数据来源：中国人大网，http://npc.people.com.cn，最后访问日期：2016年12月25日。

在 89 部征求意见的法案中，有 23 部法案征求意见不到 1000 条，占全部法案的 26%，最少的意见只有 25 条（见表 4-4）。2012 年《劳动合同法修正案（草案）》征求意见达到 557243 条，创造立法史之最，其他还有《预算法修正案（草案）（二次审议稿）》征求意见达到 330960 条；2011 年《个人所得税法修正案（草案）》征求意见达到 237684 条，这几例取得了公开征求意见的成功，实现了法案公开征求意见的功能。

表 4-4 意见条数少于 1000 条的法案

法律草案的名称	征求意见的时间	意见条数
人民武装警察法（草案）	2009-04-24 至 2009-05-31	411
国防动员法（草案）	2009-04-24 至 2009-05-31	417
海岛保护法（草案）	2009-06-27 至 2009-07-31	244
驻外外交人员法（草案）	2009-06-27 至 2009-07-31	837
可再生能源法修正案（草案）	2009-08-28 至 2009-09-30	254
石油天然气管道保护法（草案）	2009-11-06 至 2009-12-05	489
选举法修正案（草案）	2009-11-06 至 2009-12-05	348
行政监察法修正案（草案）	2010-02-28 至 2010-03-31	277
预备役军官法修正案（草案）	2010-07-01 至 2010-07-31	76
非物质文化遗产法（草案）	2010-08-29 至 2010-09-30	240
涉外民事关系法律使用法（草案）	2010-08-29 至 2010-09-30	766
清洁生产促进法修正案（草案）	2011-10-29 至 2011-11-30	179
特种设备安全法（草案）	2012-08-31 至 2012-09-30	527
商标法修正法（草案）	2012-12-28 至 2013-01-31	544
军事设施保护法修正案（草案）	2013-12-31 至 2014-01-30	25
反间谍法（草案）	2014-08-31 至 2014-09-15	211
立法法修正案（草案）	2014-08-31 至 2014-09-30	609
立法法修正案（草案二次审议稿）	2014-12-30 至 2015-01-19	218
教育法一揽子修正案（草案）	2015-09-08 至 2015-10-07	280
国家勋章和国家荣誉称号法（草案）	2015-09-08 至 2015-10-07	140
深海海底区域资源勘探开发法（草案）	2015-11-06 至 2015-12-05	83

续表

法律草案的名称	征求意见的时间	意见条数
电影产业促进法（草案）	2015–11–06 至 2015–12–05	309
慈善法草案二次审议稿修改稿	2016–01–11 至 2016–01–31	661

数据来源：中国人大网，http://npc.people.com.cn，最后访问日期：2016年12月25日。

当然，法案公开征求意见参与人数少、提出意见少有多种因素的影响，如法案过于专业、法案宣传力度不够等，但是也要反思我们法案公开征求意见的方式是不是过于单一，如上述法案采用的都是在中国人大网上公布法律草案，有关社会主体可以通过电子邮件、电话、信件等方式发表意见或建议。法案公开征求意见的方式设计不当或方式过少等，都会影响法案公开征求意见功能的发挥。

二、现行法案公开征求意见方式的不足

前文指出，影响法案公开征求意见方式的因素有很多，比如法案的性质，如果涉及特别专业的法案，采用广泛的公开征求意见方式就不一定合适，上面所列表4-3与表4-4中，一些法案就比较专业，一般社会大众很少了解，也就不太关心，更谈不上参与了。但是这些法案可以采取其他方式，比如召开专家座谈会、专家咨询论证会、特定团体或群体的书面征求意见，效果会更好一些。法案公开征求意见的不同方式有各自的优势，也有各自的劣势，为实现法案公开征求意见的功能，应选择适用不同的方式，甚至可以同时采取多种方式来加以综合与均衡。

我们在对英国立法过程中的法案公开征求意见制度考察中，了解到英国法案公开征求意见的方式有20多种，每一种方式有它的优势也有不足的方面，立法机关应作出选择。一般情况下，立法机关会采用多种方式，以弥补一种方式的不足。

如立法听证会，在美国，适用审判型听证会（正式听证会）有一定的范围，限制较为严格，也就是说，正式听证会作为一种法案征求意见方式适合于一定范围内的立法。正如戴维·杜鲁门所提出来的，"它提供了一种准仪

式的手段来调节利益集团之间的分歧以及通过一种安全阀来减轻或消除干扰"[1]。在涉及对立利益难以决策时，召开听证会比较合适。但是正式听证会成本大，费时费力，因此，美国《联邦行政程序法》又规定了"公众评议"的非正式程序，它所采取的法案公开征求意见的方式多种多样，立法机关可以作出一定的选择。我国近些年来采用的立法听证会也存在一些问题，如立法听证会的范围不确定，什么样的法案需要召开立法听证会不明确；立法听证会由立法机关主导决定，其他社会主体没有选择权；听证成本比较高，影响立法机关采用立法听证会的积极性；听证中不同利益代表的确定也有一定的困难；等等。

另外，比如座谈会、讨论会、专家咨询与论证、书面征求意见等，这些方式的优势很明显：一是因为参与人数少，意见容易集中；二是因为参与者都是一些专家，对法案研究较为深入，提出的意见也较为独到，考虑问题也较为专业。但是也要看到，这些方式也有不足之处：一是参加的人数不多，这些人的意见未必能够代表社会公众的意见；二是这些方式往往缺少透明与公开，因而公众对其提出的意见是否公平存有疑问。

从我国现行法案公开征求意见活动开展的情况来看，立法机关采用的主流方式是网上公开征求意见。网上公开征求意见基本上有两种：一种是借助电子邮件或网上公共论坛征集意见；另一种是设计网上公开征求意见平台公开征求意见，典型代表是国务院法制办设计的"法规规章意见征集系统"和上海市人民政府法制办设计的"政府规章草案民意征集平台"。平台的设计当然极大地节省人力、财力、物力，对意见的征集、处理与选择都提供了极大的便利，应该说这种方式是随着电子技术的发展会成为法案公开征求意见的主流方式。但我们知道，这些平台建设因为是初步的，本身还存在一些问题：一是除了法律、法规、规章草案予以公开外，相关的立法资料，如立法依据、相关的立法例、立法调研论证资料等，没有公开；二是它所收集的信息公众无法查询、了解；三是没有反馈制度，公众提出意见之后不知道会有

---

[1] William J. Keefe, Morris S. Ogul: The American Legislative Process, Prentice-Hall, InC, 1985, p. 207.

什么样的结果等；四是立法机关完全依赖这个平台的话，会影响其他没有能力使用这个平台的主体发表意见，陷入"技术上的歧视"。

从前文表4-3与表4-4可以看出，法案主要是通过网上公开征求意见的。这里以《旅游法（草案）》网上公开征求意见为例，2012年9月1日，全国人大常委会发布公告，即"《中华人民共和国旅游法（草案）》向社会公开征求意见"称，"十一届全国人大常委会第二十八次会议初次审议了《中华人民共和国旅游法（草案）》。现将《中华人民共和国旅游法（草案）》在中国人大网公布，向社会公开征集意见。社会公众可以直接登录中国人大网（www.npc.gov.cn）提出意见，也可以将意见寄送全国人大常委会法制工作委员会（北京市西城区前门西大街1号，邮编：100805，信封上请注明旅游法草案征集意见）。意见征集截止日期：2012年9月30日"。也就是说，社会公众要么在网上提出意见，要么以信件方式邮寄给全国人大常委会法制工作委员会。

地方的信息平台也是如此，如上海市人民政府法制办2012年12月20日发布公告"《上海市高速公路管理办法（草案）》征询公众意见征询公众意见"，也对法案公开征求意见的必要性、征集意见的方式、征集意见的起始日期等都明确予以公告。①

一些法案如果单纯依赖网络上公开征求意见的方式，可能不会达到理想的效果，如表4-3、表4-4中一些法案可以采取座谈会、专家咨询论证会、书面征求意见等方式，可能会吸引更多人参与，也可以征集到更多、更专业的意见。

三、我国法案公开征求意见方式的完善

法案公开征求意见方式的设计与选择在某种程度上决定了法案公开征求意见实施的效果。近年来，我国不论是中央立法还是地方立法都逐步实施了法案公开征求意见制度，特别是党的十八大提出了"拓展人民有序参与立法

---

① http://zhuanti.shanghai.gov.cn/Suggestion/View.aspx? lawid=130，最后访问日期：2017年2月20日。

途径","保障人民知情权、参与权、表达权、监督权",法案公开征求意见将会是各立法部门工作的常态。借鉴国外一些先进做法,总结我国实践中的一些经验,我国法案公开征求意见将会成为一种完善的制度,并逐渐确立为保障法的正当性、合法性的不可或缺的程序设置。

(一)统一听证会、论证会、专家咨询等方式的程序规则和法律制度

通过法律、法规、规章进一步明确公众参与立法的范围、方式和程序,从而在立法者、立法机关与公众的真实生活和合理诉求之间搭建起沟通的制度平台。为了取得良好的效果,对那些针对特殊主体的座谈会、论证会、听证会等听取意见的形式,要在事前做好充分的准备工作。除了将相关立法信息公开,让参与者能够充分了解有关内容背景外,还要制定具体方案,特别是参与代表的确定,要照顾到不同阶层的利益群体都有代表参与。再就是所要论证的内容事前要确定重点,要保证能真正深入讨论,只有这样,才能获得有价值的意见,才能对立法工作真正有所补益。同时,充分发挥现有公众参与途径和形式的作用,将目前采取的书面征求意见、座谈会、论证会、听证会、旁听人大常委会审议法律法规草案等一些行之有效的做法固定下来,成为可反复使用的行为规范,并要求各级立法机关及其政府部门在相同或类似的公众参与形式上适用统一的程序规则。还可以采取通过新闻媒体面向社会公开征求意见,创办立法网站,立法机关和工作机构与有关科研院校和社会团体合作,成立立法研究会(所)、协会及中心的做法,凡是涉及部门利益和广大人民群众利益的法律规范,公众都应参与,这样可以防止立法者的随意性,通过制度约束而建立长效机制。

(二)细化公民讨论

实践中,全民讨论的征求意见方式在我国占据着重要的地位,而且也是普通公众最容易参与的方式,与听证会受到时间、地点、人员数量等诸多条件的限制不同,公民讨论面向的是不特定的公众,所有与法案有利害关系的人都可以参与到评论中来,是一种更加灵活和开放的表达渠道,极大地促进了公众参与行政立法的平等性与灵活性。因此,越来越多的立法机关在工作实践中将法案公布在其官方网站上,公开向社会公众征求意见。调查发现,

国务院各部委和具有行政管理职能的直属机构在制定部门规章的过程中，基本上都在各自的机关网站或专业报刊上公布草案。同时，地方人大、地方政府在通过网络、报纸、电视等媒体向社会征求立法意见方面也做了大量的工作。①

公民讨论的主要载体有网络、报纸和广播电视等，但是由于成本等各方面的限制，我国实践中首选和主要的公民讨论途径是互联网，提供平台供公民讨论，报纸和广播电视的方式只在部分地方的立法中出现过。互联网具有开放、平等、互动、方便、高效等特点，是一种成本低、效率高的公众参与方式，现在的法案公开征求意见工作已经逐渐将法律、网络和信息技术相结合，达到了比较好的效果。《物权法》《劳动合同法》等草案的全民讨论，收容遣送、房屋拆迁等制度的变革，都充分体现了网络对法制建设的巨大推动作用。互联网作为民主参与立法的一种新途径，对我国的法案公开征求意见及社会主义法制建设发挥着愈来愈重要的作用。虽然互联网因其方便、低成本等优势在法案公开征求意见中占据着重要的地位，但是也存在着很多问题。

第一，大多数立法机关的官方网站知名度不高，宣传力度不够，导致公民参与率低下。上海市政府网站中的"政府规章草案民意征询"栏目，大多数的规章征询收到的意见甚少，以《上海市取水许可和水资源费征收管理办法（草案）征询公众意见》为例，在征集意见的22天内，一共收到4条②公民意见，效果不是很理想。

第二，全国各级各地立法机关的征求意见往往各自为战、网站众多，造成信息分散，既不利于公民了解情况也造成资源的浪费。虽然各地方的政府网站、人大网站基本都设置了意见征询板块，但是很分散，访问量不大，也不利于信息的整合。

第三，有些特殊地区、特殊人群的意见无法收集到。如年老不会上网的人、居住在经济不发达地区上网不方便的人等。

---

① 郝艳、冯之光、王依：《基于互联网平台开展立法草案公开征求意见工作的实践与完善》，《电子政务》2010年第9期。

② 中国上海，http://zhuanti.shanghai.gov.cn/Suggestion/Comments.aspx?lawid=116，最后访问日期：2017年2月20日。

针对现实中存在的这些情况,需要做到以下方面。

第一,加大宣传力度,由国务院或全国人大牵头建立一个全国或各省统一的立法方面的互联网平台。这个平台将汇集各级立法机关信息,实现资源和信息共享,既可以节约资源,又有利于我国法律体系的统一,避免法律、法规之间的冲突。

第二,应该确定多样化的公民讨论形式和规范化的讨论环节。公民讨论的方式和途径应当尽量多样化,满足不同层次、不同水平、不同地域参加人员的要求,确保社会各阶层都可以享有参与讨论的权利。对立法机关来说,可以采取提交书面意见或资料的方式,口头评论的方式,也可以在自己的官方网站上设置征求意见专栏,指定工作人员接受公众的电话、传真、信件以及电子邮件等,可以委托民间组织、公益团体征求意见,还可以配合其他方式,如调查问卷、电视广播等新闻媒体弥补互联网方式的不足,让不会上网的人也可以有渠道来表达自己的建议。征集意见完成后,还要特别注意将这些意见整理分析,与反馈平台结合起来,及时公布征集意见的结果。

(三)完善立法听证制度

我国的听证制度是从英美移植过来的,因此在实践过程中难免有些水土不服,在法律体系和具体制度建设方面还存在问题,影响了听证功能的发挥。因此,立法机关可以扩大公众参与的方式,如书信、电子邮件、新闻舆论等方式,将我国的听证和公众征求意见形式结合起来。此外,要从以下方面进一步完善听证制度。

第一,扩大法案公开征求意见中立法听证事项的范围。国外的听证在行政立法听证中的适用范围较广,一般不会施加太多限制,相比之下,我国立法中听证事项的范围要小得多。这与我国立法主体数量大、层次多元化有很大关系。一般而言,凡是涉及公民重要利益或当事人有重大分歧的情况都应当进行听证,但是涉及国防外交、行政机关内部人事管理、财政收支等事项以及涉及国家机密、商业机密的事项除外。如果把所有法规规章都纳入听证的范围,不可行也不可取。因此,要明确区分听证的范围,并用立法的形式制度化,保证公众的合法利益。

第二,建立立法听证代表制度。举行听证的法案一般都是涉及利益范围较广的法律法规，因此大多数情况下参加听证的利害关系人人数众多，由于场地、程序的限制，让他们全部都参加是不可能的。这种情况下，建立听证代表制度就显得尤为必要。但是应以法律法规明确规定听证代表的遴选标准，所选出的代表必须具备一定的分析能力而且能准确表达公众的意愿。按照合适的比例确定各个阶层的代表，消解公众对听证会"逢听必涨""逢涨必听"的印象，重新树立公众对听证会公正性的信心。

第三，规范听证程序。程序正义是实质正义的基础，作为一项重要常用的制度，必须严格程序制度，严防腐败和流于形式。借鉴国外的相关经验，听证程序的启动方式可以分为原则性规定和排除性规定，根据实际情况采取合适方式，比如可以用原则性的规定把听证事项范围划分为强制听证的事项、排除听证的事项和选择听证的事项，确立行政立法听证事项范围，限制行政单位自由裁量范围。除此之外，听证前的准备工作、信息公开工作、申请参加听证的办法以及听证代表的产生办法等都要作出详细的规定。

第四，增强听证笔录的法律效力。"行政立法中按照正式听证程序作出的决定只能以听证记录作为根据，不能以当事人未知晓和未论证的事实作为依据。这被称为'案卷排他性原则'。无论是英美法系还是大陆法系都确立了这一原则。"[①] 如果听证记录没有约束性，那么在立法决策过程中就可能会出现违背听证记录，或者将听证记录束之高阁的情况，听证会就会成为民主立法的摆设。

第五，建立迅速有效的反馈机制，听证组织机关对参加听证的人员、听证过程中参加人提出的意见及最终决策都应及时处理，并以书面方式告知。

（四）改进专家咨询论证制度

专家的意见来源于其自身的专业知识，虽然保持了一定的独立性或中立性，但是专家并不是万能的，不管是他本身的利益倾向还是其专业知识的有限性，都可能会导致他们在分析问题时出现偏差。而且不同专家的观点不可能完全一致，甚至还会有冲突，难以形成统一的意见，最重要的一点是专家可能会被利益集团"俘虏"，成为它们争取自身利益的工具。由于我国专家

---

① 王锡锌：《公众参与：参与式民主的理论想象及制度实践》，《政治与法律》2008年第6期。

咨询制度建立的时间尚短，在实践中缺乏相关的法律规范，各个立法机关在适用时各自为政，适用范围、方法、程序等都有很大的不同，与国外成熟的法律和制度相比，还有很多不足，需要予以完善。

第一，选择专家咨询方式时，尽量与其他方式相结合，不要单纯适用专家咨询这一种方式。专家咨询的主要目的是希望借助专家的专业知识在某个专业性问题上给出客观公正的立法建议，解决的是立法的科学性问题，作出事实判断，对于其他方面的问题就交给其他公众和利益团体，让有利害关系的人都能"尽其言"，既能让征求意见的结构更加合理，也可以降低专家被利益集团俘虏的可能性。

第二，用法律的方式明确专家咨询制度可以适用的法案范围。每一种制度的背后都有两面性，虽然专家咨询论证可以为立法增加科学合理的内涵，但是如果不加以限制很容易成为立法机关将自身利益合法化的工具。因此，应当用法律的方式将专家咨询制度固定下来，哪些法律、哪些领域、哪些事项应当适用，哪些领域可以适用以及不适用专家咨询的领域、事项等都应该作出明确的规定。做到有法可依，才能确保专家咨询制度的良性发展，防止实践中立法机关适用的随意性，真正发挥专家咨询应有的作用。

第三，专家遴选制度的完善。从外国发达国家的经验来看，专家遴选制度是否规范合理是影响专家咨询制度能否有效运行的关键因素。但是从我国的实践来看，由于相关法律法规的缺失，在法案公开征求意见中，专家的选择并没有一个明确的标准，导致专家的素质水平参差不齐。一方面，造成最后形成的法律规范形式、质量的不统一。另一方面，立法机关在选择时可能会有利益倾向，导致了公众对专家的质疑。因此，必须优化专家结构，确保专家的多样性、平衡性。在这方面，美国法律明确规定，专家的选择应该具备适当平衡性[1]。换言之，就是不同的利益团体、各阶层的公民都应该有代表，只有这样才能确保会议观点的全面性、平衡性，也可以避免专家咨询成为某个强势利益团体的论证会。对此，我国完全可以借鉴现有的人民陪审员制度，在全国范围内建立统一的"专家资料库"，采用分类的方法，这样用

---

[1] 徐文新：《专家、利益集团与公共参与》，《法律科学（西北政法大学学报）》2012年第3期。

的时候可以直接从资料库中挑选,既规范又方便。

(五)修改完善相关法律,尽快建立行政立法公众动议制度

所谓行政立法公众动议权,是指行政相对人依法有向具有行政立法权的行政机关提出建议制定、修改或废止行政法规、规章的权利。行政立法公众动议权是行政立法启动阶段公众参与的重要方式。提出立法动议是行政立法的第一个环节,按照我国现有法律的制度安排,各行政机关是行政立法动议权的行使主体,作为行政相对人的普通公众没有提出立法动议的权利。但是行政立法的各项内容与民众的切身利益息息相关,脱离公众参与的行政立法,不可能完全反映公众的立法需求,而且行政机关很可能会规避对自己不利的法案内容,维护自己的利益,这就迫切要求用一种制度来打破这种不利的格局。作为公众参与行政立法重要的制度化途径,很多国家已经建立了行政立法公众动议制度。如美国《联邦行政程序法》第553条第5款规定:"各机关应给予利害关系人申请发布或者废除某项法规的权利。"葡萄牙《行政程序法》第115条第1款规定:"利害关系人可以向有权限机关提出请愿,要求制定、修改或者废止规章。为方便行政机关了解其内容,该请愿须说明理由。"①

我国立法法规定,公众可以提出对行政法规的审查建议,但没有规定立法动议权。我国目前法案公开征求意见的方式主要是对立法草案的讨论,但这不应该是法案公开征求意见的唯一途径和选择。我国现有的立法几乎都是自上而下启动的,但是大部分法规、规章都与普通民众的切身利益相关,公众有时比行政机关更能感觉到制定、修改或废止行政法规、规章的必要性。行政立法动议,从行政立法的第一道程序开始,鼓励全体社会成员的积极参与,不同社会群体提出的宝贵意见和建议,可以让行政主体在集思广益的基础上选择最佳方案,在提高行政决策科学性的同时又调动了公众的积极性,法规规章也更容易获得公众的普遍认同。同时,由于人固有的弱点和利己主义的存在,拥有立法权的行政机关制定规则去规范自身的行为,必然会或多或少缺乏执行动力,甚至努力规避对自己不利的法律,导致相对人的权益受

---

① 应松年:《外国行政程序法汇编》,中国法制出版社2004年版,第32页。

到侵害。赋予公众行政立法动议权，可以从根本上解决行政机关越权立法，行政立法权力控制与监督的不足，解决行政立法的科学性、民主性、公正性、公开性不够以及部门利益法制化问题，同时也是对自上而下的立法方式的有益补充。[①]

完善我国行政立法公众动议制度，根本措施在于修改《立法法》《行政法规制定程序条例》《规章制定程序条例》的相关规定。一是应该明确赋予相对人行政立法动议权，并对相对人及行政立法主体的具体权利义务等实体内容加以明确规定；二是在完善有关立法的同时，应对行政立法动议权的程序规则予以明确：明确提出立法动议的方式和要求，在明确方式和提出要求时尽量考虑便民和成本因素；三是对公众提出的立法动议进行梳理、回复，必要的时候还可以邀请建议人当面阐述，或者举行立法听证；四是建立行政立法年度计划公告制度，便于公众及时了解立法动态，促使他们就自己所关心的事项提出立法建议。

（六）鼓励民间咨询的发展

全球化的发展、科技的进步和创新以及世界范围内交流的不断加强使得我们当前面临的事务越来越复杂，这给现代社会的国家管理带来了新的挑战，对政府的决策能力提出了更高的要求，于是公众咨询就逐渐成为决策体制中"集思广益"的一个重要方式。在欧美等发达资本主义国家，公共决策咨询机构被称为"思想库"或"脑库"。第二次世界大战以后，公共决策咨询机构逐渐成为西方国家政府公共决策系统中的不可缺少的一部分。在国际竞争日益激烈的今天，"思想库"的发展与一个国家的现代化和文明程度是分不开的。我国也应借鉴这种组织形式和制度，有利于我国法案公开征求意见的开展，可从两方面着手。

第一，要大力鼓励和支持各类官方和民间咨询机构的存在和发展，尤其是民间咨询机构，要努力为它们的发展创造良好的环境尤其是法律和政策的支持。目前，我国已经出现了一些颇有声望的民间学术研究和咨询机构。

---

① 国务院法制办公室，http://www.chinalaw.gov.cn/article/dfxx/zffzyj/201004/20100400251590.shtml，最后访问日期：2014年2月20日。

第二，推进咨询方式的独立性和社会化，使不同领域的专家学者可以独立自主地组合，让咨询系统尽量少受或不受政治和行政因素的影响，客观科学地进行决策咨询。之所以要推行咨询方式的社会化和独立化，是因为我国目前的体制很难让学者进行真正独立的决策，会受到各种因素尤其是行政因素的影响，难以保证咨询的科学性、公正性，同时独立化和社会化的咨询也有利于降低决策成本，提高公众对咨询决策的认可度，在社会范围内形成沟通和交流的氛围，促进公民通过咨询机构有序地参与到公共决策中来。

任何一项制度安排都不可能单独存在或发挥作用，相反，它始终与其他制度安排处在相互关联之中，其规范效能的发挥很大程度上取决于该项制度安排与其他制度安排之间的兼容程度，以及制度环境对其的制约程度。因此，要准确地评估一项制度的效率或其规范意义，就必须从其与其他制度安排之间的关联性或其在整体制度结构中的位置入手。对于立法的民主化建设而言，法案的公开征求意见制度只是其机制建设的一个环节。诚然，该机制对于立法程序的建设而言不可或缺，但该机制能否发挥整合多元利益诉求，吸收多方面的社会全体的公共意见的作用，从而切实拓宽公民及社会组织公共参与的渠道，平衡专家理性与公民意志，最终深化立法的民主合法性基础，还得依赖于其他机制体制的建设以及相应设施的配套。换言之，立法民主化是立法的各个环节，包括法案提出、审议、通过、修改、废止一以贯之的理念和要求；只有在立法规划、立法计划、法案起草等各个环节实现民主化，法案公开征求意见才能够"物尽其用"。

同样，我们对于法案公开征求意见机制的探讨，所侧重的也只是法案公开征求的方式，而对于对象、主体、涉及法案的内容并未做过多的探讨。但这并不代表这些因素不重要，或仅仅具有次要的地位。法案公开征求意见的方式所提供的是一个由规则、技术、程序构成的制度平台，而民主缺失却本质上表现为一种主体间性的公共交往关系，除却主体的因素，法案公开征求意见的方式对民主化而言充其量只是一个技术中立的存在；换言之，倘若没有立法者的政策转变，没有社会公众、各阶层代表、专家学者的参与意愿，对于立法民主化和多元利益诉求的回应而言，即便法案公开征求意见的方式再健全，设计得再精致，也不可能实现这一意图。

因此，法案公开征求意见机制想要发挥其民主效能，除精良设计制度框架、搭建公平合理的技术平台之外，还特别需要立法者的积极态度、社会公众的立法参与意识的提高以及专家学者们的贡献。对于立法者而言，需要切实尊重人民群众的首创精神和参与意愿，保障其基本的知情权和参与权利，积极搭建公共参与渠道，广泛听取各方面的意见、信息，将社会公众和专家的意见真正包容进立法程序当中。对于社会公众而言，需要积极培育自身的权利意识和主人翁精神，提高自身对于社会事务的参与能力和理解水平，通过各种形式参与到法案的意见征求活动当中，以充分表达自身的意愿，让立法者能够倾听到多元的利益诉求。对于专家学者而言，其需要充分运用自身的专业权威和专家理性，积极为立法建言建策，并对具体的法案及制度作出充分的理性论证。唯有如此，法案公开征求意见机制才能够发挥促进立法民主化、在民主协商的基础上整合公共利益的制度功效。

第五章

法案公开征求意见制度的实施效果评估及其完善

第一节 法案公开征求意见的制度建设及其实施效果

一、我国法案公开征求意见的制度建设

(一)《宪法》中的原则性规定

《宪法》中与法案公开征求意见制度有关的规定主要涉及4个条款：第2条第3款是法案公开征求意见制度的基础性规定[①]；第27条第2款[②]进一步对于实施主体进行了原则性的规定；第35条的规定是对公民参与法案公开征求意见等立法活动的保障[③]；在第41条[④]中规定的，公民有批评建议、申诉控告以及检举的权利[⑤]，则是对于公民实现有效参与法案公开征求意见的进一步保证。

[①]《宪法》第2条第3款规定："人民依照法律规定，通过各种途径和形式，管理国家事务，管理经济和文化事业，管理社会事务。"
[②]《宪法》第27条第2款规定："一切国家机关和国家工作人员必须依靠人民的支持，经常保持同人民的密切联系，倾听人民的意见和建议，接受人民的监督，努力为人民服务。"
[③]《宪法》第35条规定："中华人民共和国公民有言论、出版、集会、结社、游行、示威的自由。"
[④]《宪法》第41条规定："中华人民共和国公民对于任何国家机关和国家工作人员，有提出批评和建议的权利；对于任何国家机关和国家工作人员的违法失职行为，有向有关国家机关提出申诉、控告或者检举的权利，但是不得捏造或者歪曲事实进行诬告陷害。对于公民的申诉、控告或者检举，有关国家机关必须查清事实，负责处理。任何人不得压制和打击报复。由于国家机关和国家工作人员侵犯公民权利而受到损失的人，有依照法律规定取得赔偿的权利。"
[⑤] 姜明安：《姜明安谈"公众参与的宪法和法律依据"》，北大公法网，http://www.publiclaw.cn/article/Details.asp?NewsId=2173，最后访问日期2014年2月20日。

(二)《立法法》的进一步规定

《立法法》是专门规范各级立法主体及其立法权限、立法程序的法律,于2000年3月15日第九届全国人民代表大会第三次会议制定通过,并于2000年7月1日正式实施。在实施差不多近15年后,2015年第十二届全国人民代表大会第三次会议修订通过,在法案公开征求意见的制度建设上基本上保持不变。现行《立法法》第5条①对于公民参与法案公开征求意见活动的规定还是停留在原则性规定的层面,第36条②规定了法律草案的公开征求意见的方式,第37条③对法律草案公开征求意见的相关程序做了规定,第67条④规定了行政立法中法规草案公开征求意见的若干途径,如论证会、听证会、调查会、座谈会等。

(三)"两个条例"⑤的细化

《行政法规制定程序条例》是为了规范行政法规制定程序,保证行政法规质量,根据《宪法》《立法法》《国务院组织法》制定的,属于国务院制定的行政法规,该条例最早由2001年11月16日国务院令公布,自2002年1月1日起施行,2017年12月22日国务院对其进行了修订,并自2018年5月1日起实施。第13条⑥中的相关规定与《立法法》第67条所涉内容基本重

---

① 《立法法》第5条规定:"立法应当体现人民的意志,发扬社会主义民主,坚持立法公开,保障人民通过多种途径参与立法活动。"
② 《立法法》第36条规定:"列入常务委员会会议议程的法律案,法律委员会、有关的专门委员会和常务委员会工作机构应当听取各方面的意见。听取意见可以采取座谈会、论证会、听证会等多种形式。……常务委员会工作机构应当将法律草案发送相关领域的全国人民代表大会代表、地方人民代表大会常务委员会以及有关部门、组织和专家征求意见。"
③ 《立法法》第37条规定:"列入常务委员会会议议程的法律案,应当在常务委员会会议后将法律草案及其起草、修改的说明等向社会公布,征求意见,但是经委员长会议决定不公布的除外。向社会公布征求意见的时间一般不少于三十日。征求意见的情况应当向社会通报。"
④ 《立法法》第67条规定:"行政法规在起草过程中,应当广泛听取有关机关、组织、人民代表大会代表和社会公众的意见。听取意见可以采取座谈会、论证会、听证会等多种形式。"
⑤ 《行政法规制定程序条例》和《规章制定程序条例》。
⑥ 《行政法规制定程序条例》第13条规定:"起草行政法规,起草部门应当深入调查研究,总结实践经验,广泛听取有关机关、组织和公民的意见。涉及社会公众普遍关注的热点难点问题和经济社会发展遇到的突出矛盾,减损公民、法人和其他组织权利或者增加其义务,对社会公众有重要影响等重大利益调整事项的,应当进行论证咨询。听取意见可以采取召开座谈会、论证会、听证会等多种形式。起草行政法规,起草部门应当将行政法规草案及其说明等向社会公布,征求意见,但是经国务院决定不公布的除外。向社会公布征求意见的期限一般不少于30日。起草专业性较强的行政法规,起草部门可以吸收相关领域的专家参与起草工作,或者委托有关专家、教学科研单位、社会组织起草。"

合,规定了行政法规的起草应该在尽可能大的范围内听取意见,包括"有关机关、组织和公民的意见",第20条①、第21条②、第22条③、第23条④规定了行政法规草案向政府、专家以及公众征求意见的要求。第20条强调重要的行政法规经过国务院同意后才可以向社会公布征求意见;第21条是对第13条部分内容的强调;在第22条中,虽规定了当行政法规"涉及重大、疑难的问题"时,其公开征求意见的方式是召开有关单位或专家座谈会、听证会,但是没有明确"重大、疑难问题"的具体概念;第23条整个条款单独规定了举行听证会,说明听证会在法案公开征求意见方式中的重要性。

《规章制定程序条例》是为了规范规章的制定程序,保证规章的质量,根据《立法法》规定而由国务院制定的行政法规,它也对法案公开征求意见制度进行了相对具体的规定。和《行政法规制定程序条例》相比较而言,《规章制定程序条例》在第15条⑤中增加了"采用书面征求意见"的方式,

---

① 《行政法规制定程序条例》第20条规定:"国务院法制机构应当将行政法规送审稿或者行政法规送审稿涉及的主要问题发送国务院有关部门、地方人民政府、有关组织和专家等各方面征求意见。国务院有关部门、地方人民政府应当在规定期限内反馈书面意见,并加盖本单位或者本单位办公厅(室)印章。国务院法制机构可以将行政法规送审稿或者修改稿及其说明等向社会公布,征求意见。向社会公布征求意见的期限一般不少于30日。"

② 《行政法规制定程序条例》第21条规定:"国务院法制机构应当就行政法规送审稿涉及的主要问题,深入基层进行实地调查研究,听取基层有关机关、组织和公民的意见。"

③ 《行政法规制定程序条例》第22条规定:"行政法规送审稿涉及重大利益调整的,国务院法制机构应当进行论证咨询,广泛听取有关方面的意见。论证咨询可以采取座谈会、论证会、听证会、委托研究等多种形式。行政法规送审稿涉及重大利益调整或者存在重大意见分歧,对公民、法人或者其他组织的权利义务有较大影响,人民群众普遍关注的,国务院法制机构可以举行听证会,听取有关机关、组织和公民的意见。"

④ 《行政法规制定程序条例》第23条规定:"国务院有关部门对行政法规送审稿涉及的主要制度、方针政策、管理体制、权限分工等有不同意见的,国务院法制机构应当进行协调,力求达成一致意见。对有较大争议的重要立法事项,国务院法制机构可以委托有关专家、教学科研单位、社会组织进行评估。经过充分协调不能达成一致意见的,国务院法制机构、起草部门应当将争议的主要问题、有关部门的意见以及国务院法制机构的意见及时报国务院领导协调,或者报国务院决定。"

⑤ 《规章制定程序条例》第15条规定:"起草规章,应当深入调查研究,总结实践经验,广泛听取有关机关、组织和公民的意见。听取意见可以采取书面征求意见、座谈会、论证会、听证会等多种形式。起草规章,除依法需要保密的外,应当将规章草案及其说明等向社会公布,征求意见。向社会公布征求意见的期限一般不少于30日。起草专业性较强的规章,可以吸收相关领域的专家参与起草工作,或者委托有关专家、教学科研单位、社会组织起草。"

第 16 条规定了两种可以将法案向社会公布征求意见的情形：（1）制定中的规章如果与公民、法人或者其他组织的切身利益直接相关的；（2）公民对该制定中的规章有重大意见分歧的。但是没有明确"切身利益""重大分歧""向社会公布"的具体内容。另外还规定了听证程序，涉及四个方面：提前 30 天发布公告；参加人在听证会上的权利；听证笔录的制作；将听证意见向审查机关报送。然而并没有规定公告的内容范围以及听证组织单位是否必须回答所提问题，也没有规定向公众或者听证人反馈的机制。第 21 条是对于《行政法规制定程序条例》第 21 条的重复；在第 22 条当中，对于规章的送审稿在涉及重大问题的时候，专家参与提出意见建议的方式进行了规定；第 23 条包括《行政法规制定程序条例》第 20 条以及第 23 条的内容，并且规定在规章的起草阶段如果没有对社会公开内容，也没有举办听证会的，经过批准，可进行公布或者举行听证会。

（四）国务院部门规章对于法案公开征求意见制度的规定情况

到目前为止，有 30 多件部门规章对于法案公开征求意见制度作出了相关规定，按照其性质主要分为三类。

第一，从广义上规范部门立法工作的，如《交通法规制定程序规定》《国家食品药品监督管理总局立法程序规定》《国土资源部立法工作程序规定》《文化和旅游部立法工作规定》《新闻出版总署立法程序规定》《农业部立法工作规定》《中国银行业监督管理委员会法律工作规定》《中华人民共和国海关立法工作管理规定》《广播电影电视立法程序规定》等。

第二，规范规章制定程序的规章，如《税务部门规章制定实施办法》《工业和信息化部规章制定程序规定》《国家知识产权局规章制定程序的规定》《国家市场监督管理总局规章制定程序规定》《科学技术部规章制定程序的规定》《环境保护法规制定程序办法》《证券期货规章制定程序规定》《中国保险监督管理委员会规章制定程序规定》《国家体育总局规章制定程序规定》等。

第三，单独强调公开征求意见的规章，如《证券期货规章草案公开征求意见试行规则》等。

(五) 地方政府规章中关于法案公开征求意见制度的相关规定

近年来，响应中央的号召，各地方的立法工作也有很大进展，许多地方的立法活动中都对法案公开征求意见制度有一些发展，为之制定了许多法规，常见的如《重庆市行政立法基本规范（试行）》[1] 规定可以采取现场论证会或者听证会等形式进行法案征求意见；《湖南省行政程序规定》第48条[2]的相关规定，另外还有《湖南省人民政府制定地方性法规草案和规章办法》《苏州市人民政府规章制定规定》《云南省行政机关规范性文件制定和备案办法》《青岛市制定地方性法规条例》[3]《广州市规章制定公众参与办法》《重庆市行政立法基本规范（试行）》《黑龙江省政府立法工作规定》等，都对"两个条例"中关于法案公开征求意见制度进行了具化和细化，尤其是《广州市规章制定公众参与办法》，该办法是特地用来规范行政立法的公众参与的第一部地方政府规章，明确规定了公众在法案起草甚至立项阶段就可以向立法机关提出意见建议，而且明确规定了公开法律案，向公众征求意见是制定规章的必经程序，以这一程序很好地对法案的起草和审查进行了过渡，这不可谓不是一大进步。

---

[1] 《重庆市行政立法基本规范（试行）》第53条规定："市政府法制机构应当创造条件，推进立法公开，扩大公众参与。市政府法制机构可以将送审稿通过有效渠道向社会公布，广泛听取社会各界的意见。涉及公民、法人和其他组织切身利益或者对社会有重大影响的立法项目，市政府法制机构可以组织公开听证。听证可以会议形式进行，也可以通过网络进行，必要时，听证过程可以通过电视直播。涉及特定地区、行业的立法项目，市政府法制机构应当深入实地调查研究，可以采取现场论证的方式听取相关地区、行业的意见和建议。"

[2] 《湖南省行政程序规定》第48条规定：制定规范性文件应当采取多种形式广泛听取意见，并经制定机关负责法制工作的机构进行合法性审查，由制定机关负责人集体审议决定。

[3] 《青岛市制定地方性法规条例》第9条规定："由市人民代表大会会议审议的地方性法规案，应当将地方性法规草案公布，征求意见。"第23条规定："常务委员会会议第一次审议地方性法规案，在全体会议上听取提案人的说明，由分组会议进行初步审议。常务委员会会议第一次审议地方性法规案后，常务委员会法制工作机构应当将地方性法规草案发送有关机关、组织和专家征求意见。法制委员会和常务委员会法制工作机构应当会同有关部门，听取各方面的意见。"第24条规定："常务委员会法制工作机构应当收集整理各方面提出的意见，会同有关部门对地方性法规草案进行研究修改，提出地方性法规草案修改建议。法制委员会根据常务委员会组成人员、有关的专门委员会的审议意见和各方面提出的意见以及常务委员会法制工作机构提出的修改建议，对地方性法规案进行统一审议，提出审议结果的报告和草案修改稿，对重要的不同意见应当在审议结果的报告中予以说明。对有关的专门委员会的重要审议意见没有采纳的，应当向有关的专门委员会反馈。"

二、我国现行法案公开征求意见制度的实施效果状况

（一）人大立法的公开征求意见活动

早在1954年9月15日，全国人大就进行过我国第一次法案公开征求意见活动，针对我国的根本大法——宪法而进行，历时两个月的几乎全民参加的"大讨论"形式，先后有1.5亿多人次参与讨论，收到了来自全国各地的5000多万条建议和意见，并基于这些建议和意见进行了草案的修改。由于拥有广泛而牢固的群众基础，制定出的宪法在当时甚合民意，那时确定的许多重要制度，到现在仍旧在实行。

1982年4月，现行宪法草案公之于众，进行征求意见的活动，是我国第二次进行法案公开征求意见的活动，1982年宪法草案也是改革开放以后首部向公众征求意见的法案。这一次宪法草案公开征求意见活动由于规模大、参与人数众多，产生了广泛和深远的影响，进而成为法案公开征求意见活动的范例，当时采用了公众的不少合理的建议，对于草案进行了近百处的修正。

1998年九届全国人大常委会提出了"要采取各种形式，广泛听取群众的意见"的群众立法思路，这使得法案公开征求意见活动迈上了新台阶，当年就完成了《村民委员会组织法》《土地管理法》《合同法》的法案公开征求意见活动。

全国人大常委会办公厅于2001年4月明确将来需要经由全国人大常委会审议的法案通常皆要进行广泛的公开征求意见。法律草案的公开征求意见变成了一种常规状态。[①] 在这之后，随着越来越多的法律草案进行公开征求意见活动，法案公开征求意见工作也取得了越来越好的效果。比如2001年时《婚姻法》修正案草案向社会公众征集建议和意见，成为我国人大立法工作史上参加立法活动人员数量最多的、同时也是提出最多建议和意见的一次公开征求意见活动，更是公众第一次通过网络参与法案公开征求意见活动。当

[①] 《16部法律草案公开征求意见"开门立法"成为常态》，中国法院网，http://old.chinacourt.org/html/article/200804/22/297662.shtml，最后访问日期：2014年2月20日。

时的全国人大常委会法工委在征求意见期间一共收到了4000多件意见,通过报纸和网络等媒体也收到了成千上万的公众意见和建议。参与者年纪最大的90岁,最小的才13岁,[1] 年龄跨度非常大。

改革开放以后,第一部向社会全文公布征求意见的法律草案是2005年7月10日的《物权法(草案)》。全国人大常委会法工委接到了一位普通的盲人——孙东的盲文信件:"在物权法的草案公布以后,我在亲朋好友的帮助之下,仔细阅读了法律草案的全部内容,认为有些需要修改的地方,现在特意致信给你们提出我的修改建议,希望你们能够对此予以重视。"这是对于法律草案公开征求意见活动的第一次尝试。

后来,于2006年3月向全社会公布的劳工合同法的法律草案,公众也在仅1个月左右就提交了191849项建议和意见。

截至笔者统计时止,已经有57部法律草案结束了公开征求意见活动,图5-1是人大已经结束法案公开征求意见活动的法律案以及当时的征求意见情况汇总。

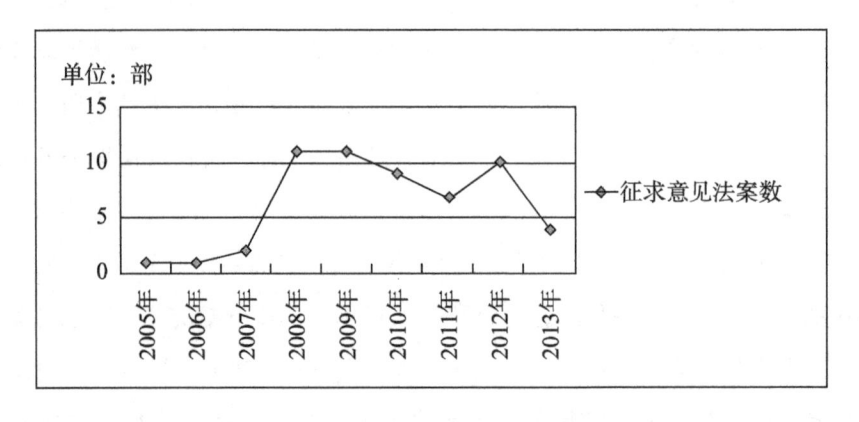

图5-1 人大法案公开征求意见情况

数据来源:中国人大网,http://www.npc.gov.cn/npc/flcazqyj/node_8176.htm,最后访问日期:2014年2月20日。本图由笔者自己制作。

---

[1] 《16部法律草案公开征求意见"开门立法"成为常态》,中国法院网,http://old.chinacourt.org/html/article/200804/22/297662.shtml,最后访问日期:2014年2月20日。

(二) 行政立法领域的法案公开征求意见活动

1. 国务院行政法规的法案公开征求意见活动

早在2003年，国务院就开始对行政法规草案实施向社会公开征求意见活动，当时国务院法制办主要以报纸作为媒介，向社会全面公开了《物业管理条例（草案）》并征求意见。2004年3月，国务院出台《全面推进依法行政实施纲要》，明确提出要"改进政府立法工作的方法，对公众参加政府立法的程度予以加深"，"要积极摸索和建立对于吸收和采用意见的情况的说明制度"，"起草法律法规、规章以及作为行政管理根据的规范性文件的草案时，需要采用多样方式广泛地吸收意见"。

2004年，在"政府法制信息网"上对于《收费公路管理条例（草案）》公开征求意见，2005年和2006年分别进行了《机动车第三者责任强制保险条例（草案）》以及《国家自然科学基金条例（草案）》的公开意见征集活动。

2007年，国务院公布《国务院法制办公室关于进一步提高政府立法工作公众参与程度有关事项的通知》，该通知促进了国务院部门规章的法案公开征求意见活动的开展。

从2007年6月开始，行政立法公开征求意见也成为一种常态，除了涉及国家秘密和国家安全的行政立法，其余的原则上都要在国务院法制办公室官网——"政府法制信息网"上公布法律草案，向社会公众征求意见。这种征求意见的形式得到了公众的青睐和积极参与。最典型的例子，《劳动合同法实施条例（草案）》在进行公开征求意见活动时，收到了8万多条意见，其中2000多条来自电子邮件；2010年2月《国有土地房屋征收与补偿条例（草案）》在网上征求意见，草案公开的第一天，网站的流量就达到了平时的10倍，超出了4万人次，瞬间点击率超出每秒1000次，有15000多人次提出了自己的意见和建议。

到2013年底，已经有402部规章的草案以及16部行政法规的草案结束了公开征求意见活动。详细情况见图5-2、图5-3。

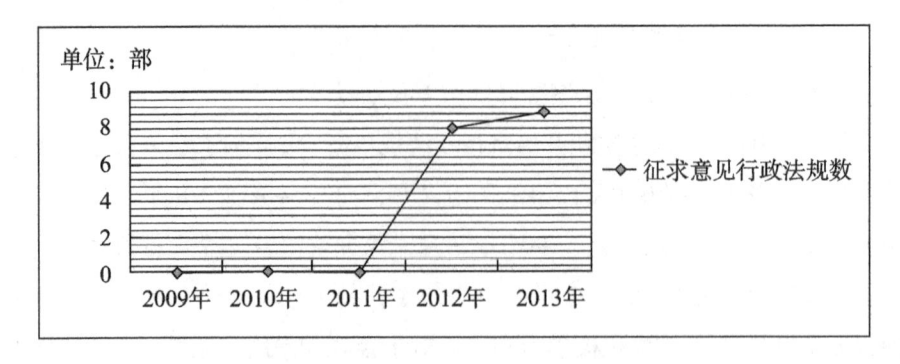

图 5-2 国务院法制办公室行政法规草案征求意见情况

数据来源：国务院法制办官网"法规规章草案意见征集系统"，http：//www.chinalaw.gov.cn/article/cayjzjxt/index.html，最后访问日期：2014年2月20日。本图由笔者自己制作。

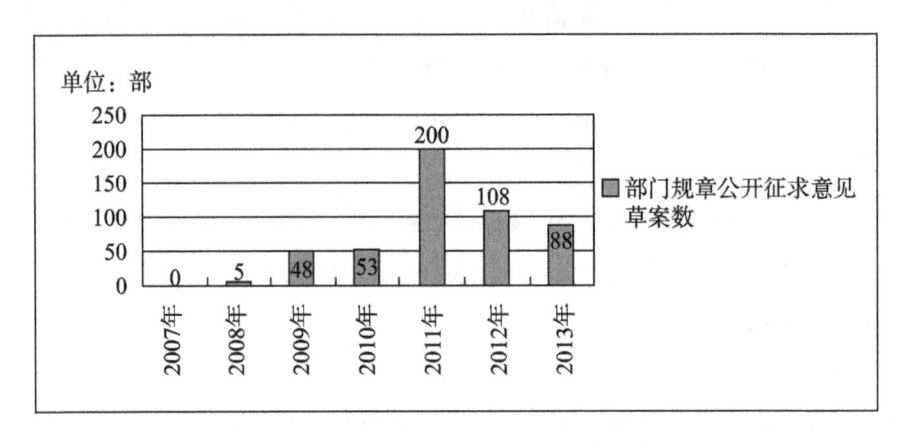

图 5-3 国务院部门规章公开征求意见情况

数据来源：国务院法制办官网"法规规章草案意见征集系统"，http：//www.chinalaw.gov.cn/article/cayjzjxt/index.html，最后访问日期：2014年2月20日。本图由笔者自己制作。

国务院还于2008年出台了《关于加强市县政府依法行政工作的决定》，其中对于"推行重大行政决策的相关听证制度"以及"完善重大行政决策的意见听取制度"进行了较明确的规定。这一决定同时推动了中央和地方的法案公开征求意见活动的良性展开。

2. 地方政府规章的法案公开征求意见活动

近年来，在原国务院法制办公室现司法部的带头下，地方政府法制机构部门也在法案公开征求意见方面做了不少努力。典型的如云南省，早在1998年就在《云南日报》上对于《云南省个体工商户和私营企业权益保护条例

（草案）》进行了公开征求意见活动，效果良好。天津市也在各种媒体上对公开征求意见活动进行了大力宣传，以使得更多的公众参与法案公开征求意见活动，这些工作，使得后来在对《天津市空间发展战略规划条例（草案）》进行公开征求意见活动时，取得了很好的效果。北京市从 2002 年就尝试通过网站"首都之窗"进行公众意见征集活动，并且在 2003 年出台了《北京市人民政府法制办关于地方性法规规章草案公开征集意见的若干规定（试行）》，对于法案公开征求意见活动的程序、处理意见的方式以及责任分配问题进行了一定的明确。尤其值得关注的是上海市的法案公开征求意见活动（见图 5-4）。

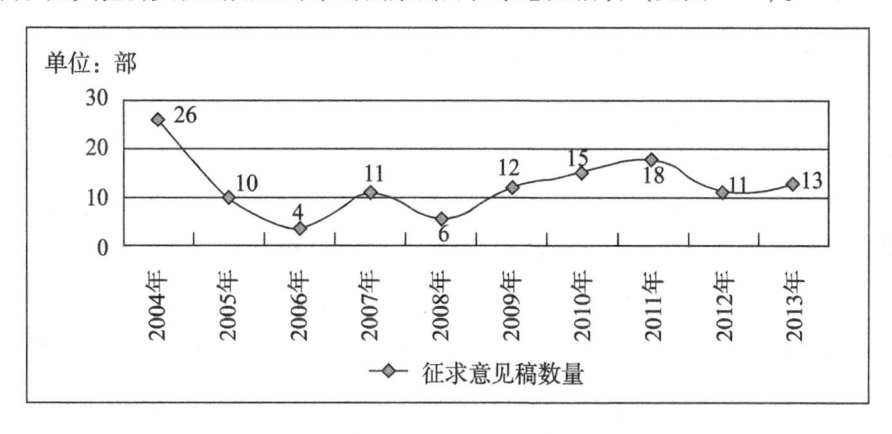

图 5-4　上海市法案公开征求意见情况分析

数据来源：中国上海"政府规章草案民意征询平台"，http://zhuanti.shanghai.gov.cn/Suggestion/LawList.aspx?keyword=&lpage=0&year=0，最后访问日期：2014 年 2 月 20 日。本图由笔者自己制作。

上海市在 2003 年出台了《上海市行政规范性文件制定和备案规定》，其中对法案公开征求意见制度进行了规定，典型的如第 12 条[①]，第 13 条还对征求意见后如何处理进行了一定规定[②]。并且在制定《上海市政府信息公开规

[①] 《上海市行政规范性文件制定和备案规定》第 12 条（听取意见）规定："起草规范性文件，起草部门应当听取相关机关、组织和管理相对人或者专家的意见。起草部门听取意见，可以采取书面征求意见或者召开座谈会、论证会、听证会等形式，并向规范性文件制定机关（以下简称制定机关）说明听取、采纳意见的情况。"

[②] 《上海市行政规范性文件制定和备案规定》第 13 条（意见的处理和协调）规定："公民、法人或者其他组织对规范性文件草案内容提出意见和建议的，起草部门应当予以研究处理，并在起草说明中载明。相关机关对规范性文件草案内容提出重大分歧意见的，起草部门应当进行协调；协调不成的，报请上级行政机关协调或者裁定。对重大分歧意见的协调和处理情况，应当在起草说明中予以载明。"

定》时，进行了第一次法案公开征求意见活动，当时在《文汇报》《解放日报》以及网站"中国上海"等许多平台上对草案全文进行了公开征求意见，收到了良好的效果。上海市法制办注重网络平台草案公开征求意见活动，"上海政府·法制信息网"成为上海市法案公开征求意见活动的重要平台之一。自2009年《上海市旅馆业管理办法（草案）》公开征求意见开始，还对公众的意见和建议进行了反馈，并且将反馈情况在该网站上予以公布，反馈情况中详细记述了这次征求意见活动收到的各种方式提出的意见和建议各多少条，并且列明最终采纳建议的提供者，同时详细说明如何采纳以及采纳到了哪一条当中。截至2013年底，已经进行反馈并且通过的草案达到了41部。

3. 立法听证在法案公开征求意见活动中的重要应用

立法听证是法案公开征求意见制度的一种重要方式，已经有大量规范性法律文件涉及了对于这一制度的规定，例如，《哈尔滨市立法听证规定》规定了政府规章制定过程中的相关听证制度，《广西壮族自治区人民政府立法听证制度实施办法》《南京市人民政府立法听证办法》《吉林市制定政府规章听证规则》《大连市人民政府制定规章听证规定（试行）》[①]《杭州市实施立法听证会制度的规定》《徐州市政府规章立法听证规定》[②] 等文件都单独规定了立法听证制度；同时，《国家食品药品监督管理局听证规则（试行）》《国土资源听证规定》《宁夏回族自治区行政听证程序规定》《贵阳市重大行政决策听证规定（试行）》《大连市重大行政决策听证办法》等众多规范行政听证方面的文件中也规定了行政立法听证。尤其是地方政府在立法活动中对立法听证进行了运用，效果良好，最典型的如上海市，上海市在"上海政府·法制信息网"上将立法听证的相关事项予以公布，公布的内容主要包括：草案全文、听证公告、参加的代表名单、听证会的情况。从2008年底开始，上海

[①] 《大连市人民政府制定规章听证规定（试行）》第8条规定，听证陈述人申请时"应当对听证事项持有的立场、观点进行必要的说明"。

[②] 《徐州市政府规章立法听证规定》第8条3款规定："在意见相同或相近的群众代表报名者较多时市政府法制工作机构可以要求其协商后派代表参加；代表一方群体利益的报名者较多时，市政府法制工作机构可以要求其委托利益团体组织代表参加。"

市已经先后对于《上海港口客运站管理办法（草案）》《上海市旅馆业管理办法》《上海市门弄号管理规定（修订草案）》《上海市轨道交通运营安全管理规定（草案）》《上海市基本医疗保险监督管理办法（草案）》《上海市公共建筑集中空调通风系统卫生管理办法（草案）》《上海市著名商标认定和保护办法（草案）》《上海市再生资源回收管理办法（草案）》《上海市停车场和停车库管理规定（修订草案）》《上海市社会生活噪声污染防治办法（草案）》《上海市非机动车安全管理条例（修订草案）》等法规草案在该网站上进行了立法听证并且报道了听证情况。

三、我国法案公开征求意见制度实施过程中存在的问题

（一）理念原则层面

我国法案公开征求意见制度已经初具形态，在总体上呈现了一种向上发展的状态，但是能否得到良性发展，与这一制度存在的基础和原则是密不可分的。现实是，虽然法案公开征求意见制度无疑是秉承着"民主立法"这一理念而进行的，但在当前状态下，我国法案公开征求意见制度并没有形成一个统一的原则。不管是中央还是地方，每个立法工作机关在涉及法案公开征求意见制度时，都几乎是在"摸着石头过河"，也许目前，这种原则的缺失带来的危害还不明显，但是随着法案公开征求意见制度的不断向前推进，在其日渐庞大、效果日渐增大之后，不结实的基础将会导致其未来的畸形，将来可能造成法案公开征求意见制度的管理混乱，而由于其可能已经发展到了一定规模，将造成更广泛的不利影响，这样的顾虑并不是杞人忧天。

（二）程序制度层面

到目前为止，我国并没有一个统一的切实可行的程序来规范法案公开征求意见制度。通过观察我国当前涉及法案公开征求意见制度的规范性法律文件我们可以发现，就中央而言，《立法法》和"两个条例"更多的只是作出一些原则性的规定，用词和语言都比较模糊，没有具备可操作性的指导，缺乏这方面的强制性规定，很难实施到实践当中去。

就地方上以及各部门而言，涉及法案公开征求意见制度的规范性法律文

件基本上是承继了《立法法》以及"两个条例"中的规定,有的甚至对个别条款全盘照抄,几乎都体现着非强制性的特点,用语模糊,缺少权威性。也没有形成对于公开征求意见的效力的明确性规定。有一些相关规定,各地甚至大相径庭,如《国家体育总局规章制定程序规定》在第23条中规定了当草案"征求意见不充分"时,审查部门可以将其退回起草部门;而《工业和信息化部规章制定程序规定》第17条却规定在审查阶段只有直接涉及公众利益时才能通过网站这一种途径公开征求意见,并没有明确在起草阶段就应当向社会公布草案的要求;有的规章开始强调"相对人"的意见,而忽视了一般公众的参与权利,如在《中国保险监督管理委员会规章制定程序规定》第20条规定起草部门对于与特定相对人有重要的利益牵涉的规章,应当向其以书面的方式征集意见,《广播电影电视立法程序规定》第20条和《工业和信息化部规章制定程序规定》第10条也强调听取"相对人"意见。与《立法法》以及"两个条例"中的规定相比,部门或者地方的规范性法律文件对于法案公开征求意见制度的规定有了相当细化,其中一些规定还进行了突破性的尝试,但是各部门、各地方对于具体问题或者操作环节并没有形成一致认识,导致有时候出现不确定性,影响了法案公开征求意见制度的权威性。

(三)实践层面

1. 不同地区、不同类型法案征求意见效果极不平衡

我国巨大的国土面积间接导致法案公开征求意见制度在我国各地区的实施力度极不平衡这一严重问题。通过研究北京、上海、青岛、广州、武汉、西安、贵阳、西藏、青海等地的政府法制部门网站,可以发现,总体而言,东部沿海城市以及经济发展比较良好的城市,具有比较健全的法制环境,这些城市的公众更乐于表达自己的立法要求,对于法案公开征求意见活动的参与性也更高,而在中西部的很多地区,由于本身法制环境基础不好,公众的法制意识薄弱,直接导致了参与法案公开征求意见活动的积极性不高。而且就实施法案公开征求意见制度的机关而言,东部沿海城市的立法机关对于这一制度更加积极和重视,也更加乐于和公众分享立法信息,更易于真正吸纳公众意见,并将之反映到立法成果当中去。

当前,我国几乎所有的中央或者地方立法机关都开通了网络平台进行法

案公开征求意见活动，赢得了更多的受众，即使这样，还是会导致不同法规草案收集到的意见数量差额较大甚至可以说巨大，2007年《职工带薪年休假条例》草案进行公开征集意见活动，有8300多人参与，收到的意见高达14000多条。通过对于青岛市政府法制部门的实地调研我们也得知，一般是与公众日常生活关系比较紧密的法案会受到比较多的关注，相应的也会有比较多的人提供意见，而对于与民众生活虽然并不是直接相关，但也具有重要关联的法案却很难引起公众的注意，征集到的意见寥寥无几，极大影响了法案制定的质量和民主性。

2. 公开征求意见方式不够完善

由于现实原因，法案公开征求意见制度的方式比较单调，从目前实践来看，主要是网络平台公开征求意见和听证会两种形式。当前的法案公开征求意见活动主要是通过互联网进行的，这成为了主要渠道，尤其是国务院在2007年将"法规规章草案意见征集系统"正式投入使用之后，许多地方建立了本市的征求意见平台，通过网络渠道进行征求意见的法案呈大幅上升趋势。据了解，已经有28个政府法制部门建立了网络平台公开征求意见，国务院各部门也基本上建立了这样的征求意见平台。然而，虽然建立了征求意见平台，但是并没有法律法规进行强制性规定，要求所有不涉密的规章草案都必须通过这些平台进行发布，选择权在相关立法机关手中，最典型的就是国家工商行政管理总局，在没有进行法案公开征求意见的情况下就公布了首个反垄断调查程序规定。许多公布的法案并没有就相关的重要问题进行必要说明，立法信息披露不够，导致公众无法深入了解法案的制定情况，影响了其参与的积极性，而且，客观上来说，并不是在网站上公布了待征求意见的草案就会吸引到大量公众参与提供意见的活动。

另外一种常用的公开征求意见方式是举行听证会，但是，如同法案公开征求意见制度本身一样，我国的听证会制度并不成熟，从各级、各地举行听证会的实践情况来看，一般是涉及与公众日常生活比较密切相关的法案时会举行。但遗憾的是，国务院的法制机构到现在为止却还没有举行过立法听证会。而不论是从地方还是从中央政府角度，总体上，听证会的数量都比较少，而且公众积极性不强、参与度不够高，如上海市在2003年对《上海市一次性使用无菌医疗器械监管若干规定（草案）》所进行的听证，相关组织机关提前 30 天就在网站、街道等醒目位置发布公告但至公告期满，居然无一名公众报名参加。当前这样的情况有所缓解，但是类似行业协会等团体性参与者仍旧严重缺失。当前的立法听证会主要是采用正式听证的形式，忽视了非正式听证等可以进行有效变通的方式。行政机关往往认为举行过听证会就代表了程序的正当性，而忽视了采取其他非正式听取意见的方式来充分实现公民的参与权。而且不少听证会轻实质、重形式和排场，成本极高，导致当前立法听证的开销巨大，限制了立法听证的普遍举行，也压制了该制度积极效应的发挥。

3. 缺乏合理的意见处理机制和责任机制

当前，通过网络平台进行意见征求活动这种低成本、快捷的方式已经成为各立法机关进行法案公开征求意见活动时的首选。网络平台最重要的意义就是对所有公民开放，与之前通过传统媒体公布方式相比，可以获得更多人的参与，也能够收到更多的公众意见，但如何正确合理地处理好这些公众意见也成为当前亟须解决的问题。

通过对青岛市、上海市等地的法案公开征求意见平台的考察发现，地方行政立法的法案公开征求意见期限非常短，一般仅仅一周左右，这么短的期限无疑不利于公众提出意见，国务院法案公开征求意见平台上公布的草案征求意见的时间相对长一点，一般是一个月左右，因为是在全国范围征求意见，这样的期限应当说是比较合理的。在收集到公众意见以后，尤其是某些法案，公众提供的意见数量非常庞大，甚至成千上万，如果处理不当，将会严重影响公众今后参与法案公开征求意见活动的积极性。但现实是，立法机关只是单纯地接受意见，却并没有对公众提供的意见反馈重视起来，有的甚至没有考虑到这一点，给公众开通的提供意见的渠道一般是邮件或者通信，几乎没有相关的意见反馈平台，这可谓是一大缺失。不仅是网络公开征求意见活动缺乏反馈机制，听证会的意见反馈情况同样令人不满意，对于听证会具体议题的产生办法和结果反馈的规定也几乎没有。

另外一个亟须重视的问题是法案公开征求意见制度责任机制的缺失。当前不少地方的法案公开征求意见活动仅仅是为了响应中央立法机关的号召而开展的立法形象工程，对当地立法质量的提高起不到应有的积极作用。由于没有相关的责任机制，各个环节模糊不清，责任分配不到位，"集体责任"变成了"没有责任"，部分工作人员对于法案公开征求意见活动态度不够端正，收到意见以后也很难保证会对之进行认真的处理，使得公众的参与难以落到实处。这也是阻碍法案公开征求意见制度真正发挥作用的一块巨大绊脚石。

客观来说，我国的法案公开征求意见制度有着宪法、法律、行政法规的基础，并且在政府的推动下，各部门、各地方开展了各种形式的征求意见活动，到目前为止也有越来越多的法律草案经由法案公开征求意见这一制度而走向公众，但是，由于种种深层次的原因，我国的法案公开征求意见制度在实践当中表现出的以上众多问题是绝对不容忽视的，当前的法案公开征求意见制度还不够科学透明，还不足以满足公众对于法律规则制定时的公平性、民主性的要求，如果一味地"为了法案公开征求意见"而"征求意见"，将会使这一原本极具价值的科学制度流于形式，更严重的是会导致公众认为立法机关没有足够的诚意采纳人民的意见，进而产生对于立法机关的不信任，导致立法危机，从而进一步阻碍立法科学化、民主化，阻碍我国社会主义法治进程。

四、改进我国法案公开征求意见制度实施效果的措施

加强公众立法参与的首要任务就是要加深公众认识，打好公众积极参加立法活动的思想基础，就是要在公众、媒体、社会各界、国家有关部门等各主体层面取得统一认识。改革开放以后，中国的社会状况发生了急剧的变化，当前，我们的公众参与也在经历着一系列的转变，如单一化向多元化的转变、被动参与到主动要求参与立法的转变，无论是公民还是国家，都呼吁着范围更广、程度更深的公众参与。公众参与成为我们必须直面的新情况，不仅要求立法机关的工作人员摒除陈旧观念，提高创新意识，想办法增强公众主动参加立法活动的意识，使其更充分地进行参与，而且要求立法机关根据当前社会情况，将公众参与立法活动放到一个更高的层面上来，并对民众参与立法进行正确的指引，

保证公众理性参与立法，保证立法活动向更健康的方向进行。①

法案公开征求意见活动作为公众参与的重要方面，实质上也是立法机关和公众就公众利益和自身利益进行反复沟通协调以及磋商后，寻求比较平衡状态的一个过程，其目的是保证公众合法行使国家事务管理权，维护公众的合理利益，保证立法的民主性和科学性，这个制度的发展过程是复杂而漫长的。当然，这一过程中产生问题也是不可避免的，重要的是我们如何看待和解决这些问题。

(一) 确定统一科学的实施原则

作为立法程序当中至关重要的一项制度，法案公开征求意见制度应当遵循如下一系列原则，这些原则也是规范法案公开征求意见制度的基本框架。

1. 民主公开原则

民主公开是法案公开征求意见制度最基本的原则，是法案公开征求意见制度最核心的价值所在，是法案公开征求意见这一制度的灵魂。民主公开原则有两方面的要求：

一是立法过程应当公开。由于法律制定出来以后要求全体公民遵守，涉及的是全体公众的利益，所以立法是不应当具有隐私性。法律制定的任何过程（如法案的提议、审查、表决等）都应当向社会公开，及时通过有关平台或者媒体披露相关的立法信息或者文件，以保障民众第一时间把握立法动态，从而更好地监督和参与立法过程。

二是立法活动应当具有民主性，即立法的过程应当是有一般民众参加进来。我国立法机关的立法权来源于人民，这是间接民主的形式，而人民对立法的直接参与则是直接民主的表现，公众参与立法的程度高低昭示了立法民主化程度的高低。

2. 程序正当原则

程序正当原则是法案公开征求意见制度切实得到执行的要求，是民主公开原则最直观的表现，同时也是真正实现民主公开原则的保障性原则。尤其

---

① 许显辉：《立法工作需要公众参与》，国务院法制办公室网站，http://www.chinalaw.gov.cn/article/dfxx/dffzxx/hun/200709/20070900056479.shtml，最后访问日期：2014年2月20日。

从行政立法视角来看,由于行政机关立法违背了"谁都不可以担任自身案件的法官"这一基本法律规则,在立法过程当中尤其要注重对民意的吸收。法案公开征求意见制度对行政立法而言也具有其独特的意义。程序正当原则首先要求"有法可依",由相关的法律法规对于法案公开征求意见制度的程序有一个纲领性、权威性的规定。其次,程序正当原则要求在每一个具体程序中切实贯彻民主公开原则,保障尽量多的公民真正参与到法案的讨论与制定当中来。程序正当原则还要求通过多种方式进行法案公开征求意见活动,另外,程序正当原则还要求对于法案公开征求意见制度的各个环节进行监督,包括自身监督和民众监督。

3. 公平效率原则

公平效率原则是法案公开征求意见制度的重要原则,是保证法案公开征求意见制度顺利实施的基础性原则。公平效率原则包括两个方面的内容,一是对"公平"的追求。帕灵顿曾经用财产的多少来描绘早期的美国人对"公平"这一概念的态度:"民主党激进派、自由土地党、早期共和党、平民党、进步党,都有一个共同目标,即进一步开展由杰斐逊发起的民主运动:使美国成为一个拥有民主和机会均等的国度——使美国政府为大众服务,而不是为财产服务"。[①] 民主并非意味着消除一切差异,民主恰恰是存在于差异之中的,在差异当中通过沟通寻求价值和利益的多元化,这也是立法平等的道德基础。如果没有这样的沟通协调,将会压制意见的表达,导致立法的片面和缺陷,即人民通常所说的"压制型立法模式"。传统意义上的立法平等包括三个层次:立法权主体成员内部间应当平等、公众立法地位平等、立法权主体和公众至少在辩论方面的地位应当平等。各个主体不应当由于其外在或者内在的条件差异而导致其平等权利的差异。[②]

公平效率原则的另一方面是对"效率"原则的追求。效率原则是指立法机关通过成本效益分析,选择效率最大化的方案。立法活动对人们进行法律上的权利义务分配,本质上是对于社会资源进行配置,而这一配置过程本身

[①] [美]沃浓·路易·帕灵顿:《美国法律史》,陈永国译,吉林人民出版社2002年版,第765-766页。

[②] 姚建宗:《法理学》,科学出版社2010年版,第386页。

就需要对社会资源进行一定消耗，这就要求立法机关在关注公平的同时，也要兼顾效率，使得资源配置接近最优。①对保证立法的及时性而言，效率原则有着极其重大的意义。从以上两点可以看出，公平效率原则是对于立法"保质保量"的重要保障。

4. 相对原则

相对原则指的是法案公开征求意见制度在具体实施过程当中的相对性。具体而言就是要特别注意立法主体与法案公开意见受众之间的互动性，从立法者角度而言，就是要保障公众参与法案公开征求意见的渠道畅通，为其提供充分的相关信息和便利，并且做好对于收集到的意见和建议的反馈机制，保证每一个信息都得到合适的处理并且使得参与的公众知晓，这不仅是立法主体方面对于参与法案公开征求意见制度的公众的尊重的体现，更能有效地对于法案公开征求意见制度的重要环节进行很好的监督。

(二) 制定具有针对性的独立规范

从当前我国法案公开征求意见制度实施状况来看，各地方、各部门、各级立法机关实施法案公开征求意见活动可谓是五花八门，缺乏统一的规范，虽然我国的不少规范性法律文件都对法案公开征求意见制度相关规定有一定的叙述，但是并没有一部规范性文件，以非常明确和清晰的方式将这一制度规制起来，这使得各地方、各部门、各级立法机关在实施法案公开征求意见制度时候常常是各行其是，其各自的法案公开征求意见活动的相关规定并没有普适价值。当务之急，就是要对于各地各部门的法案公开征求意见制度实施状况进行深入研究，取其精华去其糟粕，将各种优点综合并加以改善，制定出一部在全国范围内具有普遍适用价值的专门用以规制法案公开征求意见制度的规范性法律文件，并且允许各相关机关在遵守该规范性文件的基础上根据各地的实际情况予以变通。姜明安教授曾说过"公众立法参与是在法治的环境下得以实现的"，这样一部规范性法律文件如果得以出台，将使得法案公开征求意见制度真正有章可循，有法可依。对于规范当前法案公开征求意见制度实施过程中杂乱无章的情况所产生的意义将是不言而喻的。

---

① 沈宗灵：《法理学》，高等教育出版社2009年版，第297页。

（三）完善公开征求意见的方式

从中央到地方的立法机关都进行了不断的探索实践，《立法法》以及"两个条例"对小规模的公开征求意见的方式也进行了大致相同的规定，包括座谈会、听证会、论证会等，但是并没有对大规模的公开征求意见方式进行比较具体的规定。

从宏观的实践层面上来看，我国面向大范围公众进行法案公开征求意见制度的活动方式大致可以分为三个阶段。第一阶段是在2003年之前，一般是通过报纸、广播、电视等途径对草案原文进行全文刊登或者播报，以使公众知晓，公众提出意见的方式一般是通过书信，参与的公众范围也比较有限，一般局限于这些传统媒体的读者或者听众。第二阶段是在2003年之后，开始陆续采用在官方网站上公布法案全文的方式，公众可以通过纸质书信或者电子邮件提出自己的意见和建议，这是一种进步，在扩大参与人数范围的同时，也节约了公布法案的成本，而且也使公众提出意见更加方便，但是也存在一些问题，如一般都是一次性全文公布，由于法案比较长，造成阅读不便，而且，网络环境的不够整洁，也使得工作人员在收到公众意见的同时不得不同时面对不少垃圾邮件和不必要的邮件，浪费了时间。第三阶段是通过专用平台征求意见。到了2007年，中央和地方各级立法机关基本建立起了法案公开征求意见活动的常用网络平台，一般通过这些网络平台进行法案公开征求意见活动。如国务院法制办的法规规章意见征集系统，将各种法案进行分类，并且设计成公众可以逐条阅读提供意见的方式。上海市法制办的公开征求意见平台对于特定法案进行了常见问题设计，让参与者进行选择，这样的方式既方便了公众，又提高了处理意见的工作效率。但是也显示了某些弊端，例如所设提问的局限性比较大。

由于我国地域辽阔，各地的经济发展水平以及人民的生活水平、文化水平、法制观念还有立法水平的差异都比较巨大。而且，即使在同一地区的不同群体，其差异也是巨大的，所以，在现阶段，我们应该采用多元化的征求意见方式。

首先，要对现有的征求意见方式进行管理和完善。应当对《立法法》以及"两个条例"当中提及的公开征求意见方式进行具有可操作性的规定，尤其是对这些方式中比较多采用的听证会方式，由于现阶段的听证会并没有一个很好的操作流程，导致了资源浪费，因此对立法听证会进行适用于全国范围的明确规定非常必要，应当制定针对听证规定的相关法规，明确立法听证的范围，规定满足什么条件的法律草案必须进行听证；规制好立法听证的相关程序和规则；保证听证的民主性，让个人、代表团体、行业组织都有充分的机会表达自己的意见，与立法机关进行良好的沟通；增强立法听证的实际效果，去除不必要的形式性的事项，强化产生实际效果的环节，并且对立法听证的结果进行追踪，使立法听证收到应有的成效等。

要加强网络征求意见平台的建设。当前的许多网络意见征求平台设计并不十分科学，不便于公众很好地发表意见，并且征求意见系统目前不能对成千上万的意见进行有效的分类、归纳、分析，还是需要由工作人员进行大量的整理和阅读工作，时间和人力成本花费都非常高，所以有关部门应当加强网络征求意见平台的管理，推出更好的网站格局和提交意见系统设计，方便公众更好地发表意见和建议，同时也更好地提高工作效率。

其次，立法机关不能对所有的法案在公开征求意见的方式上一概而论，应当根据法案所涉内容具体确定公开征求意见的方式，比较具体地明确各种征求意见方式的适用范围、公众提出意见的期限、组织活动程序、对于各种具体事项的公开应当提前多少时间、立法相关信息范围以及立法主旨等，这是为了防止立法机关，在实践中选择最方便自己却不顾及公众的参与方便以及实施效果。例如，对于有些有必要进行座谈会、听证会的法案，立法机关只选择网络参与的方式，公众意见是否得到处理，完全由立法机关自身主导，这将会严重影响征求意见的效果。只有进行了严格的限制，才能真正保障立法权的透明和公众的有效监督。

最后，对于某些法案，各种征求意见方式应当结合应用。座谈会、论证会、听证会"三会"方式的特点是互动、深入、切中要点，网络和传统媒体公开征求意见方式的特点是覆盖面广泛，参与人员人数多而且人员本身多样化。针对法案自身的特点，可以适当采用多种形式的征求意见，使各种方式相互补充，以获得更好的效果。

另外，应当根据现实情况应用原本比较少见但是不容忽视的征求意见方式以及根据实际情况研究提出新的公开征求意见方式。如天津市在对《天津市医疗纠纷处置办法（草案）》公开征求意见时，由于网络公开征求意见的效果不好，就及时转变工作方式，依托居委会召开社区座谈会，面对面收集基层公众意见，取得了不错的效果。开展社区征求意见见面会、茶话会，主动把法案公开征求意见工作切实落实到社区中去、落实到公众身边去，往往会取得意想不到的成效。

（四）设计科学合理的征求意见程序

目前，我国的法案公开征求意见制度对于立法机关而言，还是一种"软义务"，应该对其进行基础性的可操作的严格规制，使其成为一种法定职责，一些部门已经针对这类问题出台了一些规定，比如《国土资源部立法工作程序规定》与《海关立法工作管理规定》。

在是否公开这一原则性问题方面，法案公开并不是指不问法案自身，盲目地一律公开，而是应当原则上进行公开，对于某些涉密事项或涉及敏感事项的特殊法案，可以根据实际情况，在通过前不予公开征求意见，或者是与一般的法案相比，在更迟的阶段公开征求意见，综合考虑公众权利、社会维稳需要以及国家利益。即以公开为原则，以不公开为例外。

在具体的实施程序方面也应当有科学合理的征求意见程序和阶段。

（1）规定哪些类型的规范性法律文件草案必须进行公开征求意见，符合哪些要求的法案必须至少采用何种方式征求意见。

（2）对法案公开征求意见的时间和期限进行具体的规定，根据法案类型规定在法案公布前或者审议之前多长时间要开展公开征求意见活动，以及公布后的征求意见期限。

（3）公开征求意见时应当公布的相关立法信息具体范围，公布程度和方式，具体到哪个阶段以什么方式征求意见，尤其应当对有关立法的实质性信息进行及时披露，以方便公众及时掌握立法动态，提出更合理的利益诉求。

（4）尝试渐进式地进行征求意见活动，比如可以依照媒体公开征集意见→网络平台公开征集意见→论证会的形式、座谈会的形式或者听证会的形式征求意见→向专家咨询征求意见的顺序进行分阶段、渐进式的意见征集活动，如果一次征求意见效果不理想，还可以根据实际情况进行二次征求意见，以更好地让公众表达自己的利益诉求。

没有规矩不成方圆,科学合理的程序是公开征求意见制度能够切实得到执行的直接保证。

(五) 建立合理的意见处理程序及反馈机制

在法案公开征求意见制度当中,意见的收集、采纳、反馈三个环节是必不可少且密不可分的。许多国家的法案公开征求意见制度都建立了公众意见反馈机制,比较典型的如美国的意见反馈制度:在立法过程中,要求行政机关对于公众的建议和意见进行细致的研究、分类、整理归纳;在这以后,行政机关还需要在民众评议结束以后的8天时间里在其网站内公布为何对于相同的意见,有的采用了而有的没有采用的统一合理的解释;同时,还要求规章草案中明确标出采纳的内容,如将采纳的内容在规章草案上画出黑线。[①]但是在我国当前的法案公开征求意见实践工作当中,往往只有征求意见这一环节。在有的情况下,立法机关有可能对有价值的公众意见进行酌情的吸收采纳,有的时候也会对公众进行反馈。"征求意见只是一个形式或者步骤,最大限度地吸收民意才是更重要的。而在实践中往往是雷声大雨点小地收集到了许多意见建议,但对于意见是否被采用了以及采用了多少,常常是缺少说明的。这样会使民众对立法的参与收效甚微,更有可能使得立法机关失去公众的信任。"[②] 例如,《广州市养犬管理条例(草案)》对于公开征求意见的过程、主要意见的处理等都进行了反馈;《国家自然科学基金条例》的草案在向社会公众征集意见之后,也对收集到的意见的采纳情况及采纳和未采纳的理由进行了比较具体的反馈,但是,整体而言,并没有建立普遍的公众反馈机制。有的法案虽然收到了成千上万的公众意见,由于处理意见的程序不当,往往使辛苦收集来的意见白白浪费,导致前期所做的法案公开征求意见的工作流于形式,打击了公众参与的热情。为了真正把公众的诉求反映到制定出的法案当中,使法案公开征求意见制度真正发挥其实用性,应当重视

---

① 林松:《美国法制建设与立法透明度初探》,《行政与法》2005年第3期。
② 季婕:《公众有效参与行政立法的制度构想》,地方立法网,http://www.locallaw.gov.cn/dflfw/Desktop.aspx? PATH = dflfw/sy/xxll&Gid = e73446ef − 632a − 4f2b − 90a4 − d374bc944826&Tid = Cms_Info,最后访问日期:2014年3月19日。

公众意见的处理程序和反馈机制，在制度设计时就明确规定在哪个阶段进行意见反馈，根据不同的法案类型，应当反馈到何种程度；对于采纳的意见以及不采纳的意见都要说明理由，对于采纳的意见还需要说明如何采纳的，采纳的意见体现在哪些条文当中；需要明确规定通过说明途径进行反馈，如果公众对反馈结果不满意，与有关部门如何进行沟通等。广州市在《广州市规章制定公众参与办法》中对于征集意见以后的反馈机制做了一些明确和具体的规定，包括反馈时间、方式（以网站为主的多元化方式）、意见是否采纳及其理由；上海市新改版的法案公开征求意见制度网站系统平台也制定了专门用于反馈情况公示的板块，公布了意见的采纳情况，如对《上海市非机动车管理办法（草案稿）》在意见征集之后进行的反馈等。[1] 这些做法都是值得借鉴的。

从我国近几年的听证会的公开征求意见实践来看，关于具体听证议题产生办法和听证结果反馈的规定较少。听证议题的选择对于正式立法听证的成功是最关键的。至于听证结果的反馈，只有《汕头市人民政府行政决策听证规定》第33条规定"对没有采纳的重要意见，由听证组织机关书面向听证陈述人反馈并说明理由"。这里反馈的范围很狭窄，仅对其意见没有采纳的陈述人进行反馈。实行情况反馈的听证会为数不多，即使反馈了的，其反馈也不详细，如《云南省地下水管理办法（草案）》在听证结束后将听证结果通过网络进行公布，包括了听证会陈述人的意见采纳情况，但是对于具体收到多少条意见、采纳的意见及理由、不采纳的意见以及理由都没有说明。为了使听证会更好地发挥其效能，应当对参加人员陈述的口头意见以及提交的书面意见进行整理、分类和归纳，采纳合理的意见，并且对于采纳和不采纳的意见都给予书面答复，告知情况和理由，建立听证意见反馈机制。

只有建立起科学高效的反馈机制，加强公众参与法案公开征求意见活动的积极性，才能更好地与公众进行互动，采用到更大数量的、更有价值的公众意见和建议，推动我国的立法工作向更科学和更民主的方向发展。

---

[1] 《〈上海市非机动车管理办法〉征询公众意见情况反馈》，上海政府立法公众参与平台，http://www.shanghailaw.gov.cn/portal/gzcy/infopen/zqyjfk24526.htm，最后访问日期：2014年3月19日。

（六）建立相应的奖惩机制与责任机制

1. 在实施中制定相应的奖惩机制

随着我国立法民主化的加强，公民的民主意识日益增强，参与法案公开征求意见活动的热情也在不断提高，立法机关应当对公众的意见与建议以严肃和谨慎的态度来处理，这样才能更好地获得公众的信任。公开征求意见活动不可避免地需要占据公众的时间、耗费公众的精力，在实践当中，有些省市的立法机关在组织论证会、座谈会时会给予参与人员餐补和交通补贴，有些地方开始尝试用适当的物质奖励来激励公众积极参与法案公开征求意见，通过利益引导，使得公众认识到自己所提的意见将受到立法机关的重视，自己参与的立法能够切实保护自身的利益，有利于吸引更多的公众更好地参与到法案公开征求意见这一民主化制度当中来。

2. 建立法案公开征求意见制度责任机制

要进一步完善权力的监督机制和运行制约机制，做到"有权必有责，用权受监督，失职要问责，违法要追究"，保障群众赋予的权力自始至终用来为群众的利益服务。[①] 当前不少地方的法案公开征求意见活动仅仅是为了响应中央立法机关的号召而开展的立法形象工程，对当地立法质量的提高没有太多积极作用，收到意见以后也很难保证会对之进行认真的处理，使得公众的参与不能起到应有的作用。法案公开征求意见制度的落实，关键在于建立责任追究机制，包括对于没有按照规定的程序和范围进行立法信息公开和公告、对应当举行听证会而没有举行以及其他违反法案公开征求意见活动正常顺利进行的行为都应当进行惩戒，甚至可以规定不符合法案公开征求意见制度相关规定而制定出的规范性文件无效。对于对公众利益或者公民个人权利造成损害的，还应当追究相应责任。

责任机制的建立是法案公开征求意见制度得到落实的可靠保证。只有建立了公开征求意见制度的责任机制，明确责任的分配和环节的分段，把握好

---

① 习近平：《有权必有责 用权受监督 失职要问责 违法要追究》，凤凰网资讯，http://news.ifeng.com/gundong/detail_2012_12/05/19841364_0.shtml?_from_ralated，最后访问日期：2014年3月19日。

各环节之间的联系,对于没有贯彻落实相关制度的责任人进行严格的处理,才能让相关责任人感受到压力,从而认真实施,才能使法案公开征求意见真正成为一种可以切实执行的制度,而不仅仅流于形式。

除了以上六个方面,法案公开征求意见制度还需要立法机关的大力推进实施,以及相关部门和机关的积极配合,另外,对于公众对法案公开征求意见活动的开展造成严重阻碍的,也应当追究相关个人或团体的相应责任。

第二节 建立我国法案公开征求意见的"利益相关者"模式

一、问题的提出

1954年我国制定第一部宪法时就进行了广泛的法案公开征求意见活动,但作为一种制度规范及普遍性的实施应该是在2000年《立法法》出台以后。有资料统计,全国人大及其常委会制定的法律自2005年《物权法草案》公开征求意见开始,截至2012年底已有52部法律草案公开征求意见;国务院部门规章自2008年《专利审查指南修正案草案》公开征求意见开始,截至2012年底,已有320件部门规章已实施了公开征求意见。地方性法规、地方政府规章也都在2008年以后开始了法案公开征求意见活动。

不论是立法民主化的发展,还是公民权利意识的增长抑或是法治时代的要求,各国都在采取类似的活动,包括美国立法过程中的公众评议制度,英国、加拿大立法过程中的公众咨询制度,日本立法过程中的意见公募制度等。法案公开征求意见活动在吸纳民智,提高立法质量;扩大公民的知情权、参与权、监督权以及协调不同利益关系等方面价值及意义重大。

审视我国实施的法案公开征求意见活动,某些法案公开征求意见的效果并不是很理想,参与的人数、提出的意见都很少,甚至存在没有人参与也没有任何意见的情况。以全国人大及其常委会的法律草案公开征求意见活动为例,自2005年至2012年底,全国人大及其常委会共有52部法案公开征求意见，其中12部法案实施公开征求意见时，参与人数不到100人，占23%，最少的只有22人参与；有13部法案征求意见不到1000条，占全部法案的25%，最少的意见只有76条。国务院法制办部门规章公开征集意见系统平台显示，自2008年至2012年开展公开征集意见的320件部门规章中，有11件规章无1人参与；只有1人参与的部门规章草案有26件，参与人数在10人以下的有188件，占总数的59%。

法案公开征求意见是我国公民行使直接立法权的形式，但为什么公民参与兴趣不高，实施效果不理想呢？影响法案公开征求意见活动效果的因素大致有以下几个方面。

第一，法案宣传力度不够，鼓动不够。很多法律、行政法规、地方性法规、规章草案只是在一些网站公开，如全国人大及其常委会的法律草案一般只在"中国人大网"上公开，行政法规、地方性法规与规章也只是在一些网站上公布。而一些网站因技术问题有时还很难打开，因此，公众知晓法律、行政法规、地方性法规以及规章的草案都很困难，更谈不上参与和提意见了。

第二，征集意见的时间期限规定不合适。全国人大及其常委会法律草案征集意见的时间一般是"30天"或"1个月"，但行政法规以下的立法主体征集期限随意性很强，如部门规章草案征集意见的时间期限有"40天""30天""20天""15天""10天""7天""6天"等不同规定，没有规范与统一，等到公众知道该法案时，该法案征集期限却已截止了而无法提交意见。

第三，征集意见的方式不合适。现行法案征集意见的方式虽然法律规定有很多种，如座谈会、讨论会、听证会、专家咨询或论证会、书面征集意见、网络公开征集意见等，但一些部门实施法案公开征求意见方式时，方式过于单一，不考虑公众参与的实际状况与需求。征集意见的方式教条化、单一化，不能满足社会公众多方面的需求，因而也激不起公众参与的兴趣。

第四，征集意见的法律、法规、规章过于专业或技术化，公众参与意义不大。法案过于专业或技术化，普通公众难以理解，或与他们切身利益关系不大甚至没有直接联系，他们的参与意识较差。

还有其他原因,部分立法机关只是把它当作一种例行任务,并没有特别重视;没有反馈机制,公众无从了解其所提意见效果如何,积极性难以保持;等等。综上,我国需要进一步完善法案公开征求意见制度,使之发挥更好的效果。针对我国一些法案公开征求意见效果不理想的现实状况,可以借鉴国外的一些先进做法,探索一种法案公开征求意见的利益相关者模式,弥补现行法案公开征求意见教条化做法的不足。

二、法案公开征求意见"利益相关者"模式的确立

"利益相关者"一词的英文为"stakeholder",最早出现在1963年斯坦福大学一个研究小组(SRI)的内部文稿中,是指那些没有其支持,组织就无法生存的群体,包括股东、雇员、顾客、供货商、债权人和社会。[1] 有学者将其翻译为"相关利益者""利害关系人""利害相关者"。

"利益相关者"理论研究最早在经济学中得以开展,后来作为一种分析方法广泛应用于管理学、政治学、法学等学科中。这里要提到两位学者,他们对这种方法应用与分析的贡献不小。一位是美国经济学家R. 爱德华·弗里曼,他在20世纪70年代发表的《战略管理——利益相关者方法》[2] 一书中第一次系统地阐述了利益相关者概念、利益相关者管理战略、利益相关者管理的执行以及利益相关者管理的理论与实践意义。另一位是瑞典学者韦唐(Vedung E.),他在其专著《公共政策与项目评估》中具体探讨了政策评估的利益相关者模式[3],为我们提供了一个政策制定和思考问题的视角与框架。"从利益相关者角度出发评价政策的影响与合理性,倾听被政策影响和可以影响政策的社会成员的不同意见,通过权衡多方利益,提出各方都满意的政策,最大限度地回应公民诉求,使得政策制定更加科学、民主,顺

---

[1] 刘丹:《利益相关者与公司治理法律制度研究》,中国人民公安大学出版社2005年版,第38页。
[2] 该书在我国有中译本,参见[美]R. 爱德华·弗里曼,《战略管理——利益相关者方法》,王彦华、梁豪译,上海译文出版社2006年版。
[3] Vedung E. Public Policy and Program Evaluation. New Brunswick (U.S.A) and London (U.K): Transaction Publishers. 1997.

应了行政民主的政府管理新态势。"[1] 韦唐的理论对建立法案公开征求意见的"利益相关者"模式确立了基本的理论依据。后来一批公共政策与法律理论研究学者，将"利益相关者"理论或方法运用到公共政策与法律的研究中，并直接影响到国家的政策与法律制定。[2]

在政府的政策及法律制定过程中，应当确立征询利益相关者意见的制度，以提高政府规制（即政策与法律）的质量。经济合作与发展组织理事会最早在1995年3月9日通过了《经合组织理事会关于提高政府规制质量的建议》[3]，在该文件所附清单即《OECD关于规制政策制定指引清单》中强调，"政府的规制是否给予了所有利益相对人机会表达其观点？"它要求"法规应当通过一种公开和透明的方式制定，并遵循适当的程序让利益相对人、可能受影响的企业、贸易组织、其他组织以及各级政府部门参与发表意见。"

欧盟在2001年通过的《欧盟治理白皮书》[4] 中明确"更好地参与，更多地开放"，并要求"欧盟政策制定时最低咨询标准"，特别是要确立咨询相关方的一般原则与最低标准。欧盟委员会通过了《欧委会向利益相关人进行咨询的一般原则和最低标准》[5] 并于2003年1月1日起施行。在该文件中，欧委会明确了利益相关方的主体范围、咨询的程序、咨询的时间期限、咨询过程的公开、咨询的反馈等内容。在欧盟的其他文件，如《在环境问题上获得信息、公众参与决策和诉诸法律的公约》《欧盟委员会影响评估指南》中都有关于向利益相关人进行咨询的规定。

---

[1] 李瑛、康德顺、齐二石：《政策评估的利益相关者模式及其应用研究》，《科研管理》2006年第2期。

[2] 王斐斐：《对利益相关者理论的思考》，《学术论坛》2007年第8期。

[3] Recommendation of the OECD Council on Improving the Quality of Government Regulation, www.oecd.org/olisnet.

[4] 2001 White Paper on Governance, http://europa.eu.int/comm.governance/White_Paper/index_en.htm.

[5] 英文名称是 Communication from the Commission: Towards Reinforced Culture of Consultation and Dialogue: General Principle and Minimum Standards for Consultation of Interested Parties by the Commission。全名是：《来自欧委会的报告：构建注重沟通和对话的文化——欧委会向利益相关人进行咨询的一般原则和最低标准》，参见 http://www.europa.eu.int/comm/sectariat_general/sgc/consultation/index.htm.

除了一些国际组织确立了利益相关者的政策咨询模式外，一些国家也在探索建立法案公开征求意见的"利益相关者"模式。英国首相于2000年11月1日签署了《咨询实务准则》，2004年1月布莱尔首相又签署了修订后的《咨询实务准则》，提出了"对于那些可能对商业、公共部门、慈善行业、志愿部门或特定阶层产生重要影响的政策"要进行公众咨询。并且该准则附件中的《咨询实务准则指引4——确定利害关系人》中对咨询的对象——利害关系人的范围、分类、参与困难及其克服作了明确规定，将利害关系人引入咨询过程中进行了有效探索。[①] 加拿大也确立了公众咨询的"利益相关者"模式，加拿大2007年通过的《内阁关于法规规范化的指令》[②] 规定："各部门和机构有责任使利益相关人群参与到公开的、有意义的、多层次咨询的规制过程中。"规制机构应"用清晰的方式制定程序和时间表，以便利益相关人可以有效地组织和提出建议"，并"将咨询结果以及决策过程中政府优先考虑的事项及时反馈给公众和利益相关人"。加拿大在其他政府文件及法规如《规制程序指南》[③]《司法部公众参与政策声明及指南》[④]《有效规制咨询指南》[⑤] 中对利益相关人的咨询模式作了进一步明晰与推广。美国1946年制定的《联邦行政程序法》规定了规章制定的正式程序与非正式程序，正式程序强调制定规章严格遵循正式的听证程序，而非正式程序则要求规章制定主体履行公众评议的义务。[⑥] 正式程序中强调所拟定法案有不同利益的主体的，由行政机关委托的主持人召开审判型听证会，听取不同利益代表的意见，行政机关根据听证会的记录完善规章。在非正式程序中，公众评议的主体还是

[①] 汪全胜、雷振斌：《英国立法的公众咨询制度考察》，《南通大学学报（哲学社会科学版）》2013年第1期。

[②] Cabnet Directive on Streamlining Regulation, http://www.regulation.gc.ca.

[③] Guide to Regulation Process, 是专门规定法规制定程序的，在加拿大还有《加拿大联邦法律、法规制定指南》(Guide to Making Federal Acts and Regulation), 参见http://www.pco-bcp.gc.ca/raoics-srdc/default.asp?Language=E&Page=Publication&doc=re.

[④] Policy Statement and Guidelines for Public Participation (Department of Justice), http://www.justice.gc.ca/eng/cons/printable_release.asp.

[⑤] Guideline for Effective Consultation of Regulation, http://www.pco-bep.gc.ca.

[⑥] 汪全胜、雷振斌：《美国行政立法的公众评议制度探讨》，《河南政法管理干部学院学报》2011年第5、6期。

法案的利益相关者，他们可以采用书面评论或行政机关认可的方式提交意见。"在非正式程序中，公众参与表示意见的方式，主要通过书面提出，没有互相提问和口头辩论的权利。行政机关制定规章的根据，不受公众评论意见的限制。而在正式程序中，行政机关必须举行审判型的口头听证，制定规章的根据以听证记录为限。"① 美国后来形成了一种除正式程序与非正式程序以外的第三种程序即规章协商制定程序，1990年美国国会通过了《协商式规章制定法案》（Negotiated Rulemaking Act）② 确立了行政机关制定规章的第三种程序，即"协商式规章制定程序"，该法案同意各机构允许会受到某项新规则影响的各方参与规则的制定过程，任何对新规章感兴趣的组织或个人都可以对其发表意见。1996年国会通过的《小企业管制执行公平法》再次对规章协商程序作出了声明。③ 1996年，国会又以《行政争议处置法》（Administrative Dispute Resolution Act）再次永久性地批准了《协商式制定规章法案》。④ 该法案将利益相关人的法案咨询模式发展到极致，确认了不同利益相关人达成意愿的法律效力。因此，利益相关的人法案公开征求意见模式基本上在各国的法案公开征求意见制度中得以确立。

三、法案公开征求意见"利益相关者"模式的价值及意义

法案公开征求意见活动是一种"公众"参与立法的形式。1991年2月25日，联合国在芬兰缔结的《跨国界背景下环境影响评价公约》中对公众一词作出这样的界定，"公众是指一个或一个以上的自然人或者法人。"1998年，欧洲经济部长会议在丹麦奥斯签订的《公众在环境事务中的知情权、参与决策权和获得司法救济的国际公约》第2条第4项规定："公众是指一个或一个以上的自然人或者法人，根据各国立法和实践，还包括他们的协会、组织或者团体。"⑤ 欧盟委员会、经济合作与发展组织、英国、加拿大、美国等，

---

① 曾繁正等编译：《美国行政法》，红旗出版社1998年版，第31页。
② See 5 United States Code 561-670.
③ See Public Law 104-121.
④ 《协商制定规章法》有自动废止条款（即落日条款），生效至废止日期为6年。See 5 United States Code 561.
⑤ 李艳芳：《公众参与环境影响评价制度研究》，中国人民大学出版社2004年版，第2-3页。

也都强调立法的公众参与（公众咨询、公众磋商），这里的公众主要是指"利益相关者"或者包括"利益相关者"，"利益相关者"构成了法案公开征求意见的主体部分。以我国《劳动合同法》修正案公开征求意见为例，征求意见的时间期限为2012年7月6日至2012年8月5日（1个月时间），参与的人数为131912人，征集意见达557243条，参与人数以及征集意见的数量都创下了中国立法之最。这与全国总工会以及地方各级工会的宣传发动、工会成员的积极参与有很大关系，工会组织无疑是该法案的"利益相关者"，它的积极参与使得该法案公开征求意见活动取得了极大的成功。在很大程度上讲"法案公开征求意见的公众参与"与"法案公开征求意见的利益相关者参与"意义一样的，这里特别强调"利益相关者"模式，是在反思我国现行法案公开征求意见活动时，是否能寻求更多更好的方法，以实现法案公开征求意见活动更好的效果。

法案公开征求意见的"利益相关者"模式的确立，具有这样一些价值。

第一，提供更多信息，促进规制质量的提高。经济合作与发展组织——亚太经济合作组织的《规制改革联合清单》中强调，"法规应当以公开、透明的方式制定，并通过适当和充分的公开程序有效、及时地获取受影响的商业组织、工会、消费者协会、环保组织等国内外利益团体或其他层级的政府的意见和建议"，以有效地提高政府规制与计划的质量。

第二，帮助规制者平衡相对立的利益。法案公开征求意见的"利益相关者"中，存在不同的意见与利益，尤其是完全对立的利益，让这些不同利益的代表充分阐述与表达自己的意见，可以帮助规制者有效平衡相对立的利益。

第三，提高规制的合法性，改善对法规的遵守，降低公民守法和政府执法的成本。尼克·马拉舍夫认为，"在法规制定、执行和实施的过程中，政府在某些情形中会让利益相关方充当某些角色，希望借此提高他们对法规的'所有权'意识或对规制的责任感。"同时他认为，让利益相关者参与到咨询程序中来，可以有两个方面的原因改善对法规的自觉遵守："首先，由于及时公布了有关的变化，因此使相对人有时间根据变化进行适当的调整；其次，由于咨询带来的合法意识和共有意识会促使受影响的各方遵守法规。"① 2005年6月15日欧盟委员会通过的《欧盟委员会影响评估指南》在阐述"为什么要咨询"时明确:"收集利益相关方的信息和观点是政策制定过程中的核心环节,可以增强政策制定的透明度,保证政策的可执行性,以及从利益相关方角度而言政策的合法性。"

为使以上功能合理地发挥,有关法规制定主体在适用该模式时,要遵循以下要求。

其一,确保在公开征求意见过程中利益相关方都能获得充分公正的待遇。欧盟在《欧委会向利益相关人进行咨询的一般原则和最低标准》中提出了委员会咨询的总体原则,其中就要求"确保在咨询过程中参与人获得充分公正待遇的问题不容忽视。委员会特别强调其目的在于防止政策制定者只听到来自一方或优势群体的意见,这就意味着特定咨询的利益相关方需要依据明确的标准加以确定。"尼克·马拉舍夫也提出,在咨询过程中,"应当避免被那些获得大量资助或具备丰富立法知识的团体所控制。"②《欧盟委员会影响评估指南》中也强调规制咨询主体"应当明白并不是所有的利益团体都能平等地参与并有力地表达自己的意见",因此,"公开的公众咨询并非提供最具代表性的意见","在运用公众咨询结果时,应当避免被个别利益集团的意见所左右,不论这些意见多么专业"。

其二,合理的通知与公告程序非常重要。开展有效的法案公开咨询,周到与合理的通知与公告是必要的。欧盟在《欧委会向利益相关人进行咨询的一般原则和最低标准》中提出:"欧盟委员会应当保证有足够的方式让公众知晓,并且调整沟通的渠道满足所有目标群体的需要。"美国《联邦行政程序法》也要求规章的制定主体做到所有的利益相关方都有机会了解规制方案的内容,从而提出评论意见。我国法律草案、行政法规草案、地方性法规草

---

① [英]尼克·马拉舍夫:《经合组织部分成员国公众参与制度概览》,吴浩主编:《国外行政立法的公众参与制度》,中国法制出版社2008年版,第4－5页。

② [英]尼克·马拉舍夫:《经合组织部分成员国公众参与制度概览》,吴浩主编:《国外行政立法的公众参与制度》,中国法制出版社2008年版,第15页。

案、规章草案征求意见时，只是在一些网站上发出公告，方式过于单一，未能使所有利益相关方合理的获得通知，也就无法提出评论意见。

其三，征求意见的程序不能太复杂，参与的成本不能太高，确保让所有的利益相关方都能参与进来。法规制定者在进行规制咨询时，不可设立较为复杂的程序，不应设定不合理的期限，不能够使得利益相对方的参与成本过高，这些方面都可能会限制不同利益相对方的积极参与。"规制者应当充分使用简洁易懂的语言，并利用规制影响分析向受到影响的各方解释规制产生的后果及影响。"[①] 在咨询程序中，设置咨询的时间期限也很重要，规制者应当给利益相关方留出充足的时间进行规划并作出答复。我国行政法规、规章草案在征集意见时，设置的期限过短也是影响法案公开征求意见效果的因素之一。

四、法案公开征求意见"利益相关者"范围的确定

在立法实践中，如何明确"利益相关者"范围是法案公开征求意见"利益相关者"模式实施的关键。

联合国开发计划署（UNDP）曾对其开发合作项目的利益相关者进行了界定，分为：（1）目标群体；（2）直接受益者；（3）直接管理者；（4）资源提供者；（5）外部咨询顾问、供应商以及其他对计划/项目提供支持的人或机构；（6）在本计划/项目环境中可能受到计划/项目结果影响或对其感兴趣的其他机构。[②]

瑞典学者韦唐（Vedung E.）将规制政策的制定与执行的利益相关者作了如下界定（见表5-1)[③]。

[①] [英]尼克·马拉舍夫：《经合组织部分成员国公众参与制度概览》，吴浩主编：《国外行政立法的公众参与制度》，中国法制出版社2008年版，第15页。

[②] 联合国开发计划署评估办公室编：《计划管理者手册：面向结果的监督与评估》，国家科技评估中心译，科学出版社1999年版，第51页。

[③] Vedung E. Public Policy and Program Evaluation. New Brunswick (U.S.A) and London (U.K): Transaction Publishers. 1997. 转引自王瑞祥：《政策评估的理论、模型与方法》，《预测》2003年第3期。

表5-1 政策制定、执行过程中的相关利益者

相关利益者	解释	相关利益者	解释
Citizenry	公民：在国家政治系统中有权选举各级决策者的公民	Local Agency	当地管理部门：负责政策传达的基层管理部门
Decision maker	决策者：负责决定各种政策是否要制定、继续实施、中止、暂缓执行或取消的政府官员	Street-Level Bureaucrats	社区基层干部：负责政策传达的一线负责人（他们通过当面宣讲、电话、邮寄等方式直接将政策传达给群众）
Political Opposition	不同政见者：对某项政策持不同意见的人	Clients	用户：政策的调节对象（如业主、工商、市政部门等个人或组织）
National Agency Managers	国家一级的主管官员：负责政策实施的国家高级官员	Neighboring Agencies	交叉部门：政策实施所牵涉的其他政府机构
Program Directors	具体主管官员：具体负责政策实施的国家中层官员	Program Competitors	竞争者：与政策执行部门竞争有限资源的机构或组织
Regional Agency Managers	地区主管官员：某一地区负责政策实施的主管官员	Contextual Stakeholders	大环境中的相关利益人：实施一项政策的大环境所牵涉的组织、团体、个人及其他单位
Private Intermediaries	独立中介机构：对于政策实施，在某方面负有责任的非政府组织	Research Community	学者：从事政策相关内容研究的学者

韦唐所确定的利益相关者范围很宽泛。在法案公开征求意见过程中的"利益相关者"是如何确定的呢？

《欧委会向利益相关人进行咨询的一般原则和最低标准》中对"公众咨询的目标团体"作了如下说明:"被政策影响的相关团体;将参与政策执行的相关人和团体;曾表示过与相关政策有直接利益关系的团体"。这种规定较宽泛与原则,赋予了政策制定者以较大的自由裁量权力。不过,在实践中,欧盟委员会特别注重征询"民间社会团体"的意见或建议。《欧委会向利益相关人进行咨询的一般原则和最低标准》认为:"加入某一组织是公民除加入政治党派或参与竞选外的另一种更积极参与的方式。"在《欧盟治理白皮书》中也对"民间社团"作用给予了肯定:"民间社会团体在表达公民诉求和提供公民需要的服务方面发挥着重要作用……它日益被欧洲视为改变政策方向、改变欧洲社会的良好平台……它为公民更多参与欧盟目标的实现以及为公民的反馈、批评和抗议提供结构性渠道提供了现实的机会。"因此,在欧盟委员会开展的各种政策咨询中,各种类型的民间社会团体是非常重要的利益相关者。

《英国咨询实务准则指引》在"如何确定利害关系人"中明确:"除了直接用户或拥有已知利益关系的组织外,有必要广泛考虑你的目标受众:你的政策可能影响到其他群体。"另外该指引明确:"咨询对象范围的确定受许多因素的影响。例如可利用的资源、时间和政策议题的性质等。"澳大利亚《规制影响分析清单》中明确"利益相关方"为"主要受到影响的那些人"。美国、日本、加拿大没有明确"利益相关者"的范围,在实践中多由法规的制定机关根据一定的标准或原则来确定。

从各个国家法案公开征求意见的实践来看,"利益相关者"的原则性范围是"受法案所影响的各种组织或个人"。借鉴各国实践中的做法,可以将法案公开征求意见的"利益相关者"范围确定为如下几类。

(一) 立法者

一般开展法案公开征求意见活动的主体多为立法机关或立法者。立法机关在法案起草与审议过程中都可开展法案公开征求意见活动,它们是规制者、制定者,对法案征求的意见有最终的裁决与决定权。正如《欧盟治理白皮书》中明确的:"对利益相关方的咨询仅仅是补充,而不能取代倡导民主立法的立法机构决定的程序。只有作为立法机构的欧洲议会和欧盟理事会有权对立法过程中作出决定。"这实际上明确了公开征求意见的法律效力,它只是立法机关立法时的参考意见,是否听取由立法机关决定。因此,法案的内容在很大程度上取决于立法机关的价值倾向。

（二）法案起草者

在一些国家,法案的起草者与法的审议通过者是分离的,法案的起草对法案的初步质量产生重要的影响。法案起草者也可以在其起草阶段开展法案公开征求意见活动,以完善自己起草的法案。

（三）法案的执行者,即执法者

法律是要实施的,实施就有一定的实施主体即执法主体。在我国,法案中多明确法的主管部门,如《体育法》第4条规定:"国务院体育行政部门主管全国体育工作。"《江苏省非物质文化遗产保护条例》第5条规定:"县级以上地方人民政府文化行政部门主管本行政区域内非物质文化遗产的保护工作。"多数情况下,法的主管部门即为法的行政执法部门,极少数情况下,主管部门与行政执法部门是分开的,如体育法的主管部门与体育法的执法部门有重合又有不一致的地方。

（四）法所规制或调整的法律关系主体

法调整一定的社会关系,这种社会关系就称为法律关系。法律关系的主体无疑是直接受到所规制或调整法影响的直接对象,如《公务员法》《法官法》《律师法》《教师法》等,很容易判断相应法律关系的主体。有一些法律,则需要根据其所调整的社会关系来进行判断,但任何法律、法规都有调整的法律关系的主体,它们是最为直接的"利益相关者"。

（五）与法案有直接关系的社会团体

这种社会团体以各种不同面目的利益集团形式出现。在现代社会中,社会个体需要借助利益集团才能将其利益要求顺利地表达而引起政策决策层的重视。因为"个人的利益诉求往往是具体的、分散的。如果所有的公民个人都把个人的利益、要求直接输入政治系统的话,政治系统将由于负荷过多、过重而陷于瘫痪。而且,作为政治系统输出的主要内容——政策,并不是针对某个人而是全社会或某些阶层、群体。因此,在个人的利益要求输入政治系统之前，一般应先进行综合（聚集），以减轻政治系统的负荷。"① 我国的各种社会团体如全国妇联、全国总工会、中华律师协会等，都是某些利益代表的社会团体，它们在法案公开征求意见活动中发挥着重要作用。我国2012年《劳动合同法（修正案）》草案公开征求意见取得了极大的成功，与全国总工会以及地方各级工会组织的积极参与是分不开的。这些社会团体或利益集团是现代社会某一或某些法案重要的"利益相关者"。

当然，也有一些国际组织或国家将受该法案直接或间接影响的组织或个人都称为"利益相关者"，如新的政府规章可能对环境、卫生等的影响，那么环境保护部门、环境保护协会等各种组织或个人也是法案的利益相关者。根据各国的经验，我们认为法案公开征求意见活动的实施机关可开阔视野，根据不同法案产生的影响，依据一定的标准或原则来确定"利益相关者"的范围。

五、法案公开征求意见"利益相关者"模式的操作规程

法案公开征求意见"利益相关者"模式的操作规程就是法案公开征求意见的"利益相关者"模式的程序设置。这里要说明，很多国家并不是在公众咨询程序之外再设计一套只适用于"利益相关者"模式的程序，程序规则基本规则一样，只是针对咨询的对象有所差异，在一些国家可能因为咨询对象的差异而选择不同的咨询方法。

在开展法案公开征求意见的一些国家，其操作规程也越来越成熟，越来越科学，越来越具有可操作性。英国在实施法案公开征求活动中（它们称为公众咨询），其程序包括六个环节，分别是②：决定咨询并确定规制咨询的目标；制定咨询计划；进行咨询准备活动；实施咨询活动；反馈咨询意见；评估咨询程序。

加拿大《在内阁关于法规规范化的指令》《规制程序指南》《司法部公众参与政策声明及指南》《有效的规制咨询指南》《规制咨询指南》等文件的规

---

① 桑玉成：《利益分化的政治时代》，学林出版社2002年版，第202–203页。
② 汪全胜、雷振斌：《英国立法的公众咨询制度考察》，《南通大学学报（哲学社会科学版）》2013年第1期。

定中明确加拿大立法过程中的公众咨询的基本程序，与英国的咨询程序有点相似，也包括六个环节，分别是：其一，明确立法公众咨询的目标；其二，制定可行的立法公众咨询计划；其三，发布咨询通知，明确公众评议期限；其四，形成咨询报告；其五，反馈公众意见；其六，评估咨询程序。[①]

美国《联邦行政程序法》为规章的制定强制性地规定了三个基本步骤：（1）公告行政机关建议制定的规章或者行政机关制定规章所涉及的主题；（2）给公众提供评论行政机关所提建议的机会；（3）公布制定出来的规章，而且行政机关必须简单概括地说明制定规章的依据和目的，为自己制定出来的规章加以辩护。

日本行政立法的意见公募程序虽然没有英国、加拿大那么复杂，但程序的基本机制还是具备的，它基本分为四个环节：其一，行政机关发布公示。对公示的材料、公示的方式、公示的时间等都有明确的说明。其二，行政机关宣传及征集意见。行政机关在适用公众意见公募程序时，在必要的情况下尽可能对该程序的适用进行广泛宣传，尽可能提供适用公众意见征求程序的相关信息。其三，行政机关考虑公众意见并反馈结果。《行政程序法》要求行政机关在实施意见公募程序时，要充分考虑公众所提出的意见，并反馈行政机关对意见采纳的结果，要明确表明对提议的命令作了哪些修改。其四，编写公众意见摘要，提交征求意见报告。[②]

我国法案公开征求意见的"利益相关者"模式的操作规程还处于探索之中。自2005年《物权法（草案）》在中国人大网上公开征求意见后，2008年4月，全国人大常委会决定以后法律草案原则上都要公开征求意见，截至2012年底已有52部法律草案在中国人大网以及全国发行的报纸上公开征求意见。国务院法制办设计了行政法规、规章征集意见平台，每年都有大量的行政法规、规章在这个平台上公开征求意见。地方立法机关如上海市人民政府法制办也开设了公开征求意见的网上平台。但是关于法案公开征求意见的程序的制度还欠缺统一的规范。

[①] 汪全胜、雷振斌：《加拿大立法过程中的公众咨询制度考察》，《东南大学学报（哲学社会科学版）》2012年第3期。

[②] 汪全胜、雷振斌：《日本行政立法过程中的意见公募程序研究》，《日本研究》2011年第3期。

目前关于法案公开征求意见的程序规则有 2007 年 3 月 29 日制定经过 2008 年 1 月 30 日以及 2011 年 7 月 22 日两次修订的《国务院法制办公室法律法规草案公开征求意见暂行办法（节录）》；2011 年 8 月 1 日国务院法制办秘书行政司发布的《关于通过"中国政府法制信息网"汇集刊登部门规章草案有关事项的通知》；农业部 2010 年 12 月 22 日发布的《农业部规章草案公开征求意见规定》；2006 年 6 月 27 日广州市政府制定的《广州市规章制定公众参与办法》等。对于法案公开征求意见程序规定不是很统一，实践中的做法也有一定的差异，基本的步骤有如下方面。

（一）作出公开征求意见的决策

并不是所有的法案都适合公开征求意见。英国《咨询实务准则》就规定"如果涉及的问题非常专业或者利益受到直接影响的人数有限，政府部门的部长可以自由裁量是否进行公众咨询。"美国《联邦行政程序法》也赋予了政府机关一定的自由裁量权，由政府机关自己决定是否启动公众评议，即"当机关有正当理由认为（并将此认为及其简要理由载入所发布的规章）通知和公众程序不切实际、没有必要或违背公众利益的情况。"《国务院法制办公室法律法规草案公开征求意见暂行办法（节录）》第 3 条规定："行政法规草案除涉及国家秘密、国家安全、汇率和货币政策确定等不宜向社会公开征求意见的外，原则上都应当通过中国政府法制信息网向社会公开征求意见。"因此有关机关可以根据法律规制的性质、内容等作出是否公开征求意见的决策。

（二）发出公开征求意见的公告

欧盟通过的《欧委会向利益相关人进行咨询的一般原则和最低标准》要求："所有与公众咨询有关的通告都应当清晰、简明，并包括所有必要的信息，方便作出回应"，并"应当保证有足够的方式让公众知晓，并且调整沟通的渠道满足所有目标群体的需要"。这就要求以合适的方式告知该法案所涉及的所有利益相关者，并提供给他们所有必要的信息。美国对法案公开征求意见的通告的内容作出如下规定：（1）有关此公共规章制定的活动的时间、地点和性质的说明；（2）制定该规章的法律依据；（3）拟定的规章条款或内容，或者所涉及的主题和问题的说明。

《广州市规章制定公众参与办法》第15条对公开征求意见的公告内容规定比较明确：（1）规章起草的背景资料、规章制定的目的、必要性及可行性；（2）说明规章制定对相关人员或者群体可能产生的影响；（3）征求意见的起止时间；（4）公众提交意见的途径；（5）征求意见稿全文或者公众获得征求意见稿全文的途径；（6）联系部门；（7）信函地址、联系电话、传真及电子邮箱。

随着现代信息技术的发展，一些国际组织或国家都开通了专门的网站，在有关政府机构的网站公开公告的内容。

（三）实施征集意见活动

法案公开征求意见活动的实施主体应当在公告中明确公开征求意见的方式。英国《咨询实务准则》规定了很多种不同的征求意见的方式，并分析了各种方式的优劣，这些方式有：神秘客、变革试点、公开/公众会议、利用代表团体、会见、专题小组、公众座谈小组、公民座谈小组、公民陪审团、问卷调查、商讨性投票、书面咨询活动、信息技术等。英国《咨询实务准则》要求立法机关尽可能采用更多的方法，"使用多种方法将会增加获得更多、更好的回应的机会，但要作好不同方法带来不同结果的准备。"[①]《广州市规章制定公众参与办法》第18条也明确，规章起草部门发布公告后，应当通过座谈会征求公众意见，也可以根据拟制定规章影响的范围、受影响的类别、影响程度等情况，通过开放式听取意见、听证会、论证会等方式广泛征求社会意见。

法案公开征求意见活动的实施机关应该考虑到不同利益主体的利益诉求，适当采用灵活多样的方法，尽可能地将该法案所涉利益相关者的意见征集到。英国《咨询实务准则》要求"在咨询时，能够获得来自不同社会群体的广泛意见是非常重要的。应当考虑到可能影响不同群体的人们参与咨询活动的障碍并考虑克服这种障碍的方法"。因此，在设计各种征求意见的方式时，应考虑到不同利益主体的参与成本以及表达意见的便利性。

---

① 吴浩主编：《国外行政立法的公众参与制度》，中国法制出版社2008年版，第132页。

（四）公开征求意见的反馈

日本的《行政程序法》要求行政机关在实施意见公募程序时，要充分考虑公众提出的意见，并反馈行政机关对意见采纳的结果，要明确表明对提议的法规作了哪些修改。加拿大也注意公开征求意见的反馈，常见的反馈方式有四种："一是在公众咨询结束后，由主持人及时给每位参与者发感谢信；二是将咨询报告寄送所有的参与者，并说明他的意见是否被采纳，或解释没有被采纳的理由；三是邀请在咨询过程中提出建设性意见的公众，参加起草正式文件；四是保存并公布（也可以是在一定范围内的公开）收集到的公众意见（包括书面陈述和口述笔录）。最后，除涉及机密或敏感问题的内容外，咨询报告一般应公开发表，或放在互联网上供公众查阅。"[1] 我国《国务院法制办公室法律法规草案公开征求意见暂行办法（节录）》《关于通过"中国政府法制信息网"汇集刊登部门规章草案有关事项的通知》都没有规定公开征求意见的反馈制度。《农业部规章草案公开征求意见规定》第9条规定："规章草案公开征求意见截止后，产业政策与法规司应当会同起草司局及时收集、整理、分析公众提出的意见和建议，并对规章草案进行相应修改完善。产业政策与法规司应当会同起草司局，以适当的方式向公众反馈意见采纳情况。"但在立法实践中并没有做到及时有效反馈。《广州市规章制定公众参与办法》则重视了法案公开征求意见反馈制度的建设，该法第13条规定："市司法行政部门收到公众建议后，应当通过行政立法公众参与专栏定期公开公众建议及其处理情况。"第16条规定："市司法行政部门应当在年度政府规章制度计划草案征求意见结束之日起5个工作日内，通过行政立法公众参与专栏公开公众提出的意见，并对该意见进行研究，或者转交相关单位研究。"第17条规定："年度政府规章制定计划草案报市政府审议并经市委批准后，自市长签发之日起20个工作日内，市政府办公厅应当通过市人民政府网站予以公布。市司法行政部门应当在市政府办公厅公布年度规章制度计划之日起10个工作日内，通过行政立法公众参与专栏公布年度政府规章制定计划，并对公众意见统一作出反馈，对不予采纳的意见说明理由。"这里对反馈的方式、

---

[1] 蔡晨风、李春华：《加拿大决策过程中的公众参与》，《人民与权力》2008年第2期。

反馈的时限以及对不采纳意见的说明理由制度作了规定，是实践中非常好的做法。

结　语

我国法案公开征求意见制度还处于探索过程中，法案公开征求意见活动也远未规范统一，法案公开征求意见"利益相关者"模式还没有引起理论界与实务界的重视，为了提高我国法案公开征求意见活动的实施效果，有必要不断建立健全法案公开征求意见的"利益相关者"模式。

第一，借鉴欧盟、经济合作与发展组织、英国、加拿大等国家和组织的做法，建立我国规范与统一的法案公开征求意见的制度。目前《国务院法制办公室法律法规草案公开征求意见暂行办法（节录）》《关于通过"中国政府法制信息网"汇集刊登部门规章草案有关事项的通知》《农业部规章草案公开征求意见规定》《广州市规章制定公众参与办法》等规范效力等级低，是一些部门或地方的先行先试。但是建立统一的制度很有必要，特别是全国人大及其常委会，已将法律草案公开征求意见制度作为立法中普遍实施的做法，但是还没有制度对其规范，行为没有规矩，则法案公开征求意见活动没有"合法性"根据。

第二，明确"利益相关者"范围。虽然我国借鉴一些国际组织或国家的做法，对"利益相关者"范围作了探索，但是这还不够，还需要在实践中进一步摸索。法案公开征求意见"利益相关者"模式，要想取得较为理想的效果，需要针对法案调整对象、法案性质的不同，探索确定"利益相关者"范围的原则与标准。

第三，完善公告制度，使得"利益相关者"都能够知晓法案公开征求意见的公告，并能够在合理的时间里提出意见。可以借鉴欧盟的做法，采用不同的公告或通知方式，让法案所涉的"利益相关者"都能及时地得到通知或作出提出意见的规划。改变单纯在政府部门网站上发布公告的方式，可以尝试其他多元的方式，通知法案所涉"利益相关者"，这是法案公开征求意见

"利益相关者"取得理想效果的前提。

第四，规范法案公开征求意见的时效期限。我国法律草案公开征求意见的时效期限为30天，但行政法规、规章在实践中的做法并不统一，时效期限设置有点混乱。欧盟委员会对于书面咨询的答复期限不少于8个星期，而对于会议方式征集意见的期限不少于20个工作日。"在紧急情况下，或者利益相关方已经拥有足够的机会表达自己意见的情况下，公众咨询的期限可以缩短。"但是在一些情况下，咨询期限可以延长，超过8个星期，如"为了达成统一的观点，欧盟的组织或国家间组织需要征求成员意见；已经存在约束力的文件；某一提案的特殊情况（如由于利益相关方构成复杂或事件本身复杂等），主要假期"等。可借鉴这样的规定对我国各级各类法案公开征求意见的时间作出科学与规范的规定。

第五，建立科学的反馈制度。"行政机关对公众意见进行反馈，既是对公众的尊重，也是公众参与行政立法能够取得实效的关键。"[1]欧盟在实践中对于征集的意见有两种方式：一是给个人答复（通过电子邮件等）；二是集体答复（通过电子邮件或欧盟委员会的单点接入互联网站答复；如果评论在15天内贴在该网站上，将被视作确认答复）。[2]应借鉴《广州市规章制定公众参与办法》反馈制度的做法，统一反馈的方式、反馈的期限以及说明理由。

---

[1] 陈里程主编：《广州公众参与行政立法实践探索》，中国法制出版社2006年版，第261页。
[2] 吴浩主编：《国外行政立法的公众参与制度》，中国法制出版社2008年版，第92页。

附 录

一、甘肃省公众参与制定地方性法规办法

(2013年7月26日省十二届人大常委会第四次会议通过)

第一条 为了促进、保障和规范公众有效参与地方性法规制定活动,提高地方立法质量,根据《中华人民共和国立法法》和其他有关法律的规定,结合本省实际,制定本办法。

第二条 本办法所称公众,是指公民、法人或者其他组织。

本办法所称公众参与,是指在制定地方性法规过程中,公众主动或者受邀参与表达立法意愿、提出意见和建议的活动。

第三条 本省行政区域内地方性法规制定机关、起草单位开展立法活动,以及公众参与地方性法规制定活动,适用本办法。

第四条 开展公众参与地方性法规制定活动,应当遵循公开、公正、便利和有序的原则。

第五条 公众参与地方性法规制定活动,应当遵守法律法规,不得泄露国家秘密和商业秘密及个人隐私。

第六条 公众参与地方性法规制定活动,由地方性法规制定机关或者起草单位组织。

其他国家机关或者组织应当在各自职责范围内,配合地方性法规制定机关或者起草单位做好公众参与地方性法规制定的相关工作。

地方性法规制定机关、起草单位应当为公众参与立法提供便利条件。

第七条 地方性法规制定机关或者起草单位公开征求公众立法意见和建

议的主要方式：

（一）将重要的法规草案在媒体上公布征求意见；

（二）通过媒体向公众公开征集法规草案建议文本；

（三）通过媒体向公众征集五年立法规划项目和年度立法计划项目建议；

（四）组织公众参加座谈会、论证会、听证会等相关会议；

（五）将法规草案发至有关单位和个人征求意见。

第八条 公众参与地方性法规制定活动的主要方式：

（一）向地方性法规制定机关提出立法项目建议或者法规草案建议文本；

（二）受地方性法规制定机关或者起草单位委托，提出法规草案建议文本；

（三）通过信函、传真、电子邮件、电话等，提出具体意见和建议；

（四）应邀参加座谈会、论证会、听证会等相关会议。

第九条 地方性法规制定机关征集五年立法规划项目和年度立法计划项目建议，应当发布与公众参与相关的立法信息。

地方性法规制定机关、起草单位公开征求公众对法规草案的意见的，应当发布与公众参与相关的立法信息。

征求公众意见、建议的时间不得少于十五日。

第十条 地方性法规制定机关或者起草单位，应当通过广播、电视、报纸和网络等媒体，向社会发布公众参与立法的相关信息。

地方性法规制定机关或者起草单位所发布的信息，应当完整、准确，有利于公众有效参与。

第十一条 编制立法规划、年度立法计划或者对地方性法规草案征求意见时，应当召开由专家学者、有关国家机关工作人员和利益相关方的代表及其他公众参加的论证会。

拟制定的地方性法规对本行政区域内的经济和社会发展有重大影响的，或者直接涉及公众重大利益的，或者公众对有关内容存在重大意见分歧的，地方性法规制定机关或者起草单位应当召开立法听证会。

地方性法规制定机关或者起草单位必要时，可以委托教学科研机构、社会团体、中介组织等召开论证会或者其他形式的会议。

地方性法规制定机关或者起草单位可以根据立法工作实际需要，采取其他方式，听取公众意见。

第十二条 地方性法规制定机关或者起草单位召开公众参与的座谈会等立法工作会议，应当在会议召开十日前，将会议的主要内容和具体要求通知参加人，并提供相关的立法参考资料。

地方性法规制定机关或者起草单位召开公众参与的座谈会等立法工作会议，应当制作会议记录。

第十三条 地方性法规制定机关或者起草单位应当对征集到的公众意见和建议归类整理、分析研究，对科学、合理的意见建议，应当予以采纳并作出回应。

提交地方性法规制定机关审议的法规草案，提案人应当在草案说明中对公众参与的基本情况予以说明。

地方性法规统一审议机构应当在法规审议结果报告中对公众参与的基本情况予以说明。

第十四条 公众认为已经生效的地方性法规与上位法不一致，或者明显不适应经济社会发展要求的，可以依法向地方性法规制定机关提出修改、废止的建议，地方性法规制定机关应当依法进行处理。

第十五条 地方性法规制定机关应当建立激励制度，鼓励公众参与地方性法规制定活动，并对作出突出贡献的公众予以表彰奖励。

公民参与地方性法规制定活动时，其所在单位应当提供便利。公民应邀参与地方性法规制定活动所支出的差旅费、误工费等费用，由地方性法规制定机关或者起草单位承担。

第十六条 公众参与地方性法规制定工作所需经费，由同级财政予以保障。

第十七条 本办法自2013年10月1日起施行。

二、宿迁市公众参与制定地方性法规办法

(2018年8月31日宿迁市第五届人民代表大会
常务委员会第11次会议通过)

目 录

第一章 总 则

第二章 制定立法规划与计划中的参与

第三章 法规起草中的参与

第四章 法规审议中的参与

第五章 法规实施后评估中的参与

第六章 附 则

第一章 总 则

第一条 为了促进、保障和规范公众有序、有效参与地方性法规制定活动，推进科学立法、民主立法、依法立法，提高地方立法质量，根据《中华人民共和国立法法》、《江苏省制定和批准地方性法规条例》、《宿迁市制定地方性法规条例》等法律、法规的规定，结合本市实际，制定本办法。

第二条 本办法所称公众，是指自然人、法人和非法人组织。

本办法所称公众参与，是指在制定地方性法规（以下简称法规）过程中，公众主动或者受邀请参与表达立法意愿、提出意见和建议的活动。

第三条 法规制定机关开展立法活动，或者法规草案起草单位起草法规活动，适用本办法。

本办法所称立法活动，是指法规的立项、起草、审议、评估等活动。

第四条 公众参与法规制定活动，应当坚持以习近平新时代中国特色社会主义思想为指导，坚持以人民为中心，坚持把社会主义核心价值观融入法规，遵循公开、公正、有序和规范的原则。

第五条 公众参与法规制定活动，由市人民代表大会常务委员会工作机构（以下简称常务委员会工作机构）或者法规起草单位组织。

常务委员会工作机构、法规起草单位应当为公众参与立法提供便利条件。

第六条 公众可以采取下列方式参与法规的制定活动：

（一）通过信函、传真、电子邮件、电话等，提出立法建议或者修改、废止意见；

（二）受邀请参加专题调研或者座谈会、协商会、论证会、听证会等；

（三）受邀请旁听法规案审议；

（四）参与民意调查；

（五）受常务委员会工作机构或者法规起草单位委托，提出法规草案建议文本；

（六）法律、法规、规章规定的其他方式。

第七条 常务委员会工作机构或者起草单位应当对征集到的公众意见和建议归类整理、分析研究，并作出反馈。

第八条 公众在法规制定活动中作出重要贡献的，由常务委员会工作机构颁发荣誉证书或者公开表彰。

无固定工资收入的自然人受邀请参与法规制定活动的，常务委员会工作机构或者法规起草单位可以给予适当的误工补助。

第二章　制定立法规划与计划中的参与

第九条 市人民代表大会常务委员会（以下简称常务委员会）制定五年立法规划和年度立法计划时，应当公开向公众征求立法项目建议，征求时间应当不少于三十日。

第十条 市人民代表大会常务委员会法制工作委员会（以下简称法制工作委员会）应当会同常务委员会相关工作机构、市人民政府法制工作机构对公众提出的立法项目建议和意见进行论证，并将公众意见的征求情况以及处理情况在市人民代表大会常务委员会主任会议（以下简称主任会议）上作出说明。

第十一条 五年立法规划草案和年度立法计划草案在报送主任会议前，法制工作委员会应当通过宿迁人大网、《宿迁日报》等媒体向公众公开征求意见。

征求意见时，应当公开立法项目的名称、法规起草单位、起草背景和依据等信息。

五年立法规划草案和年度立法计划草案征求意见的时间应当不少于十五日。

第十二条 法制工作委员会应当在主任会议讨论通过之日起十五日内，将五年立法规划、年度立法计划通过宿迁人大网等媒体公布，并对公众意见和建议的采纳情况作出反馈，对不予采纳的意见应当同时说明理由。

第十三条 在五年立法规划和年度立法计划执行过程中，需要作出调整的，法制工作委员会应当通过宿迁人大网等媒体予以公布并说明理由。

第三章 法规起草中的参与

第十四条 列入年度立法计划的立法项目，法规起草单位应当对制定法规的必要性、所要解决的主要问题、拟确立的主要制度等方面向公众公开征求意见。

第十五条 法规起草单位可以通过召开座谈会、论证会、听证会等形式，广泛征求公众意见。

第十六条 对法规草案起草中涉及的专业性、技术性较强的问题，或者设定行政许可、行政强制以及重大行政处罚的，法规起草单位应当组织有关专家召开论证会。

第十七条 对法规中直接涉及群众切身利益、社会普遍关注的问题或者是存在意见分歧较大的焦点问题，法规起草单位应当举行听证会听取公众意见。

听证会依照下列程序组织：

（一）听证会公开举行，法规起草单位应当在举行听证会的十五日前公布听证会的时间、地点、听证事项、听证人数等内容；

（二）参加听证会的公众对起草的法规草案，有权提问和发表意见；

（三）听证会应当制作听证记录，如实记录发言人的主要观点和理由；

（四）法规起草单位应当认真研究听证会反映的各种意见并制作听证报告。听证报告应当作为审议法规草案的参考依据，印发市人大常委会组成人员。

第十八条　法规起草单位应当对征求到的公众意见进行整理、归类和分析，意见合理的，应当予以采纳。

第十九条　提交常务委员会审议的法规草案，提案人应当在草案说明中对公众参与的有关情况予以说明。

第四章　法规审议中的参与

第二十条　法规草案经常务委员会会议第一次审议后，应当通过宿迁人大网、《宿迁日报》等媒体向社会公布，征求意见；征求意见时间应当不少于三十日。

第二十一条　法规草案还应当及时发送相关领域的市人民代表大会代表、县（区）人民代表大会常务委员会、基层立法联系点、立法咨询专家以及有关部门、组织等征求意见。

第二十二条　法规涉及的领域有行业协会、学术团体等社会组织的，或者涉及老年人、妇女、未成年人和残疾人等法律特殊保护群体权益的，法制工作委员会应当重点征求相关组织和群体代表的意见。

第二十三条　法制工作委员会应当就法规草案中的重要问题、重大制度设计进行专题调研。

专题调研可以采取座谈会、民意调查、实地查看等方式，并可以邀请利益直接受到法规影响的群体的代表参加。

第二十四条　法制工作委员会应当商请并会同市政协相关工作机构组织政协委员就法规草案进行协商。

第二十五条　市人民代表大会法制委员会（以下简称法制委员会）或者法制工作委员会认为法规草案中涉及的主要问题需要进一步研究论证的，或者公众要求论证、听证的意见比较集中的，应当进行论证咨询。

论证咨询可以采取论证会、听证会等形式；论证可以委托第三方研究，提出论证报告；举行听证会的，应当依照本办法第十七条规定的程序组织。

第二十六条 公开征求意见结束后，法制工作委员会应当对公众提出的意见进行整理和研究。

法制委员会应当在法规草案审议结果的报告中对公众参与的有关情况予以说明。

第二十七条 法规公布后，法制工作委员会应当通过宿迁人大网等媒体对意见的采纳情况统一向公众进行反馈。

反馈还可以采取书面回复、召开座谈会、说明会和新闻发布会等方式。

第五章 法规实施后评估中的参与

第二十八条 法规实施部门应当向公众开展法规有关内容的宣传。

第二十九条 公众可以依法向常务委员会工作机构就已经实施的法规提出修改、废止的意见和建议。

第三十条 市人民代表大会有关的专门委员会、常务委员会工作机构应当对实施三年以上的法规进行评估。

对法规进行评估的，应当邀请有关公众参加并通过宿迁人大网、《宿迁日报》等媒体发布公告，征求公众意见。

第三十一条 立法后评估应当根据评估情况制作评估报告。

评估报告应当包含公众意见征求和采纳情况，并通过宿迁人大网等媒体向社会公布。

第六章 附 则

第三十二条 本办法自通过之日起施行。

三、环境影响评价公众参与办法

第一条 为规范环境影响评价公众参与，保障公众环境保护知情权、参与权、表达权和监督权，依据《中华人民共和国环境保护法》《中华人民共和国环境影响评价法》《规划环境影响评价条例》《建设项目环境保护管理条例》等法律法规，制定本办法。

第二条 本办法适用于可能造成不良环境影响并直接涉及公众环境权益的工业、农业、畜牧业、林业、能源、水利、交通、城市建设、旅游、自然资源开发的有关专项规划的环境影响评价公众参与，和依法应当编制环境影响报告书的建设项目的环境影响评价公众参与。

国家规定需要保密的情形除外。

第三条 国家鼓励公众参与环境影响评价。

环境影响评价公众参与遵循依法、有序、公开、便利的原则。

第四条 专项规划编制机关应当在规划草案报送审批前，举行论证会、听证会，或者采取其他形式，征求有关单位、专家和公众对环境影响报告书草案的意见。

第五条 建设单位应当依法听取环境影响评价范围内的公民、法人和其他组织的意见，鼓励建设单位听取环境影响评价范围之外的公民、法人和其他组织的意见。

第六条 专项规划编制机关和建设单位负责组织环境影响报告书编制过程的公众参与，对公众参与的真实性和结果负责。

专项规划编制机关和建设单位可以委托环境影响报告书编制单位或者其他单位承担环境影响评价公众参与的具体工作。

第七条 专项规划环境影响评价的公众参与，本办法未作规定的，依照《中华人民共和国环境影响评价法》《规划环境影响评价条例》的相关规定执行。

第八条 建设项目环境影响评价公众参与相关信息应当依法公开，涉国家秘密、商业秘密、个人隐私的，依法不得公开。法律法规另有规定的，从其规定。

生态环境主管部门公开建设项目环境影响评价公众参与相关信息，不得危及国家安全、公共安全、经济安全和社会稳定。

第九条 建设单位应当在确定环境影响报告书编制单位后7个工作日内，通过其网站、建设项目所在地公共媒体网站或者建设项目所在地相关政府网站（以下统称网络平台），公开下列信息：

（一）建设项目名称、选址选线、建设内容等基本情况，改建、扩建、迁建项目应当说明现有工程及其环境保护情况；

（二）建设单位名称和联系方式；

（三）环境影响报告书编制单位的名称；

（四）公众意见表的网络链接；

（五）提交公众意见表的方式和途径。

在环境影响报告书征求意见稿编制过程中，公众均可向建设单位提出与环境影响评价相关的意见。

公众意见表的内容和格式，由生态环境部制定。

第十条 建设项目环境影响报告书征求意见稿形成后，建设单位应当公开下列信息，征求与该建设项目环境影响有关的意见：

（一）环境影响报告书征求意见稿全文的网络链接及查阅纸质报告书的方式和途径；

（二）征求意见的公众范围；

（三）公众意见表的网络链接；

（四）公众提出意见的方式和途径；

（五）公众提出意见的起止时间。

建设单位征求公众意见的期限不得少于10个工作日。

第十一条 依照本办法第十条规定应当公开的信息，建设单位应当通过下列三种方式同步公开：

（一）通过网络平台公开，且持续公开期限不得少于10个工作日；

（二）通过建设项目所在地公众易于接触的报纸公开，且在征求意见的

10个工作日内公开信息不得少于2次；

（三）通过在建设项目所在地公众易于知悉的场所张贴公告的方式公开，且持续公开期限不得少于10个工作日。

鼓励建设单位通过广播、电视、微信、微博及其他新媒体等多种形式发布本办法第十条规定的信息。

第十二条 建设单位可以通过发放科普资料、张贴科普海报、举办科普讲座或者通过学校、社区、大众传播媒介等途径，向公众宣传与建设项目环境影响有关的科学知识，加强与公众互动。

第十三条 公众可以通过信函、传真、电子邮件或者建设单位提供的其他方式，在规定时间内将填写的公众意见表等提交建设单位，反映与建设项目环境影响有关的意见和建议。

公众提交意见时，应当提供有效的联系方式。鼓励公众采用实名方式提交意见并提供常住地址。

对公众提交的相关个人信息，建设单位不得用于环境影响评价公众参与之外的用途，未经个人信息相关权利人允许不得公开。法律法规另有规定的除外。

第十四条 对环境影响方面公众质疑性意见多的建设项目，建设单位应当按照下列方式组织开展深度公众参与：

（一）公众质疑性意见主要集中在环境影响预测结论、环境保护措施或者环境风险防范措施等方面的，建设单位应当组织召开公众座谈会或者听证会。座谈会或者听证会应当邀请在环境方面可能受建设项目影响的公众代表参加。

（二）公众质疑性意见主要集中在环境影响评价相关专业技术方法、导则、理论等方面的，建设单位应当组织召开专家论证会。专家论证会应当邀请相关领域专家参加，并邀请在环境方面可能受建设项目影响的公众代表列席。

建设单位可以根据实际需要，向建设项目所在地县级以上地方人民政府报告，并请求县级以上地方人民政府加强对公众参与的协调指导。县级以上生态环境主管部门应当在同级人民政府指导下配合做好相关工作。

第十五条 建设单位决定组织召开公众座谈会、专家论证会的，应当在会议召开的 10 个工作日前，将会议的时间、地点、主题和可以报名的公众范围、报名办法，通过网络平台和在建设项目所在地公众易于知悉的场所张贴公告等方式向社会公告。

建设单位应当综合考虑地域、职业、受教育水平、受建设项目环境影响程度等因素，从报名的公众中选择参加会议或者列席会议的公众代表，并在会议召开的 5 个工作日前通知拟邀请的相关专家，并书面通知被选定的代表。

第十六条 建设单位应当在公众座谈会、专家论证会结束后 5 个工作日内，根据现场记录，整理座谈会纪要或者专家论证结论，并通过网络平台向社会公开座谈会纪要或者专家论证结论。座谈会纪要和专家论证结论应当如实记载各种意见。

第十七条 建设单位组织召开听证会的，可以参考环境保护行政许可听证的有关规定执行。

第十八条 建设单位应当对收到的公众意见进行整理，组织环境影响报告书编制单位或者其他有能力的单位进行专业分析后提出采纳或者不采纳的建议。

建设单位应当综合考虑建设项目情况、环境影响报告书编制单位或者其他有能力的单位的建议、技术经济可行性等因素，采纳与建设项目环境影响有关的合理意见，并组织环境影响报告书编制单位根据采纳的意见修改完善环境影响报告书。

对未采纳的意见，建设单位应当说明理由。未采纳的意见由提供有效联系方式的公众提出的，建设单位应当通过该联系方式，向其说明未采纳的理由。

第十九条 建设单位向生态环境主管部门报批环境影响报告书前，应当组织编写建设项目环境影响评价公众参与说明。公众参与说明应当包括下列主要内容：

（一）公众参与的过程、范围和内容；

（二）公众意见收集整理和归纳分析情况；

（三）公众意见采纳情况，或者未采纳情况、理由及向公众反馈的情况等。

公众参与说明的内容和格式，由生态环境部制定。

第二十条　建设单位向生态环境主管部门报批环境影响报告书前，应当通过网络平台，公开拟报批的环境影响报告书全文和公众参与说明。

第二十一条　建设单位向生态环境主管部门报批环境影响报告书时，应当附具公众参与说明。

第二十二条　生态环境主管部门受理建设项目环境影响报告书后，应当通过其网站或者其他方式向社会公开下列信息：

（一）环境影响报告书全文；

（二）公众参与说明；

（三）公众提出意见的方式和途径。

公开期限不得少于 10 个工作日。

第二十三条　生态环境主管部门对环境影响报告书作出审批决定前，应当通过其网站或者其他方式向社会公开下列信息：

（一）建设项目名称、建设地点；

（二）建设单位名称；

（三）环境影响报告书编制单位名称；

（四）建设项目概况、主要环境影响和环境保护对策与措施；

（五）建设单位开展的公众参与情况；

（六）公众提出意见的方式和途径。

公开期限不得少于 5 个工作日。

生态环境主管部门依照第一款规定公开信息时，应当通过其网站或者其他方式同步告知建设单位和利害关系人享有要求听证的权利。

生态环境主管部门召开听证会的，依照环境保护行政许可听证的有关规定执行。

第二十四条　在生态环境主管部门受理环境影响报告书后和作出审批决定前的信息公开期间，公民、法人和其他组织可以依照规定的方式、途径和期限，提出对建设项目环境影响报告书审批的意见和建议，举报相关违法行为。

生态环境主管部门对收到的举报，应当依照国家有关规定处理。必要时，生态环境主管部门可以通过适当方式向公众反馈意见采纳情况。

第二十五条 生态环境主管部门应当对公众参与说明内容和格式是否符合要求、公众参与程序是否符合本办法的规定进行审查。

经综合考虑收到的公众意见、相关举报及处理情况、公众参与审查结论等，生态环境主管部门发现建设项目未充分征求公众意见的，应当责成建设单位重新征求公众意见，退回环境影响报告书。

第二十六条 生态环境主管部门参考收到的公众意见，依照相关法律法规、标准和技术规范等审批建设项目环境影响报告书。

第二十七条 生态环境主管部门应当自作出建设项目环境影响报告书审批决定之日起7个工作日内，通过其网站或者其他方式向社会公告审批决定全文，并依法告知提起行政复议和行政诉讼的权利及期限。

第二十八条 建设单位应当将环境影响报告书编制过程中公众参与的相关原始资料，存档备查。

第二十九条 建设单位违反本办法规定，在组织环境影响报告书编制过程的公众参与时弄虚作假，致使公众参与说明内容严重失实的，由负责审批环境影响报告书的生态环境主管部门将该建设单位及其法定代表人或主要负责人失信信息记入环境信用记录，向社会公开。

第三十条 公众提出的涉及征地拆迁、财产、就业等与建设项目环境影响评价无关的意见或者诉求，不属于建设项目环境影响评价公众参与的内容。公众可以依法另行向其他有关主管部门反映。

第三十一条 对依法批准设立的产业园区内的建设项目，若该产业园区已依法开展了规划环境影响评价公众参与且该建设项目性质、规模等符合经生态环境主管部门组织审查通过的规划环境影响报告书和审查意见，建设单位开展建设项目环境影响评价公众参与时，可以按照以下方式予以简化：

（一）免予开展本办法第九条规定的公开程序，相关应当公开的内容纳入本办法第十条规定的公开内容一并公开；

（二）本办法第十条第二款和第十一条第一款规定的10个工作日的期限减为5个工作日；

(三)免予采用本办法第十一条第一款第三项规定的张贴公告的方式。

第三十二条 核设施建设项目建造前的环境影响评价公众参与依照本办法有关规定执行。

堆芯热功率300兆瓦以上的反应堆设施和商用乏燃料后处理厂的建设单位应当听取该设施或者后处理厂半径15公里范围内公民、法人和其他组织的意见;其他核设施和铀矿冶设施的建设单位应当根据环境影响评价的具体情况,在一定范围内听取公民、法人和其他组织的意见。

大型核动力厂建设项目的建设单位应当协调相关省级人民政府制定项目建设公众沟通方案,以指导与公众的沟通工作。

第三十三条 土地利用的有关规划和区域、流域、海域的建设、开发利用规划的编制机关,在组织进行规划环境影响评价的过程中,可以参照本办法的有关规定征求公众意见。

第三十四条 本办法自2019年1月1日起施行。《环境影响评价公众参与暂行办法》自本办法施行之日起废止。其他文件中有关环境影响评价公众参与的规定与本办法规定不一致的,适用本办法。

四、广州市规章制定公众参与办法

第一章 总 则

第一条 为促进和规范规章制定过程中的公众参与工作,保障规章制定工作的科学性、民主性和合法性,根据《中华人民共和国立法法》《规章制定程序条例》等法律、法规,结合本市实际,制定本办法。

第二条 本办法所称公众是指自然人、法人和其他组织。

本办法所称公众参与是指公众参与规章立项、起草、审查、实施等环节并提出意见,行政机关决定是否采纳并及时反馈的活动。

第三条 本办法适用于本市规章制定过程中的公众参与工作。

第四条 公众在发表意见时应当遵守相关法律、法规和政策,不得违背公序良俗，不得对党和国家、国家机关、组织和个人进行恶意攻击。

第五条 公众参与工作应当贯彻党的群众路线，遵循依法、有序、公开、平等、广泛、自愿和便利的原则，尊重民意、汇集民智。

第六条 公众参与的意见应当公开，但下列意见除外：

（一）涉及国家秘密、商业秘密或者个人隐私的；

（二）违反道德规范的；

（三）公众要求不公开其所提意见的；

（四）行政机关有合理理由认为不宜公开的。

第七条 市司法行政部门负责规章立项、审查、实施阶段的公众参与工作，指导规章起草单位、组织实施单位的公众参与工作，并组织实施本办法。

规章起草单位负责规章起草阶段的公众参与工作。

规章组织实施单位负责规章实施情况评估的公众参与工作。

第八条 市司法行政部门和规章起草单位将规章制定过程中公众参与工作所需经费列入本级财政预算。

第九条 公众参与规章制定工作，所提意见对规章重大制度的确定具有重要影响并被采纳的，市司法行政部门可以颁发荣誉证书或者给予表扬。

第十条 市司法行政部门应当在本部门门户网站建立全市统一的行政立法公众参与专栏，发布规章制定过程中的公众参与信息，接收公众意见。

规章起草单位应当通过行政立法公众参与专栏和本单位门户网站发布规章起草阶段的公众参与信息，接收公众意见。

市司法行政部门和规章起草单位可以通过新媒体、报纸、广播电视等渠道发布公众参与信息，接收公众意见。

对于公众提交的意见，市司法行政部门和规章起草单位应当及时汇总并认真组织研究，及时公布公众意见，反馈公众意见采纳情况及其理由。

第十一条 公众可以通过立项建议、草案征求意见、公众代表座谈会、专家论证咨询、听证会、问卷调查、基层立法联系点等多种形式，利用信函、传真、电子邮件等传统渠道和应用程序等新媒介参与渠道，全过程有序参与规章制定工作。

第十二条 鼓励个人参加立法专家论证会、公众代表座谈会、听证会等公众参与工作,并鼓励其所在单位给予支持。

受邀参加公众参与工作的单位或者个人,需要行政机关出具公众参与有关证明的,行政机关应当出具。

第二章 规章立项的公众参与

第十三条 公众可以通过信函、传真、电子邮件等书面方式向市司法行政部门提出规章制定、修改或者废止的建议,建议内容应当包括规章的名称,制定、修改或者废止的理由。

市司法行政部门应当在行政立法公众参与专栏上公布接收意见的信函地址、传真电话以及电子邮件地址等有关信息。

市司法行政部门收到公众建议后,应当通过行政立法公众参与专栏定期公开公众建议及其处理情况。

第十四条 市司法行政部门应当对公众提出的规章制定、修改或者废止建议进行研究或者转交相关单位研究。相关单位应当在收到市司法行政部门转交建议之日起20个工作日内将处理意见回复市司法行政部门。

对可行的建议,市司法行政部门应当在拟订年度政府规章制定计划草案时采纳。

第十五条 市司法行政部门编制年度政府规章制定计划草案,应当在报市政府常务会议或者全体会议审议前征求公众意见,征求意见期限一般不少于15日。

征求公众对年度政府规章制定计划草案的意见时,应当公开以下内容:

(一)计划草案及其说明;

(二)规章项目的名称和起草单位;

(三)征求意见的截止时间;

(四)公众提出意见的途径;

(五)其他需要公开的内容。

第十六条 市司法行政部门应当在年度政府规章制定计划草案征求意见结束之日起5个工作日内,通过行政立法公众参与专栏公开公众提出的意见,并对该意见进行研究,或者转交相关单位研究。

相关单位应当自收到市司法行政部门转交意见之日起 10 个工作日内将处理意见回复市司法行政部门。

确需调整年度政府规章制定计划草案的，市司法行政部门应当予以调整。

第十七条 年度政府规章制定计划草案报市政府审议并经市委批准后，自市长签发之日起 20 个工作日内，市政府办公厅应当通过市人民政府网站予以公布。

市司法行政部门应当在市政府办公厅公布年度政府规章制定计划之日起 10 个工作日内，通过行政立法公众参与专栏公布年度政府规章制定计划，并对公众意见统一作出反馈，对不予采纳的意见说明理由。

第三章 规章起草和审查的公众参与

第十八条 规章起草单位应当制定公众参与工作方案。

公众参与工作方案应当包括规章拟设立的主要制度以及对相关人员或者群体可能产生的影响，公众参与的形式、时间、人员安排和程序。

规章起草单位向社会公布规章征求意见稿前，应当充分论证、协调，经本单位负责法治工作的机构审核并经本单位主要负责人同意。涉及市政府重大行政决策、社会影响面较大的，规章起草单位应当按程序报市政府同意后，再向社会公布规章征求意见稿。

第十九条 规章起草单位应当通过座谈会、专家论证咨询方式征求公众意见。

根据规章影响的范围、受影响的类别、影响程度等情况，需要进一步听取公众意见的，规章起草单位可以通过问卷调查、听证会以及其他有效渠道广泛征求公众意见。

第二十条 规章对企业、行业、社会团体切身利益或者权利义务有重大影响的，规章起草单位应当充分听取各类有代表性的企业、行业协会商会和社会团体的意见。

第二十一条 制定政治方面法律、法规的配套规章和重大经济社会方面的规章，规章起草单位应当征求党代表、人大代表、政协委员的意见。

第二十二条 规章起草单位应当召开公众代表座谈会，就规章拟解决的主要问题、拟确立的主要制度或者措施，听取公众代表意见。

召开公众代表座谈会应当遵守下列规定：

（一）确定的公众代表具有代表性且不少于10人；

（二）在公众代表座谈会召开5日前，向公众代表发送座谈的重点问题以及相关材料；

（三）整理公众代表意见并存档。

第二十三条 规章起草单位应当进行专家论证咨询，对规章征求意见稿中有争议的专业技术性、合法性、合理性问题进行论证。规章起草单位可以召开专家论证会，也可以书面征求专家意见。

召开专家论证会应当遵守下列规定：

（一）邀请的专家不少于5人；

（二）邀请的专家范围包括相关领域具有代表性、权威性的行业专家和法律专家；

（三）在论证会召开5日前，向专家发送论证的重点问题及其相关材料；

（四）整理专家书面意见并存档。

第二十四条 规章起草单位可以就规章拟设定的制度，在可能受到影响的相关人员或者群体中抽样问卷调查，了解公众意见。

规章起草单位可以自行组织问卷调查，也可以委托第三方组织问卷调查。采取问卷调查方式征求公众意见的，调查内容的设计应当简单、明确、易懂。

第二十五条 除依法需要保密的情形外，规章起草单位应当在行政立法公众参与专栏和本单位门户网站，发布征求立法意见公告，征求公众意见。征求意见的期限一般不少于30日。

公告应当包括以下内容：

（一）征求意见提纲；

（二）规章征求意见稿及其起草说明；

（三）征求意见的截止时间；

（四）公众提交意见的途径。

规章起草单位可以在发布网上征求立法意见公告后，通过新媒体、报纸、广播电视等渠道，宣传报道规章征求意见情况。

规章起草单位应当在征求意见结束之日起 5 个工作日内，公开公众意见。

第二十六条 起草的规章涉及重大利益调整或者存在重大意见分歧，对公民、法人或者其他组织的权利义务有较大影响，社会公众普遍关注，需要进行听证的，规章起草单位应当举行立法听证会。需要听证的具体情形包括：

（一）涉及本市经济社会发展的重大问题、突出矛盾的；

（二）规章征求意见稿的部分内容存在较大争议的；

（三）涉及公民、法人或者其他组织之间权利义务关系重大调整的；

（四）涉及不同利益诉求群体之间重大利益调整的；

（五）拟设定补偿项目或者调整补偿标准的；

（六）涉及社会公众普遍关注的热点难点问题的；

（七）其他需要进行听证的。

举行立法听证会的，规章起草单位应当依照本市行政立法听证会有关规定执行。

第二十七条 规章起草单位组织召开公众代表座谈会、专家论证会、听证会，应当邀请市司法行政部门和相关行政管理部门。市司法行政部门和相关行政管理部门应当派员参加。

第二十八条 规章起草单位应当对收到的公众意见进行整理、归类和分析，根据公众意见对规章征求意见稿进行修改完善，形成公众参与情况说明。

公众参与情况说明应当包括以下内容：

（一）公众参与形式；

（二）规章起草过程中征求公众意见的情况以及公众意见的概述，举行立法听证会的应当附听证笔录；

（三）公众意见的采纳情况及未采纳的理由。

规章起草单位可以根据需要组成专家咨询委员会，研究公众意见，论证其合理性并提出处理意见。

第二十九条 规章起草单位应当在向市司法行政部门报送规章送审稿的同时附具公众参与情况说明，并移交以下文件及其电子文本：

（一）公众代表座谈会、专家论证咨询、征求公众意见、听证会的有关记录、问卷调查的结果；

(二) 公众参与的其他相关文件。

第三十条 市司法行政部门起草规章，依照本办法的有关规定组织公众参与。

第三十一条 市司法行政部门在规章审查过程中，发现规章起草单位未依照本办法组织公众参与工作的，应当通知规章起草单位依照本办法完善公众参与工作，并重新报送审查。

第三十二条 市司法行政部门在审查阶段可以通过召开基层座谈会、实地调研、书面征集意见等形式，依托基层立法联系点，广泛听取基层有关单位和个人对规章草案以及立法工作的意见。

第三十三条 市司法行政部门在审查阶段应当依照本办法第二十三条的规定进行专家论证咨询。

第三十四条 市司法行政部门认为在审查阶段需要进一步听取公众意见的，可以依照本办法的有关规定开展公众参与工作。

市司法行政部门认为有关公众意见需要规章起草单位进行研究处理的，应当在征求公众意见结束之日起5个工作日内，将公众意见转交规章起草单位研究处理。规章起草单位应当在10个工作日内，将处理意见反馈市司法行政部门。

第三十五条 市司法行政部门应当客观公正对待公众意见，综合起草、审查阶段各方面意见后修改规章草案，并完善公众参与情况说明。

市司法行政部门应当在报市政府审议规章草案时附具公众参与情况说明。

第四章 规章实施的公众参与

第三十六条 市司法行政部门应当在规章公布之日起20个工作日内，通过行政立法公众参与专栏公布公众参与情况说明。

第三十七条 规章组织实施单位和相关部门应当依照本市有关规定，做好规章实施前的普法宣传工作，扩大规章的公众知悉度，促进规章有效实施。

第三十八条 市司法行政部门、规章组织实施单位对规章实施情况进行评估的，应当征求公众意见，并自征求意见结束之日起5个工作日内公开公众意见。

市司法行政部门、规章组织实施单位完成规章实施情况评估后，应当公布规章实施情况的评估报告。

第五章　附　　则

第三十九条　市司法行政部门应当通过行政立法公众参与专栏，建立规章制定公众参与的电子卷宗。电子卷宗应当包括以下内容：

（一）规章正文和解读材料；

（二）规章制定过程的公众参与情况说明；

（三）与公众参与相关的其他材料。

公众直接查询电子卷宗存在困难的，可以直接向市司法行政部门查询。

第四十条　市人民政府依法承担地方性法规起草等立法工作，需要进行公众参与的，参照本办法有关规定执行。

第四十一条　本办法自2020年4月1日起施行。

五、玉林市人民政府立法工作社会公众参与制度

第一条　为保障社会公众立法参与权，提高立法质量，促进和规范社会公众参与政府立法活动，根据《中华人民共和国立法法》《规章制定程序条例》《玉林市立法条例》《玉林市人民政府规章制定办法》，结合本市实际，制定本制度。

第二条　社会公众按照法定程序和方式参与本市的地方性法规草案和政府规章的制定（以下简称政府立法）工作，适用本制度。

第三条　本制度所称社会公众，是指自然人、法人和非法人组织。

本制度所称的社会公众参与政府立法，是指在玉林市人民政府立法过程中，社会公众主动或者受邀参与地方性法规草案和规章的立项、起草、审查、实施等环节，表达立法意愿，提出意见和建议的活动。

第四条　开展社会公众参与政府立法的活动，应当遵循依法、公开、自愿、有序、便利的原则。

第五条 市人民政府法制机构负责社会公众参与政府立法工作的指导、监督；地方性法规草案和规章的起草单位（以下简称起草单位）负责社会公众参与政府立法工作的组织实施。

各县（市、区）人民政府、市级各有关部门应当对公众参与政府立法工作予以配合，并提供便利。

第六条 社会公众参与政府立法所需经费由市财政予以保障。

第七条 作为自然人的社会公众参与政府立法活动时，其所在单位或者组织应当提供便利。

第八条 市人民政府法制机构和起草单位可以采取下列方式组织社会公众参与政府立法：

（一）向社会公众征集地方性法规草案和政府规章的建议项目；

（二）向社会公布征求意见稿；

（三）召开座谈会、论证会、听证会；

（四）进行问卷调查；

（五）法律、法规、规章规定的其他方式。

第九条 市人民政府法制机构可以通过市人民政府门户网站、《玉林日报》等媒体发布征集地方性法规草案和规章建议项目的公告，并公布接受建议的联系地址、传真电话及电子邮箱等相关信息。

第十条 社会公众对地方性法规草案和规章立项提交意见应当采取书面信函、传真、电子邮件等形式。意见的内容应当包含建议项目的名称、制定目的、制定依据以及拟解决的主要问题和拟设立的主要制度等内容。

第十一条 市人民政府法制机构应当对社会公众意见进行整理、收集和分析，或者转交相关部门研究处理。相关部门应当在收到转交意见后按规定时间将处理意见回复市人民政府法制机构。

对可以采纳的社会公众意见，市人民政府法制机构应当在拟订政府年度立法计划时予以采纳。

第十二条 地方性法规草案和规章的制定计划草案报送市人民政府审议前，市人民政府法制机构认为有必要的，可以组织相关部门或者邀请人大代表、政协委员、专家学者、社会公众代表等对有关草案中的立法项目进行论证。论证意见作为确定立法项目的重要依据。

第十三条 市人民政府法制机构提请市人民政府审议地方性法规草案和规章的制定计划草案时，应当同时对社会公众意见采纳情况进行说明。

第十四条 起草单位可以根据地方性法规草案和规章拟影响的范围、对象、程度等情况，采取下列方式广泛听取公众意见：

（一）通过部门网站、新闻媒体等向社会公布征求意见稿和立法拟解决的主要问题、确定的主要措施等情况的说明等；

（二）邀请人大代表、政协委员、专家学者以及拟受影响的公众代表召开座谈会；

（三）地方性法规草案和规章涉及有关部门职能的，起草单位应当书面征求有关部门的意见，有必要可以会商论证。

第十五条 起草地方性法规草案和规章依法需要听证的，应当召开听证会。

第十六条 起草单位认为有必要的，可以组织有关部门、专业单位及专家学者召开论证会，就起草过程中有争议的专业技术性、合法性问题或者社会公众提出的比较集中有必要进行论证的意见进行论证。

第十七条 起草的地方性法规草案和规章内容具有普遍性，涉及大多数社会公众切身利益，需要考虑社会认同度或者接受度的，可以进行问卷调查。

进行问卷调查，可以由地方性法规草案和规章起草单位自行组织，也可以委托专门调查机构进行。

第十八条 起草单位应当对社会公众意见进行整理、归纳和分析，结合工作实际和论证情况作出是否采纳的决定，并编制社会公众意见采纳情况说明。

第十九条 对进入政府审查程序的地方性法规草案、政府规章草案，除依法需要保密的外，市人民政府法制机构通过市人民政府门户网站法制办网页、《玉林日报》等媒体向社会发布公告，并公布接受建议的地址、传真电话和电子邮箱等相关信息。

公告应当包括以下内容：

（一）起草说明；

（二）征求意见稿；

（三）征求意见的起止时间；

（四）社会公众提交意见的途径；

（五）市人民政府法制机构认为需要公布的其他内容。

公告载明的征求意见时间一般不得少于30日。

第二十条 市人民政府法制机构应当对社会公众意见进行整理、收集和分析，或者转交起草单位研究处理。起草单位应当在收到市人民政府法制机构转交意见后及时将处理意见回复市人民政府法制机构。

第二十一条 对可行的意见，市人民政府法制机构综合有关部门意见和工作实际后对征求意见稿进行修改时应当予以充分考虑或者予以采纳。

第二十二条 市人民政府法制机构可以根据立法工作需要，通过召开座谈会、论证会等形式就征求意见稿进一步向社会公众征求意见。

座谈、论证工作中需要其他有关部门配合的，相关部门应当予以配合。

第二十三条 市人民政府法制机构提请市人民政府审议地方性法规和规章草案时，应当同时对社会公众意见采纳情况进行说明。

第二十四条 社会公众认为地方性法规、规章与上位法相抵触的，可以向市人民政府或者市人民政府法制机构书面提出修改或者废止的建议。市人民政府法制机构应当及时依法进行处理，并告知建议方。

第二十五条 起草单位和市人民政府法制机构应当及时按照下列规定内容完成对公众意见的整理归纳：

（一）向社会公告征集立法建议项目或公布征求意见稿的，收集归纳意见，形成征求意见汇总材料；

（二）召开座谈会、论证会、听证会的，整理形成会议记录，其中召开论证会、听证会的，还应当制作论证或者听证报告；

（三）进行问卷调查的，收集、汇总有关数据，形成调查报告。

第二十六条 市人民政府法制机构和起草单位应当认真研究社会公众意见和论证、听证报告，作出采纳、基本采纳、部分采纳或者不采纳的意见。

第二十七条 社会公众意见采纳情况，应当按照下列规定向公众反馈：

（一）向社会公告征集立法建议项目、公布征求意见稿和进行问卷调查的，应当制作采纳意见情况的说明，在网站、报纸或者相关媒体公布；

（二）参加座谈会、论证会、听证会意见未采纳的，由会议组织单位向发表意见的人员说明情况和理由；

（三）法律、法规、规章规定的其他反馈方式。

第二十八条 本制度由玉林市法制办公室负责解释。

第二十九条 本制度自印发之日起施行。

六、证券期货规章草案公开征求意见试行规则

第一条 为了贯彻科学立法、民主立法的原则，增强公众参与证券期货规章制定的程度，提高制度建设的质量，根据《立法法》、《规章制定程序条例》、《证券期货规章制定程序规定》的规定，制定本规则。

第二条 中国证券监督管理委员会（以下简称中国证监会）制定证券期货规章，应当向社会公开征求意见。涉及国家秘密、国家安全或者证券期货市场敏感问题的，采取其他方式征求意见。

第三条 向社会公开征求意见，应当履行批准程序后实施。

第四条 向社会公开征求意见，应当将征求意见稿及其起草说明在中国证监会网站、中国证监会指定的上市公司公开披露信息的报刊等媒体上刊登，并按照要求报送国务院法制办有关部门。

起草说明应当阐明制定的背景、需要解决的主要问题、拟采取的主要措施和设定的制度等。

必要时，可以就征求意见涉及的事项，设计清晰、简洁的问题或者问卷供公众回答。

征求意见稿修改或整合有关现行规定的，应当一并制作并公布修正前后条文对照表或者条文来源对照表，供公众参阅。

第五条 向社会公开征求意见，应当提供意见反馈途径，公布传真号码、电子邮箱和通讯地址，或者指定专门的意见征求管理系统，提供其详细的网址。

公开征求意见的公告，应当载明征求意见活动的截止时间。征求意见期

间原则上为15日，但因情况特殊，需尽快发布、施行的除外。

第六条 征求意见办理部门应当及时收集、整理、归纳、分析、研究公众反馈意见，形成向社会公开征求意见报告。对拟采纳的意见，报告应当提出具体的修改建议；对于拟不采纳的意见，报告应当说明理由。

在提请主席办公会议审议或者签发规章草案时，应当一并报送向社会公开征求意见报告。

第七条 中国证监会公布规章全文及其征求意见稿、起草说明、发布新闻稿或答记者问等，方便社会公众查阅。

第八条 中国证监会制定涉外规范性文件，以及直接涉及公民、法人和其他组织切身利益或者涉及向社会提供公共服务、直接关系到社会公共利益的其他规范性文件，适用本规则。但是，涉及国家秘密、国家安全或者证券期货市场敏感问题的除外。

前款所称涉外规范性文件，是指涉及下列内容的规范性文件：

（一）对外开放的方针性、政策性、原则性的制度设定或调整；

（二）规范境外个人和企业、组织或其活动的制度设定或调整。

第九条 本规则自2009年5月8日起施行。

七、关于法规草案公开征求意见和公众意见采纳情况反馈的工作规范

(2019年3月28日延边朝鲜族自治州第十五届人民代表大会常务委员会第十七次会议通过)

第一条 为了规范法规草案公开征求意见和公众意见采纳情况反馈工作，增强立法公开征求意见的实效性，充分调动社会公众参与立法的积极性，推进科学立法、民主立法、依法立法，根据《延边朝鲜族自治州立法规定》，结合立法工作实际，制定本规范。

第二条 本规范适用于进入常委会审议程序的法规草案公开征求意见和公众意见采纳情况反馈活动。

第三条 列入常委会会议议程的法规案,常委会法制工作机构根据常委会组成人员的审议意见,对法规草案进行修改,形成草案征求意见稿,公开征求意见。但是经主任会议决定不公开征求意见的除外。

第四条 常委会法制工作机构通过州人大常委网站等媒体向社会发布,公开征求公众意见。

第五条 征求公众意见的时间自发布征求意见稿之日起一般不少于十五日。

第六条 法规草案征求意见稿应当包括以下内容:

(一)征求意见稿全文或者公众获得征求意见稿全文的途径;

(二)征求意见的截止时间;

(三)公众提交意见的途径:信函地址、联系电话、传真及电子邮箱等。

第七条 公开征求意见时间截止后,常委会法制工作机构对征求的意见进行梳理和研究,遵循依法、客观、公正的原则,决定是否采纳,并将法规草案公开征求意见情况向主任会议报告。

第八条 在公开征求意见结束后的三十日内,常委会法制工作机构负责将公开征求意见情况向公众或者特定建议人反馈。

第九条 对于公众意见,常委会法制工作机构通过州人大常委会网站统一回复。回复内容包括公开征求意见的整体情况、公众意见采纳情况。

第十条 对于代表特定群体利益所提的意见和建议或者所提意见和建议具有特殊性,且注明联系方式的,常委会法制工作机构通过电话、信函、电子邮件等方式个别答复特定建议人。必要时,邀请特定建议人到常委会法制工作机构办公场所或者到特定建议人处所,当面向其反馈意见。

第十一条 对属于法规具体实施层面的意见和建议,常委会法制工作机构按本规范反馈意见后,可以将有关意见和建议转交负责法规实施的部门研究处理。

第十二条 法规起草环节公开征求意见及反馈活动,起草部门参照本规范执行。

第十三条 本规范自通过之日起施行。

八、桂林市政府立法听证办法

第一条 为了规范政府立法听证活动，促进科学立法、民主立法，提高政府立法工作质量，根据《中华人民共和国立法法》《规章制定程序条例》《桂林市人民政府规章制定程序规定》等法律、法规、规章，结合我市实际，制定本办法。

第二条 地方性法规草案、地方政府规章草案（以下简称"法规、规章草案"）在起草单位起草或审查单位审查的过程中，需要召开听证会，听取公民、法人或其他组织意见和建议的，适用本办法。

第三条 本办法所称听证会，是指以公开举行会议的形式听取、收集公众对法规、规章草案的意见和建议，为政府立法决策提供依据的活动。

本办法所称听证机构，是指组织、实施立法听证活动的法规、规章草案起草或审查工作单位。

本办法所称听证人，是指由听证机构确定出席听证会负责听取意见的人员。

本办法所称听证陈述人，是指经听证机构确定在听证会上发表意见的公民、法人或其他组织的代表。

第四条 听证活动应当遵循公开、公平、民主和有序的原则。

第五条 法规、规章草案内容有下列情形之一的，应当举行听证会：

（一）涉及公民、法人或其他组织切身利益的；

（二）涉及公民、法人或其他组织普遍关注的热点、难点问题的；

（三）涉及公共利益或不同利益群体之间利益冲突的；

（四）对草案内容争议较大的；

（五）涉及其他重大事项的。

公民、法人或其他组织认为法规、规章草案内容有前款所列情形的，可以向听证机构提出听证申请。

起草单位就同一事项举行过听证会，审查单位认为有必要的，可以再次举行听证会。

第六条 听证机构在组织听证会前应当制定听证方案，听证方案应当包括下列内容：

（一）举行听证会的目的和听证事项；

（二）听证会召开的时间、地点；

（三）听证会的信息发布方式；

（四）听证人和听证陈述人的人数和产生办法；

（五）听证会的组织和工作分工；

（六）听证会的具体程序；

（七）其他有关事项。

第七条 听证机构应当在举行听证会三十日前在新闻媒体或听证机构门户网站发布听证公告。听证公告应当包括下列内容：

（一）听证会召开的时间、地点；

（二）听证事项及起草或审查法规、规章草案的基本情况；

（三）听证陈述人的人数、报名条件、报名方式及遴选规则；

（四）听证旁听人人数、报名条件及报名方式；

（五）其他有关事项。

第八条 听证主持人由听证机构负责人或立法项目负责人担任；联合举行听证会的，听证主持人由联合各方协商确定。

听证人由听证机构确定，可以是听证机构工作人员，也可以委托有关专家、学者担任，必要时可邀请其他有关人员作为听证人。

第九条 公民、法人或其他组织的代表要求担任听证陈述人、旁听人的，应当按照公告规定向听证机构提出申请，并简要说明对听证事项所持观点。

听证机构应当根据报名人所持观点、报名的先后顺序、报名人的地区分布、行业特点、专业知识等，按照听证公告确定的遴选规则，从报名人员中选取有代表性、实质性意见的公民、法人或其他组织的代表十至十五名作为听证陈述人，必要时可以增加人数。

听证机构也可以根据报名情况和实际需要，邀请与听证事项有利害关系的人员、有关政府部门的代表、了解听证事项的专家学者作为听证陈述人。

第十条 听证会应当设立旁听席。公民、法人或其他组织的代表要求担任旁听人的,应当按照公告规定向听证机构提出申请。听证机构根据报名顺序等实际情况,确定旁听人员名单并应当于听证会举行七日前通知旁听人。

第十一条 听证机构应当在听证会召开十五日前确定听证陈述人名单,及时书面通知听证陈述人并附法规、规章草案文本、说明、听证须知等有关材料。

听证陈述人应当按时出席听证会;因故不能出席的,应当提前告知听证机构。经听证机构同意,听证陈述人可以委托他人代为陈述意见。

第十二条 听证会设书记员若干名,负责听证记录和其他有关事项。

书记员应当真实准确记录听证陈述人的主要观点和理由。

第十三条 听证会应当如期举行。有下列情形之一的,经听证主持人同意,听证会可以延期举行:

(一)出席听证会的听证陈述人少于已经确定的陈述人半数的;

(二)需要增加新的听证陈述人或调查、补充新的材料;

(三)其他需要延期举行的情形。

听证会延期举行的,听证机构应当发布公告说明理由,并通知听证人、听证陈述人、旁听人等相关人员。

第十四条 听证会应当按照下列程序进行:

(一)书记员查明听证人、听证陈述人是否到位;

(二)听证主持人宣布听证会开始,介绍听证人、书记员、听证陈述人和旁听人员,说明听证事项,宣布听证会程序和听证纪律,告知听证人、听证陈述人的权利和义务;

(三)起草单位或审查单位代表对听证事项作出说明;

(四)听证陈述人陈述观点和理由;

(五)听证主持人归纳主要分歧点并组织听证陈述人展开讨论;

(六)听证主持人宣布听证会结束;

(七)听证陈述人核对听证笔录并签名确认。

第十五条 听证陈述人应当按照听证主持人宣布的发言顺序和发言时间,

围绕听证事项，陈述观点与理由。

持不同意见的听证陈述人有平等的发言权。

听证陈述人应当在规定的发言时限内完成陈述，未经听证主持人同意，不得延长发言时间。

听证人对听证陈述人阐述的观点和依据有疑问的，经听证主持人同意，可以向其提问，听证陈述人应当予以回答。

第十六条 听证陈述人使用少数民族语言进行陈述和讨论的，应当提前三日告知听证机构，听证机构应当为其提供翻译。

听证陈述人为残疾人的，应当提前三日向听证机构说明情况，听证机构应当为其提供帮助。

第十七条 旁听人员可以就听证问题向听证机构提交书面意见，听证机构还可以通过发放征求意见卡等形式征求旁听人员的意见。

报名但未被确定参加听证会的公民、法人或其他组织的代表，可以通过书信、电话、传真、电子邮件等方式向听证机构反映其意见，听证机构收到后应当以适当方式回复。

第十八条 听证陈述人、旁听人员以及其他进入听证会场的人员，应当遵守听证会秩序和听证纪律。对违反听证会秩序和听证纪律的人员，听证主持人或有关人员有权予以劝阻、制止，拒不改正的，责令其退出会场。

第十九条 听证机构应当根据听证笔录等相关材料制作听证报告。听证报告包括下列内容：

（一）听证事项；

（二）主持人以及参加听证会的听证人、听证陈述人；

（三）听证会的基本情况，包括听证主持人对听证过程中有关事项的处理情况，中止、终止听证的说明；

（四）听证陈述人提出的主要意见或建议、理由、依据；

（五）听证事项的赞同意见、反对意见及分歧焦点；

（六）对听证意见的分析、处理建议；

（七）其他应当报告的事项。

第二十条 听证报告应当作为起草或审查法规、规章草案的重要参考。

听证单位应当认真研究听证意见,对合理意见予以采纳,未采纳的说明理由,并以适当方式告知听证陈述人意见采纳情况及理由。

起草或审查单位报送法规、规章草案送审稿时,已召开听证会的,应当一并提交听证报告。

第二十一条 法规、规章草案内容有下列情形之一的,可以适用简易程序举行听证会:

(一)专业性、技术性较强的;

(二)仅涉及特定群体利益且社会影响较小的。

第二十二条 适用简易程序举行的听证会应当符合以下要求:

(一)听证会设听证人三名,其中一人为听证主持人;

(二)听证陈述人一般为八人以内,由听证机构根据行业特点和专业知识,按照持不同观点的各方人数基本相当的原则邀请;

(三)不设旁听席,不邀请旁听人员;

(四)制作听证会工作方案和发布听证会公告不受本办法第六条和第七条规定的限制,由听证机构灵活处理。

第二十三条 报名参加的听证陈述人人数不足公告名额的半数的,听证机构可以决定将听证会变更为公开征求意见座谈会。决定变更的,应当及时发布变更公告或以其他适当方式通知有关人员。

第二十四条 本办法自 2018 年 11 月 7 日起施行,有效期五年。

九、桂林市政府立法征求意见工作程序规定

第一条 为了规范政府立法征求意见工作,促进科学立法、民主立法,提高立法质量,根据《中华人民共和国立法法》《规章制定程序条例》《桂林市人民政府规章制定程序规定》等法律、法规、规章,结合本市实际,制定本规定。

第二条 地方性法规草案、地方政府规章草案(以下简称"法规、规章草案")在起草单位起草或审查单位审查的过程中的征求意见工作,适用本

规定。

第三条 起草法规、规章草案时，应当充分调查研究，并通过书面征求意见、公开征求意见或召开座谈会、听证会以及专家咨询等多种形式，广泛听取意见，必要时可以采用问卷调查的形式进行民意调查。

第四条 起草法规、规章草案，应当进行立法调研。

立法调研应当根据立法项目的不同特点、复杂程度和立法要求，兼顾市内与市外、发达地区与欠发达地区、行政主体与行政管理相对人，深入基层听取基层单位、行政管理相对人和群众的意见和建议，并形成调研报告。

立法调研报告应当作为起草法规、规章草案的重要参考依据。

第五条 起草法规、规章草案，应当根据情况广泛征求以下单位或个人的意见：

（一）市各级各有关部门；

（二）市人大常委会有关工作部门、政协有关工作部门、法院、检察院等国家机关；

（三）行业协会、人民团体和其他社会组织；

（四）人大代表、政协委员、民主党派、无党派人士；

（五）行政管理相对人和利益相关群体代表；

（六）有关专家、专业技术人员；

（七）基层群众组织和群众代表；

（八）其他有关单位或个人。

审查法规、规章草案的单位认为有必要的，可以再次征求意见。

第六条 起草或审查法规、规章草案，通过书面形式征求意见的，有意见的单位进行反馈时须书面回复并加盖单位公章。

第七条 起草或审查法规、规章草案，应当通过起草或审查单位门户网站等媒体公开征求社会公众意见，依法需要保密的除外。

公开征求意见时应当在起草或审查单位的门户网站等媒体全文刊登征求意见稿文本，简要说明立法背景、主要问题等内容，并注明征求意见的起止时间及回复意见的联系方式，期限一般不少于三十日。

第八条 对公众提出的意见和建议,起草或审查部门应当及时收集和研究,并及时采取有效形式反馈采纳情况。

第九条 本规定自2018年11月7日起施行,有效期五年。

十、桂林市政府立法论证工作程序规定

第一条 为了规范政府立法论证工作,推进科学立法、民主立法,提高政府立法质量,根据《中华人民共和国立法法》《规章制定程序条例》《桂林市人民政府规章制定程序规定》等法律、法规、规章,结合本市实际,制定本规定。

第二条 政府立法论证工作,适用本规定。

立法项目的论证,包括立法项目立项及已列入市人民政府立法计划的地方性法规、地方政府规章(以下简称"法规、规章")项目的论证。

列入市人民政府立法计划的法规、规章项目的论证工作,起草阶段由起草单位负责,审查阶段审查单位认为有必要时可由其负责组织实施。

第三条 法规、规章草案内容有下列情形之一的,应当召开立法论证会听取意见:

(一)涉及改革发展稳定大局的重大事项的;

(二)涉及重大法律问题的;

(三)专业性、技术性比较强的;

(四)情况复杂,牵涉面较广的。

第四条 论证会由组织单位立法项目负责人主持,应当邀请对立法项目情况较为了解熟悉的国家机关、群团组织、大专院校、科研机构、企事业单位的专家、顾问、学者等参加。

第五条 举行论证会前,论证会组织单位、承办机构应当提出参会人员建议名单、拟定论证的问题及其情况说明,经单位负责人同意后发送邀请函。

第六条 专家、顾问、学者收到邀请函和有关材料后,应当对拟论证的

问题进行研究,也可以对立法项目的其他问题提出意见和建议,形成书面意见。因故不能参会的,应当在开会前一日告知组织单位。

第七条 立法论证会应当围绕立法项目及法规、规章草案内容的合法性、必要性、合理性、可行性、迫切性或重点、热点、难点等问题进行。

第八条 论证会按照下列程序进行:

(一)立项申请单位或起草单位负责人介绍立法项目背景和需要解决的重点、热点、难点问题并对有关情况进行说明(由起草单位组织的,由其承办机构负责人介绍);

(二)专家、顾问、学者发表论证意见,陈述支持或反对的理由;

(三)主持人作总结性发言,形成论证会意见。

第九条 立法论证会应当制作笔录,形成论证报告。报告应当包括以下内容:

(一)论证会的基本情况;

(二)发言人的基本观点;

(三)处理意见和建议。

第十条 论证报告应当作为拟定年度立法项目或审查修改法规、规章草案的重要依据。在提请市人民政府常务会议审议年度立法项目、法规、规章草案时,应当同时提交论证报告。

第十一条 本规定自 2018 年 11 月 7 日起施行,有效期五年。

后 记

关注法案公开征求意见问题始于10年前。2010年,我获批"教育部新世纪优秀人才支持计划",当时设计"法案公开征求意见制度研究"课题接受经费支持开展研究。

若将立法听证归为法案公开征求意见方式,我从事该领域研究的时间可再向前追溯10年。1999年,我进入北京大学攻读博士学位,彼时正是我国《立法法》出台前夕,国内掀起《立法法》相关热点问题研究的热潮。"立法听证制度"作为即将被《立法法》确立的内容之一,对于我国学术界来说是一种新鲜事物。我在翻译《美国立法过程》时接触到美国的立法听证制度,在不断研习过程中,萌生了深入该领域研究的想法。于是读博期间,我如饥似渴地泡在国家图书馆、北京大学图书馆,在精心准备博士学位论文《立法效益研究》的同时,认真着手《立法听证研究》的写作。现在仍然清楚地记得,当我拿着10万字左右的书稿去北京大学出版社寻求支持时,忐忑与不安全部写在了脸上。编辑室的老师热情地接待了我,在给予书稿充分肯定的同时,提出了一些有建设性的修改意见,并再三叮嘱我尽快改定交付出版。就这样,读博期间我完成了承载着我青年学术梦想的第一部学术作品——北京大学出版社出版的《立法听证研究》。现在每每想起当年编辑室老师的赏识与提携,仍心存感激。

2010年起,我对法案公开征求意见制度进行了系统的研究,在此过程中,也指导三位硕士研究生做了一些扎实的基础性研究工作。她们分别是:2013年毕业的季明娟,其学位论文为《法案公开征求意见方式的比较研究》;

2013年毕业的贾田田，其学位论文为《法案公开征求意见程序研究》；2014年毕业的周扬帆，其学位论文为《法案公开征求意见制度实施效果研究》。本书相关章节对她们的学位论文有所借鉴与取舍。

  本书所有的责任由我本人承担，欢迎各位专家批评指正。

汪全胜
2020年1月6日